MARKUS MAUTHE
# ALLEIN
## KANN ICH
## DIE WELT NICHT
## RETTEN

MARKUS MAUTHE

# ALLEIN KANN ICH DIE WELT NICHT RETTEN

*Mein Leben für den Schutz unserer Erde oder warum wir jetzt handeln müssen*

**KNESEBECK** *Stories*

# INHALT

**PROLOG: DER ENDLOSE KONFLIKT   7**

**DER START MEINER REISE   17**
    Punktlandung .................................................................. 18

**MEINE ENTDECKERJAHRE   23**
    Neuseeland .................................................................... 24
    Der erste Vortrag gibt die Richtung vor ....................... 28
    Im hohen Norden .......................................................... 31
    Die Arbeit ist noch lange nicht fertig............................ 36

**DAS WALDGEWISSEN   39**
    Greenpeace und die fantastischen Sieben ..................... 40
    Ohnmacht im Kongobecken: Kamerun ........................ 44
    Zentralafrikanische Republik ........................................ 56
    Brasiliens Amazonas – Santarem .................................. 61
    Brasiliens Amazonas – Pico da Neblina ....................... 75
    Auf der Insel Borneo ..................................................... 90
    Eine nicht erfüllte Hoffnung in Kopenhagen ............... 99

## ANKUNFT IN ELDORADO  102

Lebensräume – Ein Naturwunder namens Erde ........ **103**

Die weiße Salzwüste in Bolivien .................................... **109**

Auf Safari im östlichen Afrika ........................................ **121**

Auch Markus Mauthe sündigt ........................................ **130**

Auf Spurensuche in Brasilien ......................................... **137**

Das Paradies am Rande des Kakaowaldes ................... **145**

Aus einer Idee entsteht AMAP ....................................... **157**

Die Fenster in die Vergangenheit schließen sich ......... **173**

Himba und San – Überleben in karger Natur .............. **177**

Im Tal des Omo ............................................................... **188**

Stirbt die Hoffnung am Amazonas? ............................. **205**

Eine falsche Wahl, die mir die Kraft raubt .................. **215**

## DIE GROSSE CHANCE  220

Die Jugend erhebt sich .................................................... **221**

Unser Auftrag in vier Stufen ......................................... **223**

## EPILOG: GEWISSHEIT  234

*Für meinen Sohn Leo*

## Prolog: Der endlose Konflikt

Als wir uns auf den Weg in den Wald machen, hat die Sonne den Horizont noch nicht überschritten. Die Dämmerung ist nur sehr kurz, der Äquator etwa 2 000 Kilometer entfernt. Die Laute unbekannter Tiere hallen durch den Wald. Ich achte auf jeden Schritt, jedes Blatt. Unvermittelt nähert sich eine große Spinne, aber Luis Scheuermann, nicht nur mein Freund, sondern auch Arachnologe, winkt ab: »Harmlos. Geh weiter.« Immer tiefer dringen wir in den Kakaowald ein, in Brasilien Cabruca genannt. Es ist kein unberührter Urwald, wie man ihn vom Amazonas her kennt, auch wenn hier viele große und alte Bäume stehen. Der Cabruca ist ein Mischwald aus Urwaldriesen und nur wenige Meter hohen Kakaostauden. Neben Luis ist noch unser Guide Bila dabei, der die Tierwelt im Kakaowald seit vielen Jahren erforscht. Aber wir sind nicht an Spinnen interessiert, ich schon gar nicht, sondern an den seltenen Goldkopflöwenäffchen.

»Hast du schon ein Signal?«, frage ich ungeduldig.

»Ja, wir müssen in diese Richtung gehen, nach Osten«, antwortet Bila, der ein kleines Empfangsgerät in der Hand hält. Bila hat vor vielen Jahren begonnen, die Äffchen mit kleinen Sendern auszustatten, was uns heute zugutekommt.

Ein Blatt schlägt mir ins Gesicht. Der Wald ist alles andere als undurchdringlich, hat aber auch seine Tücken. Viele Pflanzen haben Dornen, an denen man sich leicht verletzen kann, und dort, wo es die Sonne schafft, ihre Strahlen bis auf den Waldboden zu senden, ist es spürbar heißer.

Plötzlich bleibt Bila stehen. »Da sind sie!«, ruft er vorsichtig und richtet einen Finger nach oben. Ich brauche ein paar Sekunden, um

## PROLOG: DER ENDLOSE KONFLIKT

die Äffchen auszumachen. Während ihr Körper schwarz behaart ist, sind ihre Hände und Füße wie ihre beeindruckende Mähne rotbraun. Ohne uns zu beachten, turnen sie über uns in den Ästen. Ich reiße meine Kamera hoch und versuche, sie zu erwischen. Das ist gar nicht so leicht, denn die Goldkopflöwenäffchen halten es nicht für nötig, für mich zu posieren. Es dauert eine Weile, bevor ich die ersten passablen Bilder gemacht habe.

In Brasilien gibt es vier verschiedene Arten von Löwenäffchen. Alle haben einen unterschiedlichen Lebensraum, der sich meist auf ein recht kleines Gebiet beschränkt. Biologen gehen davon aus, dass die Schwarzkopflöwenäffchen schon in wenigen Jahren ausgestorben sein könnten. Sie haben das Pech, im Großraum der Millionenmetropole São Paulo zu leben. Dort scheint es kaum Hoffnung auf Rettung zu geben, zu groß ist der Siedlungsdruck. Alle drei anderen Gruppen gelten als bedroht. Bila versucht mit seiner Forschung seit vielen Jahren, das Schicksal der hier an der Kakaoküste lebenden Goldkopflöwenäffchen zu verbessern, indem er möglichst viel über das Verhalten der Tiere lernt. Je mehr man über ihre Bedürfnisse weiß, desto genauer kann man mit gezielten Aktionen helfen, Lebensbedingungen zu erhalten.

Während wir eine Gruppe von acht Äffchen beobachten, schneidet Bila eine tiefrote reife Kakaofrucht von einem der Bäume und öffnet sie mit der Machete. Eine weiße Masse kommt zum Vorschein, die die eigentlichen Kakaobohnen umschließt. Als ich das Fruchtfleisch vorsichtig auf meine Zunge lege, folgt eine Art Erweckungserlebnis. »Wow, schmeckt das gut! Das gibt's ja gar nicht! Das also ist Kakao! Wunderbar!«

## PROLOG: DER ENDLOSE KONFLIKT

### Was stimmt nicht mit uns?

Auf dem Rückweg sehe ich abermals eine große Spinne unseren Pfad im Wald kreuzen. Den Drang, sie zu töten, obwohl sie mich in keinster Weise bedroht, habe ich zum Glück vor langer Zeit abgelegt. Trotzdem tragen wir nach wie vor etwas in uns, das die Natur erst einmal als Feind interpretiert, bevor wir die Faszination dahinter spüren. Dies hat zu einer gefährlichen Schieflage auf der Erde geführt. Besonders beim Wandern denke ich häufig genau darüber nach.

Andere Mitgeschöpfe zu töten, ist ganz tief in unseren Genen verankert. Über Jahrtausende ist dies doch die Grundlage gewesen, unser Überleben zu sichern und an ausreichend Nahrung zu gelangen. Der Homo sapiens ist wohl auch deswegen eindeutig ein Erfolgsmodell. Kein anderes Tier hat sich so perfekt entwickelt, wie der moderne Mensch. Doch die Evolution hat an einer entscheidenden Stelle grandios versagt. Wir haben keine innere Warnleuchte, die ein Signal auslöst, wenn wir über die Stränge schlagen. Was uns komplett fehlt, und zwar von Anfang an, ist das Gefühl für Nachhaltigkeit, für ein Gleichgewicht in den Kreisläufen des Lebens.

Wegen dieses Fehlers tobt auf diesem Planeten ein Krieg zwischen den Menschen und der übrigen Natur. Und trotz der Coronapandemie und anderer Rückschläge ist der Mensch dabei sehr erfolgreich. Es ist ein Konflikt, der bis heute von vielen geleugnet wird und bei noch mehr Zeitgenossen auf unfassbares Desinteresse stößt. Dabei befinden wir uns inzwischen in der entscheidenden Phase der Auseinandersetzung, die längst in jeden Winkel der Erde vorgedrungen ist. Diese wird mit solcher Intensität geführt, dass am Ende alle als Verlierer dastehen werden, wenn wir unser Verhalten nicht ändern.

Ich werfe einen Blick auf das Display meiner Kamera und sehe mir die Äffchen an, die ich gerade fotografiert habe. Sie und un-

## PROLOG: DER ENDLOSE KONFLIKT

zählige andere Arten sind nicht durch bewusste Handlungen an den Rand der Ausrottung gebracht worden. Ihr Verschwinden wird aber in Kauf genommen, denn sie und ihr intakter Lebensraum stehen zumeist wirtschaftlichen Interessen im Weg.

Mit Affen hat alles angefangen. Meiner persönlichen Einschätzung nach begann der Konflikt, als eine von mehreren aus dem Affen hervorgegangenen Menschenarten eines Tages den Wald und die Bäume verließ, um auf dem Boden zu leben. Die Bipedie war erfunden, das Laufen auf zwei Beinen. Das war eine lange Entwicklung, die vor mehr als 3,6 Millionen Jahren begonnen hat, und zwar in Ostafrika, der »Wiege der Menschheit«. Dort lebten die Vorfahren des Homo sapiens. Der aufrechte Gang hatte zwei entscheidende Vorteile: Im hohen Gras der Savanne konnte man Feinde und Beutetiere besser ausmachen. Außerdem wurden zwei Gliedmaßen für neue Aufgaben frei, die bisher zumeist zur Fortbewegung benutzt wurden. Das Gehirn vergrößerte sich, und die Sprache kam hinzu. Dank des symbolischen Umgangs mit der Wirklichkeit war es möglich, sich auch über Dinge zu verständigen, die in der Vergangenheit oder der Zukunft lagen oder an einem entfernten Ort. Informationen wurden ausgetauscht, über vielversprechende Jagdreviere und Fundorte pflanzlicher Nahrung, über geplante Unternehmungen. Zwei weitere Entwicklungsschritte führten dazu, dass sich der Mensch zur dominanten Spezies erheben konnte: die Nutzung des Feuers und die funktionale Verlängerung des Körpers mittels Prothesen, also mit Werkzeugen und Waffen. Die so erlangte Überlegenheit über die Natur wurde weidlich ausgekostet und führte zu einem Emanzipationsprozess. Der Mensch stellte sich außerhalb der Natur, sah sich als Krone der Schöpfung, der die Natur nach Belieben dominiert, als Herrscher über die Welt.

Von den Vulkanen des afrikanischen Grabenbruchs im heutigen Tansania ist dieses neue Wesen einst aufgebrochen. Die Jäger und Sammler haben das Leben auf der Erde neu definiert. Ihre

## PROLOG: DER ENDLOSE KONFLIKT

Wanderung über den Erdball führte sie zuerst nach Ostasien und Europa, wo sie nicht nur auf andere Klimazonen, Ökosysteme und Beutetiere stießen, sondern irgendwann auch auf ihre eigenen Verwandten. Die uns bekanntesten sind sicher die Neandertaler. Innerhalb der Forschung gibt es nach wie vor viele offene Fragen zu dieser Zeit. Fakt ist aber, dass am Ende außer dem Homo sapiens keine andere Menschenart übrig geblieben ist. Am längsten durchgehalten hat dabei der Neandertaler, der vor rund 30 000 Jahren vom Erdboden verschwand. Nur im Atlantik, auf der kleinen Insel Flores, hat dank ihrer Abgeschiedenheit eine kleine Gruppe von Zwergmenschen bis vor 12 000 Jahren überlebt.

Spannend wurde es, als die Menschen auf ihrem Weg in bisher unbewohnte Gebiete vorstießen. Der komplette Norden sowie der gesamte amerikanische Kontinent gehörten bis dato dem Tierreich. Ich empfinde es als eine der größten Leistungen unserer Spezies, dass es ihr damals gelang, sich an jede noch so extreme Lebensbedingung anzupassen. Es hat zwar über 40 000 Jahre gedauert, bis sie vom Süden Ostasiens den Sprung nach Alaska in Nordamerika vollbracht hatte, aber allein der Gedanke, in der Arktis ohne moderne Hilfsmittel zu überleben, lässt mir einen Schauder über den Rücken laufen. Gerade weil ich die Region das eine oder andere Mal mit kompletter Ausrüstung als Reisefotograf erleben durfte. Der ausgeprägte Jagdinstinkt war wohl der Antrieb, immer weiterzuziehen. Gerade im hohen Norden wartete extrem reichhaltige Beute auf die Jäger. Große Säugetierarten, die damals die Erde bevölkerten, haben durch die Ausbreitung des Homo sapiens einen hohen Preis bezahlt. Wo sind sie geblieben, die Mammuts, Wollnashörner und Mastodonten? Richtig in Fahrt kamen die Menschen, als vor circa 14 000 Jahren in Alaska durch klimatische Veränderungen Gletscher verschwanden und der Weg nach Süden offenstand. In spätestens 4 000 Jahren fegten die Menschen über den gesamten Doppelkontinent hinweg bis in den tiefen Süden Südamerikas.

## PROLOG: DER ENDLOSE KONFLIKT

Dieser ungeheure evolutionäre Erfolg zeigt eines ganz deutlich: Nicht nur der moderne Mensch ist eine Umweltsau, auch unsere Vor-Vorfahren waren eine Naturgewalt, die unerbittlich und tödlich gewütet hat. Gerade große Säugetierarten waren dem schlauen Sapiens hoffnungslos unterlegen. Zum einen hatten die Tiere keine Erfahrung mit den Neuankömmlingen, sprich, sie argwöhnten keine Gefahr. Zum anderen muss doch einem stolzen Säbelzahntiger so ein kleines Menschlein absolut ungefährlich vorgekommen sein. Es ist faszinierend, sich vorzustellen, was die damaligen Jäger für ein umfassendes Wissen haben mussten, den harschen Gefahren der Wildnis zu trotzen. Gestartet als Savannenbewohner in der Hitze Afrikas, war der Mensch aus evolutionärer Sicht praktisch über Nacht zum Bewohner der bitterkalten Arktis geworden. Gleichzeitig hatte er die Seefahrt entdeckt und die Meere bezwungen. Schon lange bevor einzelne Gruppen ins heutige Kanada vorstießen, hat der Homo sapiens das unbewohnte Australien erobert.

Die Beweislage ist erdrückend. Auch wenn Forscher immer wieder nach Entlastungsereignissen suchen – zumeist wird das sich wandelnde Klima genannt –, lässt sich eines kaum leugnen: Immer dort, wo wir ankamen, wurde Leben vernichtet. Wenige Jahrtausende nach der Ankunft der Menschen in Australien waren dort fast alle Tierarten, deren Individuen mehr als 50 Kilogramm wogen, verschwunden. Dadurch wurden unzählige Kreisläufe des Lebens zerstört, und das Ökosystem wurde neu angeordnet. Das Gleiche passierte praktisch überall, wo der Mensch auftauchte. Tierarten, die Jahrmillionen erfolgreich über die Erde gezogen waren, wurden immer weiter zurückgedrängt und verschwanden schließlich komplett. Nicht durch Naturkatastrophen, sondern durch die Hand des Menschen.

In Amerika ging alles besonders schnell. Damals muss es eine unglaublich reichhaltige Flora und Fauna gegeben haben, die der heutigen bei weitem an Vielfalt überlegen war. Es gab Nagetiere,

## PROLOG: DER ENDLOSE KONFLIKT

so groß wie Bären, Herden von Pferden und Kamelen, riesige Löwen, mächtige Säbelzahntiger und tonnenschwere Riesenfaultiere. In Südamerika war der Artenreichtum wohl noch größer. In weniger als zwei Jahrtausenden war von der Vielfalt nicht mehr viel übrig. Nach Schätzungen von Wissenschaftlern verschwanden in Nordamerika fast drei Viertel aller Säugetiere und in Südamerika wohl noch mehr. Ist es ein Trost, dass sich Säbelzahnkatzen dreißig Millionen Jahre entwickeln konnten, bevor ihnen der Garaus gemacht wurde? Es ließen sich noch leicht weitere Vernichtungsorgien aufzählen, die besonders kleinere Inseln betrafen, auf denen die Neuankömmlinge natürlich leichtes Spiel hatten.

Warum nur hat der Mensch immer weitergemacht, bis alle Exemplare einer Tierart verschwunden waren? Genau das tun wir ja heute immer noch, weshalb diese Frage eigentlich müßig ist. Damals wie heute – wir können es scheinbar nicht anders. Was mich aber wirklich fasziniert und gleichzeitig gruselt, ist die Tatsache, dass es uns gelungen ist, schon vor 12 000 Jahren die Hälfte aller großen Säugetierarten auszurotten, noch bevor unsere eigentliche Entwicklung richtig begonnen hatte. Damals waren wir zudem noch Jäger und Sammler, die aus meiner Sicht sogar ökologischste Form des menschlichen Daseins.

### Der Mensch wird sesshaft und besitzergreifend

Als der Mensch vor rund 10 000 Jahren alle Kontinente bis auf Antarktika erobert hatte, geschah etwas Seltsames. Immer mehr der damals höchstens acht Millionen Jäger gaben das Nomadenleben auf und wurden sesshaft. Erstaunlich ist, dass der Übergang vom Jagen und Sammeln zur Landwirtschaft nicht an einem einzigen Ort begonnen hat, sondern an mehreren Orten vollzogen wurde. Im Nahen Osten domestizierten die ehemaligen Jäger, die

## PROLOG: DER ENDLOSE KONFLIKT

jetzt Bauern geworden waren, Ziegen und begannen, Weizen anzubauen. Sie waren wohl die Ersten, die diese Idee hatten. Ohne Kontakt zueinander zu haben, geschah dies aber auch im heutigen China, in Mittel- und Südamerika, in Ozeanien, Westafrika und dem Süden der USA. Der Schlüssel zu dieser Entwicklung ist wohl die Erfahrung, dass sich Tiere domestizieren und Pflanzen anbauen lassen. Statt Tiere zu jagen und Früchte zu suchen, stand nun beides immer zur Verfügung. Außerdem war es für diesen Schritt notwendig, das territoriale Eigentum zu erfinden. Das Land, einst lediglich Jagdrevier, wurde nun als Besitz verstanden und entsprechend ausgewiesen und verteidigt. Jetzt konnten technische Erfindungen wie die Metallverarbeitung, das Rad und die Schrift gemacht werden.

Aus der Sesshaftigkeit heraus entstanden zwei problematische Entwicklungen, die sich bis heute immer weiter verbreiten und kaum noch zu korrigieren sind. Das Leben an einem zentralen Ort führte zu einer regelrechten Explosion an Nachwuchs. In guten Jahren war ausreichend Nahrung da, welche die vielen Münder stopfen konnte. Doch blieb die gute Ernte aus, litten die Menschen Hunger und starben. Mit den größer werdenden Ansiedlungen hielten Krankheiten Einzug, die den Nomaden unbekannt waren.

Dazu musste der Homo sapiens eine völlig neue Form des sozialen Miteinanders erlernen. Zwar lebten immer mehr Menschen auf einer bestimmten Fläche in räumlicher Nähe, doch die jeweiligen vier Wände, die jeder einzelne Clan um sich herum aufbaute, förderten nicht gerade das Gefühl für das Gemeinwohl. Zum ersten Mal in seiner Geschichte entdeckte das Individuum, dass man mit mehr Besitz Einfluss und Macht über andere bekommt. Hier liegt wohl die Wurzel dessen, woraus später die Idee des Kapitalismus erwuchs. Bestand der Handel zu Beginn noch aus Geschäften, bei der eine Ware oder eine Dienstleistung gegen eine andere ge-

## PROLOG: DER ENDLOSE KONFLIKT

tauscht wurde, so haben diverse Völker schon lange vor der modernen Zeitrechnung Zahlungsmittel erfunden, aus denen später Geld entstand. Das Zeitalter der Ungleichheit hatte begonnen und wurde praktisch ständig perfektioniert, man könnte heute in der Moderne auch pervertiert sagen.

Die landwirtschaftliche Revolution war ein schleichender, aber unaufhaltsamer Prozess, der die Grundsteine für unser modernes Leben bereitet hat. Die Nomaden sind nicht von heute auf morgen verschwunden. Im Jahr null zogen immer noch knapp 2 Millionen Jäger und Sammler über die Erde. Gegenüber 250 Millionen Bauern, von denen die allermeisten in festen Ansiedlungen lebten, fielen diese kaum mehr ins Gewicht. In verschwindend geringer Anzahl haben nomadisierende Hirten und Jäger bis heute überlebt.

Innerhalb meiner fotografischen Arbeit habe ich unterschiedlichste Gruppen ablichten und für die Nachwelt festhalten können. Denn diese letzten Nachkommen indigener Kulturen, deren Lebensstil als ein Fenster in die Vergangenheit fungiert, sind momentan dabei, sich für immer aufzulösen. Im sich zuspitzenden Konflikt zwischen Mensch und Natur scheint für jene, die eine intakte Ökologie als Lebensgrundlage brauchen, endgültig kein Platz mehr zu sein.

Dieser endlos scheinende Konflikt muss sehr schnell befriedet werden, denn auch die anderen bald acht Milliarden Homo sapiens, die sich heute auf dem Erdball tummeln und sich der Sesshaftigkeit verschrieben haben, können ohne intakte Kreisläufe nicht in Menschenwürde überleben.

Mit diesen Gedanken kehre ich zurück aus dem Kakaowald, aus dem Cabruca an der Ostküste Brasiliens. Hier ist es geglückt, Natur und Kultur zu versöhnen und Kakaobohnen anzubauen, ohne einen Ausrottungskrieg gegen wildlebende Tiere und Pflanzen zu führen. Vielleicht haben hier die Goldkopflöwenäffchen

## PROLOG: DER ENDLOSE KONFLIKT

eine reale Überlebenschance. Ich werfe einen weiteren Blick auf das Display meiner Kamera und setze auf die Menschen, die sich für den Cabruca und die hier lebenden Pflanzen und Tiere einsetzen. Und damit für sich selbst.

# DER START MEINER REISE

## DER START MEINER REISE

– 1 –

## Punktlandung

Von den letzten Goldkopflöwenäffchen, vom Artensterben, vom Klimawandel und von der zunehmenden Desertifikation, von der Bedrohung indigener Völker weiß ich als Kind natürlich nichts. Geboren werde ich auf dem Höhepunkt des Space Age, nämlich ungefähr zur selben Zeit, als Neil Armstrong im Juli 1969 als erster Mensch den Mond betritt. Während er im Meer der Ruhe unterwegs ist, erblicke ich am Ufer des Schwäbischen Meeres, des Bodensees, das Licht der Welt. Es ist trotz des Kalten Krieges eine optimistische Welt, die sich am American Way of Life, am technischen Fortschritt, an der Raumfahrt, der Atomkraft und einem durch nichts limitierten wirtschaftlichen Wachstum orientiert. Die Zäsur beginnt erst 1972 mit dem Erscheinen der »Grenzen des Wachstums«, herausgegeben vom Club of Rome. Doch 1969 heißt die Devise, zumindest der westlichen Welt, noch immer: Wohlstand für alle!

Meine ersten Jahre verbringe ich, liebevoll umsorgt in einem intakten Elternhaus, betreut von wunderbaren Großeltern, die mir das Gefühl von Sicherheit und Geborgenheit vermittelten. Lange Zeit halte ich dieses Gefühl und meine Situation für selbstverständlich. Dass es auch anders hätte kommen können und dass meine sorgenfreie Jugend ausschließlich dem Zufall zu verdanken ist, wird mir erst viel später bewusst.

Wir sind eine typische Mittelstandsfamilie im sozialmarktwirtschaftlichen Deutschland der siebziger und frühen achtziger Jahre.

## PUNKTLANDUNG

Meine Eltern sind eindeutig dem linken politischen Spektrum zuzuordnen, ohne sich dabei stark von der bürgerlichen Mitte zu unterscheiden. Sowohl mein Vater als auch meine Mutter haben beide den Beruf des Fotografen erlernt. Gleichzeitig und im selben Betrieb. Bis heute hält sich daher hartnäckig das Gerücht, ich sei in einer Dunkelkammer gezeugt worden. Übrigens dieselbe Dunkelkammer, in der auch ich knapp zwanzig Jahre später lerne, wie man aus einem Gemisch aus Chemikalien und belichtetem Papier hochwertige Schwarz-Weiß-Fotos herstellt.

Das Space Age ist vorbei. Das Atomic Age nähert sich seinem Ende. Das Buch »Die Grenzen des Wachstums« vom Club of Rome hat längst Spuren in der Gesellschaft hinterlassen und zur Gründung der Partei »Die Grünen« 1980 beigetragen. Auch bei uns in der Familie wird Ökologie immer wieder thematisiert. Die Abläufe unseres Alltags ändern sich dadurch aber nur marginal. Die Kenntnisse und der gesellschaftliche Druck fehlen, unser Bewusstsein ist noch nicht so weit. Das macht sich auch beim Reisen bemerkbar, wofür wir unseren großen Wohnwagen einsetzen. Die Ziele liegen an der Nordsee oder in Südfrankreich. Dass unser Caravan von einem dicken silbernen Toyota-Geländewagen mit Allradantrieb gezogen wird, ist völlig normal und wird von niemandem als ökologischer Fehler reflektiert. Der Klimawandel war uns unbekannt, obwohl Prof. Heinz Haber bereits 1979 in einer Ausgabe seiner regelmäßigen Fernsehsendung vor den katastrophalen Folgen der Nutzung fossiler Energie warnt. Das Thema schwelt noch, ohne uns zu erreichen. Heute bin ich ob dieser Ahnungslosigkeit fast dankbar, verschafft sie uns doch eine unbeschwerte Kindheit.

Diese endet, als ich die Schule wechsele und nun das Gymnasium besuche. Nach und nach rücken nun Umweltthemen in unsere, in meine Wahrnehmung. Walfang, Robbenschlachten, Regenwaldabholzung, Atomkraft, Waldsterben, Ozonloch sind die entsprechenden Schlagworte und Schlüsselbegriffe der achtziger Jahre. Auch zu Hause macht sich der Bewusstseinswandel bemerkbar. So sammeln wir gemeinsam ein Jahr lang alle Artikel aus unserer Lokalzeitung über das Waldsterben. Das Resultat ist ein dicker Wälzer, der ein Indiz für die gestiegene gesellschaftliche Bedeutung des Themas ist. Die Perspektiven der Artikel sind unterschiedlich und führen den politischen Diskurs an. Auffällig ist, dass die konservative Seite den Umweltaktivisten immer wieder Alarmismus und die Erfindung maßlos übertriebener Untergangsszenarien vorwirft. Uns aber wird bald klar, dass genau dieses laute Aufschreien von Aktivisten die Probleme erst publik macht und einen Wandel herbeiführt. Das Ozonloch hat nicht begonnen, sich von alleine wieder zu schließen, und die Bäume können sich damals nicht auf ein Wunder verlassen. Erst als den Kühlschränken das FCKW-Gas entzogen wird und aus unseren Treibstoffen das Blei, ändert sich etwas. Eine wichtige Erfahrung, die mich ebenfalls prägt.

Bald stellt sich heraus, dass mir das Gymnasium nicht liegt. Sport, bildende Kunst und Erdkunde finde ich gut, Fremdsprachen nützlich. Alle anderen Fächer sind ab der siebten Klasse mehr oder weniger lästig, insbesondere Mathematik und Physik. Die immer aktuellere Umweltproblematik findet den Weg nicht in die Lehrpläne. Dafür aber in mein Schülerleben. Als Redakteur in der Schülerzeitung und bei der Umwelt-AG kann ich endlich meine jugendliche Energie gezielt investieren. Mein Engagement führt zu endlosen und auch heftigen Diskussionen mit manchen konservativen Mitschülern, die mir den Spitznamen »Greenpisser« verpassen.

Obwohl ich den Titel eher als Auszeichnung sehe, stellt sich mir natürlich die Frage, warum ich nicht überzeugend genug bin. Zweifel an meiner Diskussionsstrategie keimen auf. Ab wann erscheint der so ungeliebte und als belehrend empfundene »erhobene Zeigefinger«, wenn man auf Missstände aufmerksam macht? Wie dringt man zu Menschen durch, ohne sie vor den Kopf zu stoßen?

## PUNKTLANDUNG

Gerade zu jenen, die eine ganz andere Meinung oder Einstellung haben. Macht das überhaupt Sinn, oder sollte man seine Energie nicht dort investieren, wo Erfolg wahrscheinlicher erscheint? Welche Rolle spielen Gefühle in diesen Auseinandersetzungen? Empathie ist die vielleicht wichtigste Empfindung, die uns Menschen auszeichnet. Wäre sie nur bei allen kraftvoll genug, manch andere wie die Gier und den Neid im Zaum zu halten, der Planet wäre in einem besseren Zustand.

Am Ende des zehnten Schuljahres ist auch meine Schulzeit zu Ende. Meine schulischen Leistungen reichen nicht für das Abitur, was weniger an meinen kognitiven Fähigkeiten liegt, sondern vielmehr an den als weltfremd empfundenen Lehrinhalten. Meiner Mutter kommt die schwere Aufgabe zu, bei der Schulleitung das Abschlusszeugnis abzuholen. Ich habe nämlich keine Zeit, denn ich sitze längst mit einem Interrailticket bewaffnet im Zug nach Marokko.

Dreimal nutze ich als Jugendlicher diese sehr preisgünstige Möglichkeit, um mit dem Rucksack auf dem Rücken durch Europa zu reisen. Was für ein Kontrast zur Schule. Landschaften und Menschen statt Formeln und Grammatik. Ein Ticket nur, und ich bin mitten im Leben. Herausfordernd, farbenfroh, staubig, überraschend und vor allem real. Ich suche immer bewusst Ziele aus, die möglichst weit entfernt sind. Mit siebzehn Jahren stehe ich zum ersten Mal in Marrakesch auf dem Basar und tauche in den quirligen Alltag einer völlig anderen Kultur ein. Die Marktstände, die Farben der Gewürze, die bunten Tücher, die Gesichter der Händler. Diese und viele andere Orte werden mit den ersten längeren Reisen zu meiner Welt. Von da an kann ich mir ein Leben ohne Reisen und Entdeckungen nicht mehr vorstellen. Doch eines ist mir auch bewusst: Wenn mein Beruf einmal in diese Richtung gehen soll, dann muss ich eine dazu passende Ausbildung machen. Auf die Suche nach einem Beruf muss ich mich jedoch nicht machen. Schon mit zehn Jahren hatten mir meine Eltern eine Kamera in die Hand gedrückt. Die Fotografie gehörte seitdem zu meinem Leben, ohne es maßgeblich zu bestimmen. Spaß hat es mir allerdings immer gemacht. Warum also nicht das lang gepflegte Hobby zum Beruf machen? Schon kurz nach meiner Rückkehr aus Marokko habe ich eine Lehrstelle. Foto Franke in Friedrichshafen wird so zum Ausbilder mehrerer Generationen von Mauthes, und wir werden endgültig zu einem Fotografenclan.

Die drei Ausbildungsjahre vergehen wie im Flug. Natürlich ist das Lehrlingsdasein nicht immer nur ein Vergnügen. Spaß macht es mir jedoch immer. Dass das »Machen« mein Ding ist und nicht die Theorie, spiegelt sich dann auch am Ende bei der Gesellenprüfung wider. Meine schriftlichen Leistungen sind bestenfalls gewöhnlich, aber meine praktische Abschlussarbeit macht mich zum stolzen Kammersieger.

# MEINE ENTDECKER-JAHRE

## – 1 –

# Neuseeland

An einem habe ich nie gezweifelt. Wenn der Musterungsbefehl kommt, werde ich, wie mein Vater, den Kriegsdienst verweigern. Auf keinen Fall werde ich mich als Soldat von irgendwelchen Ausbildern anbrüllen lassen, während sie Gehorsam und Disziplin einfordern. Irgendwann im letzten Ausbildungsjahr ist es dann so weit, und das Kreiswehrersatzamt lädt mich zur Musterung ein. Das Ergebnis der Untersuchung ist mehr als überraschend. Tauglichkeitsgrad fünf und somit von sämtlichen Aktivitäten befreit. Wehruntauglich. Was für ein Geschenk! Damals, Ende der achtziger Jahre, dauert der Zivildienst zwei volle Jahre. Die würde ich auch gerne investieren, empfinde ich es doch als durchaus sinnvoll, etwas für die Allgemeinheit zu tun und das Gemeinwesen zu stärken. Doch bin ich natürlich keineswegs traurig darüber, dass sie mich nicht wollen. Im Gegenteil, ich habe 24 Monate frei verfügbare Lebenszeit geschenkt bekommen.

Die will ich natürlich nutzen, und zwar zum Reisen. Meine Wahl fällt auf Neuseeland. Vor allem die unglaublich schöne und vielfältige Natur dort unten zieht mich magisch an. Ich will auf den berühmten Trekkingrouten durch die Nationalparks wandern und möglichst viele schöne Bilder von den Landschaften machen. Der Flug lässt sich zwar nicht vermeiden, aber als Fahrzeug entscheide ich mich für das Fahrrad. Umweltfreundlich und zugleich eine günstige und intensive Art, Land und Leute wirklich kennenzulernen.

## NEUSEELAND

Über Stunden ändert sich kaum etwas. Man spürt den Sattel, spürt die Straße, die ab und zu einem Feldweg ähnelt. Die Straßen in Neuseeland sind lang und die Horizonte weit.

Für ein knappes halbes Jahr besteht mein ganzes Universum aus einem Fahrrad, der Campingausrüstung, Wanderschuhen, ein paar Klamotten und natürlich einem Walkman mit einer ganzen Reihe Kassetten, auf denen ich für jede Stimmungslage spezielle Musikstücke zusammengestellt hatte. Ein nicht unwesentlicher Teil des Rucksacks ist für die Fotoausrüstung reserviert. Meinem Budget entsprechend, habe ich nur ein Kameragehäuse, drei Objektive und ein kleines Stativ dabei. Ein Großteil des Platzes nehmen die Diafilme ein, die für die gesamte Reise reichen sollen. 36-mal auf den Auslöser gedrückt, und ein Film ist voll. In der digitalen Zeit kaum noch vorstellbar. Da ist gutes Haushalten gefragt. Klar könnte ich in Neuseeland jederzeit neue Filme kaufen, aber so ein Kodachrome 100 oder ein Fuji Velvia sind hier richtig teuer.

Meine Route steht fest, ich habe sie lange genug geplant. Ich starte gleich nach meiner Ankunft in der Hauptstadt Auckland, um nach und nach das ganze Land, also die Nord- und Südinsel, kreuz und quer zu durchfahren. Natürlich will ich auch die üblichen Sehenswürdigkeiten bewundern, aber letztendlich will ich mehr sehen als ein gewöhnlicher Tourist. Also nutze ich so oft wie möglich abgelegene, ungeteerte Straßen, auf denen dann auch kaum Verkehr herrscht. Fehlen noch der Kopfhörer und mein persönlicher Soundtrack. Wenn auch noch das Wetter passt, stellt sich ein unglaubliches Gefühl von Freiheit ein. »The Traveller« von Chris de Burgh und »Bicycle Race« von Queen sind die zwei wichtigsten Songs meiner Tour. Kommt mal so etwas wie Heimweh auf, schreibe ich lange Briefe und lasse meine Eltern und Freunde an meinen Erlebnissen teilhaben. Ein Telefongespräch nach Deutschland kostet fünf Mark die Minute, sodass ich diese Möglichkeit nur in Ausnahmen nutze.

## MEINE ENTDECKERJAHRE

Auf der Nordinsel verschlägt es mir den Atem. Ich stehe vor den letzten vom Menschen verschont gebliebenen Exemplaren der mächtigen Kauri-Bäume. Bis zu 50 Meter hohe immergrüne Giganten mit einem Stammdurchmesser von bis zu vier Metern. Doch sind das nur vergleichsweise kleine Exemplare im Vergleich zu jenen Bäumen, die nach der Eroberung durch weiße Siedler in großer Zahl gefällt worden sind. Ganze Wälder wurden gerodet. Nicht nur ein Verlust für die Natur, sondern auch für die Maori, die Ureinwohner. Ihr Gott Täne ist der Gott des Waldes und der Vögel und der Sohn des Hauptgötterpaares Rangi und Papa. Ehrfürchtig wandere ich durch die von Riesenfarnen dominierten gemäßigten Regenwälder Ureweras und besteige die Vulkane des Tongariro-Nationalparks. Auch hier stoße ich regelmäßig auf die Wunden und Narben, die von Menschen hinterlassen wurden. Natürlich ist Neuseeland ein vom Homo sapiens besiedeltes Land, in dem die Landwirtschaft dominiert. Aber anders als bei meinen bisherigen Erlebnissen in der Natur stoße ich hier zum ersten Mal auf wirkliche Wildnis. Das Netz aus Schutzgebieten des Landes spiegelt bis heute auf eindrucksvolle Weise die Vegetation wider, die hier dominierte, bevor der Mensch die Region übernommen hat.

Praktisch die komplette Westküste der Südinsel ist ein Eldorado für Naturfreunde, vor allem der Abel-Tasman-Nationalpark. Dieser besteht aus vielen großen und kleinen fast lieblich anmutenden Buchten mit weißen Sandstränden und dichter subtropischer Vegetation. Ausgangspunkt für Kajaktouren und Outdooraktivitäten in der Region ist für viele, so auch für mich, der »White Elephant«. Der weiße Elefant ist ein typisches Backpacker-Hostel, in dem man günstig übernachten kann und ganz leicht andere Reisende kennenlernt. Nicht selten schließe ich mich in den Backpacker-Hostels mit anderen Reisenden zusammen, um einen Teil des Weges mit ihnen gemeinsam zu fahren oder zu wandern.

## NEUSEELAND

Ein einmaliges Erlebnis ist die Umrundung des nordwestlichen Zipfels der Südinsel auf dem »Heaphy Track«. Diese Wanderung führt zu dem endgültigen Entschluss, meine Reiseleidenschaft mit dem Beruf zu verbinden und Naturfotograf zu werden. Die unglaublich wilde, ungebändigte Natur, durch die ich fünf Tage wandere, fegt alle anderen beruflichen Möglichkeiten vom Tisch. Als ich die Landfläche überquert habe, folge ich dem kleinen Pfad an der ansonsten völlig unberührten Küste. Mit ihren Klippen und riesigen Wellen, die sich an den Felsen brechen, ist die Westküste das genaue Gegenteil vom lieblich anmutenden Abel Tasman. Besonders beeindruckend sind die landschaftlichen Veränderungen auf der Westküstenroute. Alle paar Kilometer betritt man eine andere Welt. Ich bade in heißen Quellen und nutze am Matheson-See die perfekte Spiegelung der Neuseeländischen Alpen, um sie zu fotografieren. Ein weiteres Motiv sind die Pancake Rocks, die wirklich aussehen, als hätte man Tausende Pfannkuchen übereinandergelegt. Anschließend wandere ich zu den Gletschern der großen Berge, denn Alpenkette und Küste sind praktisch Nachbarn, sodass diese Vielfalt für den Reisenden zu Fuß oder auf dem Fahrrad gut zu erkunden ist.

Wenn man ein halbes Jahr lang in einem fremden Land unterwegs ist, passiert es ganz zwangsläufig, dass es auch mal unangenehme Dinge gibt, die nicht so klappen, wie man es sich vorstellt. Mal verliert man etwas Wichtiges, mal geht ein Teil der Ausrüstung kaputt. Nicht jeder Rucksacktourist wird automatisch zum Freund, und nicht jeder Mitmensch meint es gut mit einem. Doch genau diese Begebenheiten sind es, an denen wir wachsen, wenn wir sie meistern. Man bekommt im Laufe der Zeit ein Gespür für die Dinge und lernt richtiges Verhalten, das nicht nur auf Reisen, sondern auch im ganz normalen Leben hilfreich ist.

**MEINE ENTDECKERJAHRE**

– 3 –

## Der erste Vortrag gibt die Richtung vor

Am 3. Mai 1991 stehe ich mit feuchten Händen und Lampenfieber zum ersten Mal auf einer Bühne. Meine Neuseelanddias warten in zwei miteinander synchronisierten Projektoren, die Musik und die Moderation auf einem Tonband. Natürlich habe ich mit der Idee gespielt, die Dias live zu kommentieren, doch dazu reicht mein Selbstvertrauen nicht aus. Nur zur An- und Abmoderation wage ich mich an das Mikrophon. Frei und ohne Manuskript vor Menschen sprechen? Noch ist das undenkbar! Das Publikum ist da, der Saal ist ausverkauft. Nach ein paar unsicheren Worten von mir drücke ich auf den Startknopf. Die ersten Bilder meiner Neuseelandtour in chronologischer Reihenfolge. Für Erklärungen habe ich auch immer wieder Texttafeln eingeblendet. Das ist natürlich keine hohe Vortragskunst, aber irgendwie treffe ich den Nerv meines Publikums. Gebannt begleitet es mich auf meiner Reise, staunt mit mir, freut sich mit mir, teilt meine Enttäuschungen. Am Ende erlöst mich ein heftiger Applaus. Nach dem Vortrag kommt eine ältere Dame auf mich zu und gesteht, zu Tränen gerührt, noch nie etwas so Schönes in ihrem Leben gesehen zu haben. Diese Meinung ist natürlich nicht repräsentativ, aber zusammen mit weiteren positiven Reaktionen überzeugen sie mich davon, die Vorträge fortzusetzen. Das Geschäft ist verblüffend einfach. Ich miete in einigen Städten passende Säle an, hänge einige A2-Plakate auf und erscheine rechtzeitig zum Vortrag. Die stets vollen Säle nehme ich als Selbstverständlichkeit hin. Jahre später werde ich mich fragen,

## DER ERSTE VORTRAG GIBT DIE RICHTUNG VOR

warum ich nach einer Handvoll Auftritten aufgehört habe. Denn die Vorträge lohnen sich finanziell, das Genre ist noch jung, der Reisevortragsmarkt noch nicht übersättigt. Ich aber erkenne den Goldesel nicht, der direkt vor mir steht.

Stattdessen nehme ich nach meiner Rückkehr aus Neuseeland eine Stelle als Fotograf in einem Fotostudio bei Pforzheim an. Es ist nicht nur der Wunsch meiner Eltern, sondern auch das Gefühl von Sicherheit, das ein fester Job nun einmal vermittelt. Doch nach nur neun Monaten kündige ich, ohne zu wissen, dass dies die erste und letzte Festanstellung meines Lebens sein wird.

Niemand kündigt, ohne einen Plan zu haben. Mir geht es aber nicht etwa um die Wiederaufnahme der Vorträge, sondern um eine neue Reise. Ich will zurück in die Welt, in die Natur. Dabei ist mir völlig klar, dass die nächste Tour ökonomische Konsequenzen haben muss. Ich kann nicht noch einmal einfach so ins Blaue verschwinden. Spätestens bei meiner Rückkehr muss ich eine Möglichkeit haben, mir meinen Lebensunterhalt verdienen zu können. Wer nicht gerade auf dem Weg einen Goldschatz findet, kommt in der Regel pleite von einem Abenteuer zurück. Mir bleibt nur die Möglichkeit, mich selbständig zu machen. Es wird die beste Weichenstellung meines Lebens, zu dem natürlich auch Rückschläge gehören werden. Das ist mir durchaus bewusst, aber ich habe irgendwie keine Wahl.

Meine erste berufliche Reise folgt nicht nur abenteuerlichen und ästhetischen Ambitionen, sondern auch kommerziellen. Somit kann ich mein Ziel nicht frei wählen, sondern muss auch an den Schriftzug denken, der in nicht allzu ferner Zukunft ein Werbeplakat zieren wird. Ich muss also ein populäres Ziel finden. Die Entscheidung fällt auf Kanada und Alaska. Doch so schön es in Neuseeland war, alleine zu reisen, so einsam war es auch. Eine intakte Beziehung habe ich leider nicht und bin schon einige Zeit lang Single. Also mache ich eine kleine Liste mit möglichen Be-

## MEINE ENTDECKERJAHRE

gleitern. Der erste ist mein Freund Felix Bosch, den ich auch gleich anrufe und ohne Umschweife frage, ob er Lust hat, mit mir sechs Monate durch Kanada und Alaska zu radeln. »Klingt interessiert«, antwortet er und bittet um ein paar Tage Bedenkzeit. Keine zehn Minuten nach unserem Gespräch klingelt das Telefon. Es ist Felix mit einer klaren Ansage: »Ich bin dabei!«

**IM HOHEN NORDEN**

– 4 –

## Im hohen Norden

Wir haben keinen Plan. Es ist uns völlig egal, wie viele Kilometer wir am Tag schaffen, und wo es uns gefällt, schlagen wir unser Zelt auf. Hinter jeder Kurve, hinter jedem Bergzug liegt das große Unbekannte. Wir wissen nicht, was uns erwartet, und das ist großartig. Von Anfang an spüre ich, um wie viel besser es ist, seine Empfindungen und Eindrücke mit jemandem teilen zu können, als sie nur in ein Tagebuch zu schreiben oder, auf einem Berg stehend, laut rauszuschreien. Der Freund an der Seite stellt sich als echter Gewinn heraus.

Die kurze Strecke von Calgary über die weiten Ebenen zu den Rocky Mountains erweist sich als ideale Trainingsroute. Dabei haben wir immer die gewaltigen, langsam größer werdenden Berge vor Augen und werden von ihnen geradezu magnetisch angezogen. Bald fahren unsere Räder fast von allein. Kein Gegenwind ist stark genug, uns in die Knie zu zwingen. Die Durchquerung der Nationalparks Banff und Jasper ist ein echter Traum. Mächtige schneebedeckte Berggipfel, die dichte, unberührte Nadelwälder überragen. Dazu wilde Bergflüsse, die sich aus schmelzendem Gletschereis nähren und sich in den Tälern zu idyllischen Seen aufstauen. Wer einmal vom Aussichtspunkt auf das hellblaue Wasser des Lake Louise und das sich dahinter erhebende Panorama geschaut hat, weiß, warum ich so davon schwärme. Dabei ist dies sogar nur ein »Roadkill«, also eine Sehenswürdigkeit oder ein Fotomotiv, das man von der Straße aus sehen kann.

## MEINE ENTDECKERJAHRE

Vorbei am Mount Robson rollen wir dann auf der westlichen Seite der Rockies hinaus aus dem Gebirge und hinein in die bewaldeten Weiten Britisch-Kolumbiens. Was für ein Kontrast. Wie im Rausch geht es abwärts. Wir genießen jeden Regentropfen, jede Windböe, jede Kaltfront und jeden Hügel, der sich oftmals als schier endlose Erhebung entpuppt. Wir schwitzen, frieren, werden von Moskitos gestochen und sind oft dem Zusammenbruch nahe. Und dennoch verlieren wir nie die Lust. Sind wir erschöpft, machen wir Pause, ist es zu kalt, ziehen wir noch einen Pullover an oder machen abends ein großes Lagerfeuer. Ist der Bergzug endlos lang und die Schweißtropfen beginnen zu sprießen, muss die Windjacke eben ausgezogen werden. Selbst die Moskitos, die uns besonders während des Zeltens nerven, sind kein Grund, uns weniger wohl zu fühlen. Es gibt Tage, da habe ich das Gefühl, es könnte für alle Zeiten so weitergehen.

Mit den Rocky Mountains im Rücken verlassen wir auch die geschützten Gebiete und die üppige Natur. Was nun folgt, ist ein Schock, der tief sitzt, weil es vorher so unvorstellbar schön war. Britisch-Kolumbien ist groß und bewaldet, aber bei weitem nicht so intakt, wie es uns Reisebildbände und Werbekataloge der Tourismusindustrie weismachen wollen. Mir ist zwar klar, dass Felix und ich jetzt nicht überall durch jungfräuliche Wildnis radeln werden, aber das wahre Ausmaß dessen, wie der Kanadier seine Natur nutzt, offenbart sich erst jetzt. Praktisch auf dem ganzen Weg nach Norden fahren wir an riesigen Kahlschlagflächen vorbei. Diese »Clearcuts« lassen wirklich keinen einzigen Baum übrig. Was bleibt, ist ein geschundenes Land, das von nun an nur noch den Bedürfnissen des Menschen dient. Die Vielfalt des Lebens, die in alten Wäldern über Jahrtausende heimisch war, wird es so nie wieder geben. Zumindest solange der Mensch sein Verhalten nicht grundlegend ändert. Ist eine solche Fläche einmal geschlagen worden, ist sie praktisch eine Holzfabrik. Bäume werden nachgepflanzt,

## IM HOHEN NORDEN

meist in Monokulturen, um schnellstmöglich wieder geerntet zu werden. Über Wochen hat jeder einzelne mit dicken Stämmen beladene Lastwagen, der an uns vorbeigefahren ist, einen Stich in mein Herz gegeben. Erst später erfahre ich, dass 90 Prozent des weltweiten Bedarfs an Bau-, Möbel- und Papierholz aus den borealen, nordischen Wäldern stammt. Unmittelbar vor Ort sehe ich mit eigenen Augen, was das für die Natur in diesen Regionen tatsächlich bedeutet. Um für die vielen Wohnmobilurlauber den Schein zu wahren, hat man bei allen Kahlschlägen immer einen kleinen Streifen Bäume zur Straße hin stehengelassen. Bedingt durch die Topografie der Landschaft, ist das aber völliger Quatsch, denn man muss schon die Augen schließen, um diesen Raubbau nicht sehen zu wollen.

Als wir dann die Grenze zum Yukon Territory erreichen, wird die Vegetation wieder geschlossener und wirkt intakter. Der Grund ist wahrscheinlich weniger die Naturverbundenheit seiner Bewohner als vielmehr das rauer werdende Klima. Die Bäume sind hier oben wohl nicht mehr groß genug gewesen, als dass sich eine wirtschaftliche Nutzung gelohnt hätte. Eine Nutzung der natürlichen Ressourcen ganz anderer Art beschäftigt uns in dem kleinen Städtchen Dawson City, einer alten Goldgräberstadt. Als wir durch die Straßen der Stadt fahren, fühlen wir uns umgehend in die Goldgräberzeit versetzt. Denn viel hat sich seit dem großen Rausch, der im Jahr 1896 begonnen hatte, offenbar nicht verändert. Es ist immer wieder erstaunlich, was wir Menschen an Kräften freisetzen können, wenn Wohlstand und Reichtum locken. Bis heute wird hier nach dem wertvollen Rohstoff gegraben, der manche Menschen sehr reich gemacht hat, aber auch viele Glücksritter desillusioniert zurückließ.

Weiter geht es Richtung Norden. Auf der endlos scheinenden Straße nach Alaska biegen wir kurz vor Dawson nach rechts ab. Für 700 Kilometer sind wir nun auf dem oft schnurgeraden

## MEINE ENTDECKERJAHRE

Dempster Highway unterwegs. Hier überquere ich zum ersten Mal in meinem Leben den Polarkreis. Irgendwann passieren wir die letzten verkrüppelten Bäumchen der borealen Klimazone und erreichen das nordische Grasland, die Tundra. Dieser Abschnitt ist einer von vielen Höhepunkten dieser Reise. Die Welt hier im hohen Norden ist flach, der Horizont weit und der Wind kalt. Der arktische Sommer ist kurz, und so fahren wir manchmal fast die ganze Nacht hindurch. Die Mitternachtssonne leuchtet stundenlang, während sie, knapp über dem Horizont wandernd, niemals ganz verschwindet. Ihre langwelligen roten Strahlen tauchen dabei das Land in ein magisches Licht. Ein Traum für einen Naturfotografen. Erst als wir praktisch vor Erschöpfung nicht mehr können, bauen wir direkt neben dem Highway das Zelt auf und verschwinden so schnell wie möglich darin. Nicht wegen der Erschöpfung, sondern wegen der Millionen von Sandfliegen, die hier in den Sümpfen durch die Wärme der Sommersonne schlüpfen und ein Leben ohne Bewegung nahezu unmöglich machen.

Als Felix und ich nach 6 000 geradelten Kilometern mit dem Schiff durch die Inside Passage die kanadische Westküste hinunter in Vancouver ankommen, sind wir immer noch Freunde. Wir sind es bis heute. Das ist gar nicht so selbstverständlich. In diesen 180 Tagen sitzen wir uns enger auf der Pelle als so manches Ehepaar. Auf der Reise geht keiner tagsüber zur Arbeit und kommt erst am Abend wieder. Unsere Arbeit ist das gemeinsame Erleben und Entdecken. Es gibt allerdings einen großen Unterschied zwischen ihm und mir. Ich fotografiere bei jeder sich bietenden Gelegenheit, um daraus eine Reisediashow zu produzieren – und Felix nicht. Insofern gehe ich also doch zur Arbeit, und zwar mit großer Freude und hohem Einsatz. Wer schon einmal einen Menschen mit der Kamera begleitet hat, wird wissen, dass dies sehr anstrengend sein kann.

## IM HOHEN NORDEN

Wenn ich heute Felix und seine Familie besuche und wir zusammen mit seiner Frau Doris und seinen drei teilweise erwachsenen Kindern über die alten Zeiten reden, spüre ich, dass auch für ihn diese Reise etwas ganz Besonderes in seinem Leben war. Keiner von uns hat wohl jemals wieder so eine Unbeschwertheit und Freiheit gespürt wie während dieser sechs Monate.

**MEINE ENTDECKERJAHRE**

– 5 –

*Die Arbeit ist noch lange nicht fertig*

Über zweihundert Diafilme. Eine ganze Satteltasche voll. Das ist der Stand, als ich wieder in Deutschland ankomme. Der erste Teil meines Selbständigkeitsprojektes ist somit absolviert. Jetzt liegt der zweite Teil vor mir. Noch dazu ist offen, ob ich mit den Fotos tatsächlich ein passables Einkommen generieren kann. Vier Tage warte ich auf die entwickelten Filme. Jetzt muss ich noch die Show basteln.

Es gibt für mich nur eine Möglichkeit, nämlich alle Register zu ziehen und fast jedes Risiko einzugehen. Als endlich alle Geräte, die zur Durchführung einer solchen Präsentation benötigt werden, gekauft waren und ich die finanziellen Mittel zusammenhatte, eine Tournee überhaupt zum Laufen zu bringen, bin ich tief in den roten Zahlen. Sowohl bei der Bank als auch bei meiner Familie, den Eltern und Großeltern. Diesmal setze ich gleich vier Projektoren ein, die ihre Bilder auf eine sechs Meter breite Leinwand werfen. Mit der neuen Musikanlage kann ich auch größere Säle beschallen. Das Budget für den Plakatdruck und andere Werbematerialien darf dabei nicht vergessen werden. Beim Leasing des Tourneebusses hilft mir ein Sponsor aus der Fahrradbranche.

Und dann ist da noch mein Freund Marc Heilig. Er ist Feuer und Flamme für die Tournee und gibt sein eigenes Leben für mehr als ein halbes Jahr praktisch auf. Er fährt mit seinem VW-Bus, bepackt mit Eimern voller Kleister, Stadtplänen, Hartfaserplatten, Kabelbindern und jeder Menge A1- und A2-Plakaten durch Deutschland voraus. Wenn ich mir den von mir zusammengestellten

## DIE ARBEIT IST NOCH LANGE NICHT FERTIG

Tourneeplan mit oft mehr als zwanzig Aufführungen im Monat anschaue, kann ich kaum glauben, dass Marc die ungeheure Aufgabe löst. Ein echter Knochenjob und kaum angemessen zu bezahlen. Alles in allem geht es hier um Kosten von einigen hunderttausend Mark, die ich in den Sand setzen kann. Doch die vollen Säle zwei Jahre zuvor versorgen mich mit dem notwendigen Mut.

Die Premiere findet – ebenso wie der Tour-Abschluss – in meiner Heimatstadt Friedrichshafen statt. Ich habe den großen Saal des örtlichen Kulturzentrums gebucht, glaube an den Local-Hero-Bonus und setze auf die positiven Ankündigungen in der Presse. Was kann da schon schiefgehen? Eine ganze Menge! Mit jeder Stunde werde ich nervöser. Ist der Saal nicht doch zu groß? Werden die Projektoren funktionieren? Oder ist der Vortrag nicht doch zu lang geraten?

Um 20 Uhr betrete ich mit zittrigen Knien die große Bühne. Vor mir sitzen 1 400 Menschen und sehen mich erwartungsvoll an. Der Saal ist bis auf den letzten Platz ausverkauft. Später wird mir berichtet, dass die Einfahrt zum Parkhaus zeitweise so verstopft war und es einen Rückstau bis auf die Hauptstraße gegeben hat. Damit hatte ich nun wirklich nicht gerechnet. Mit weiterhin zittrigen Knien trete ich vors Mikrophon und sage ein paar Worte. Und das war auch schon mein Auftritt, denn jetzt läuft alles vollautomatisch. Es wird dunkel, das erste Dia füllt die Leinwand. Meine Mischung aus erlebten Abenteuern, Landeskunde, kritischen Anmerkungen und natürlich den Fotos kommt tatsächlich an. Das Publikum ist mucksmäuschenstill und verfolgt mit großen Augen meine Reise. Am Ende brandet Applaus durch den Saal. Was für ein Gefühl. Dieser Applaus ist Teil meiner Belohnung für die Anstrengungen. Bei Kollegen hingegen komme ich nicht so gut an, vor allem weil ich nicht live moderiere und kommentiere. Die Show wird von den erfahrenen Kollegen in der Szene als zu wenig lebendig und nicht authentisch genug empfunden. Weil meine Stimme vom Tonband kommt. Doch für den Schritt in die freie Rede bin ich noch nicht bereit.

Berauscht von diesem ersten Erfolg, mache ich mir den Spaß und rechne die Einnahmen der gesamten Tournee hoch. Außerdem überlege ich, wann ich die Selbständigkeit wieder beenden und in Rente gehen kann. Das Ergebnis ist verblüffend: in wenigen Jahren schon! Dieses Hochgefühl endet jedoch schnell. Kaum verlassen wir den Radius meiner lokalen Bekanntheit, werde ich nicht mehr als netter junger Mann aus der Nachbarschaft angesehen, der tolle Abenteuer erlebt hat, sondern als ein Nobody, der ein paar Bilder aus Nordamerika zeigt. Dementsprechend sinken die Besucherzahlen dann auch recht schnell auf ein Level, das immer mal wieder bedrohlich unter die Kostendeckung rutscht. Mal kommen achtzig Leute, mal sind es wieder zweihundertfünfzig. Am Ende der Tournee bin ich verblüfft, aus dem ganzen Abenteuer ohne Schulden herauszukommen. Der für kurze Zeit erhoffte Reichtum erweist sich als absolut utopisch. Dennoch bin ich alles in allem zufrieden und kann weitermachen. Das ist in diesem Gewerbe keineswegs selbstverständlich. Im Laufe der Jahre sehe ich viele Kollegen scheitern, auch jene, die live kommentieren.

Am 24. April 1994 findet mein Unternehmen einen positiven Abschluss, den man guten Gewissens als eine Mischung aus Größenwahn, ungeheurer Tatkraft und jugendlicher Unbedarftheit bezeichnen kann. An diesem Abend geht in Friedrichshafen nach genau einhundert Aufführungen meine Dia-Vortragstournee »Kanada & Alaska« zu Ende. Aus Frankfurt ist dafür extra die Pressesprecherin des WWF, Susanne Prüfer, angereist, der wir auf der Bühne einen Scheck über 15 000 D-Mark zugunsten eines Regenwaldprojektes der Naturschutzorganisation überreichen. Mit einer kleinen Ausstellung, bestehend aus ein paar Schautafeln, hatte ich das Geld während meiner Odyssee durchs Land gesammelt. Die Clearcuts in Kanada müssen damals in mir nachgewirkt haben.

# DAS WALD-GEWISSEN

## DAS WALDGEWISSEN

– 6 –

## Greenpeace und die fantastischen Sieben

Kaum eine Handlung hatte weitreichendere Folgen für mich, als der Kauf eines Greenpeace-Magazins an einem Kiosk. Irgendwie sprechen mich der Wolf auf dem Cover und die rätselhafte Schlagzeile »Die fantastischen Sieben« an. Erst zu Hause komme ich dazu, dieses Rätsel zu lösen. Auf einer Doppelseite sind alle großen Waldregionen der Erde graphisch aufbereitet. Die noch intakten Urwaldlandschaften sind in dunklem Grün gehalten, die bereits zerstörten Wälder oder vom Menschen bewirtschafteten Nutzwälder sind an einem hellen Grün zu erkennen. Das Verhältnis der beiden Farben ist erschreckend, denn es gibt nur wenige dunkelgrüne Flächen. Der Homo sapiens hat bereits über 80 Prozent der Urwälder auf unserem Planeten zerstört. Ich lese den Artikel zweimal, bevor ich es wirklich glaube. Mit offenem Mund lege ich das Magazin auf den Tisch.

Plötzlich komme ich mir wie ein Ignorant vor, denn der Artikel hat mir bewusst gemacht, wie wenig ich eigentlich über dieses Thema weiß. Nicht einmal die wenigen Fachbegriffe sind mir vertraut, etwa »borealer Wald«. Das sind jene Nadelbaumgürtel, die sich um die Nordhalbkugel der Erde ziehen. Wirklich bekannt sind mir eigentlich nur die tropischen Regenwälder und deren Zerstörung. Deren Verwandte, die gemäßigten Regenwälder, hatte ich immerhin während meiner Reise durch Neuseeland kennengelernt. Lediglich den Fachbegriff hatte ich wieder vergessen. So wie vieles andere auch.

## GREENPEACE UND DIE FANTASTISCHEN SIEBEN

Doch nun, dank des Artikels, kehrt plötzlich mein irgendwo in meinem Inneren eingelagerter Zorn über die Naturzerstörung zurück. Auch die Enttäuschung über mich selbst entlädt sich. Was zum Teufel habe ich eigentlich in den letzten Jahren getrieben? Ich bin inzwischen über dreißig Jahre alt und mein Leben droht ähnlich bürgerlich zu verlaufen wie das all jener, die ich während der Jugendzeit wachrütteln wollte. Ich nehme das Magazin wieder in die Hand und habe plötzlich eine Vision. Genau bei diesem Thema, der Zerstörung der Natur, werden bei mir Emotionen frei. Und nicht bei den geschönten Länderporträts, die ich seit meiner Kanada-Reise vor knapp zehn Jahren produziert habe. Aber das lässt sich ja ändern. In meinen Gedanken entstehen neuartige Multivisionsshows. Vorträge über den Zustand der Wälder unserer Erde. Informierende, aber auch emotionale Vorträge. Sie sollen dem Publikum die Schönheit der Natur vermitteln, gleichzeitig aber auf deren Verschwinden hinweisen.

Eine schöne Vision. Aber auch eine utopische. Mir fehlen das Knowhow und vor allem das Budget. Wenn ich nicht unternehmerischen Selbstmord begehen will, muss ich andere Wege gehen als den bisherigen. Ein mehr oder weniger Unbekannter hat mit einem reinen Naturthema auf dem kommerziellen Markt kaum eine Chance. Das klappt allerhöchstens bei jenen, die sich im Fernsehen einen Namen in der breiten Öffentlichkeit gemacht haben.

Im Text des Artikels wird immer wieder ein Thomas Henningsen zitiert, der die Kampagne zum Schutz der Urwälder leitete. Spontan greife ich zum Hörer und rufe in der Zentrale von Greenpeace in Hamburg an. Ich bitte um eine Verbindung mit Herrn Henningsen und bin völlig perplex, als er tatsächlich ein paar Sekunden später zu mir spricht. Mit leicht zittriger Stimme erzähle ich ihm also von meiner Vision, die »Fantastischen Sieben« als Diaschau aufzubereiten, um sie dann möglichst vielen Leu-

## DAS WALDGEWISSEN

ten zu präsentieren. Mein Gesprächspartner schweigt zunächst. Wahrscheinlich hält er mich für einen Spinner. Dann kommt die Antwort: »Interessantes Konzept. Besuchen Sie mich so bald wie möglich in Hamburg. Bei Greenpeace sind wir gerade dabei, nach guten Kommunikationswegen für eine Kampagne zu suchen.« Mit einem breiten Grinsen lege ich den Hörer auf.

Da ich weder Biologe noch Förster bin und keinerlei Fachwissen zum Thema Wälder habe, bleibt mir nur eines, nämlich auf die Qualität meiner Fotos zu setzen. Ich muss Thomas Henningsen unbedingt und auf Anhieb von meinen Fähigkeiten überzeugen. Eine zweite Chance, da bin ich mir sicher, wird es nicht geben. Das Treffen findet auf meine Bitte hin nicht in seinem Büro statt, sondern im kleinen Saal der bekannten Hamburger Laeiszhalle. Diese habe ich zum Probentarif für einen Nachmittag gemietet und dort meine zehn Meter breite Leinwand aufgebaut. Ich werfe alles in die Waagschale und kommentiere live eine halbe Stunde lang Bilder aus dem Westen der USA. Ich bin so leidenschaftlich wie möglich, um zu vermitteln, dass ich in der Lage bin, mit guten Fotos und spannenden Geschichten Menschen emotional mitzureißen. Und das vor 598 leeren Stühlen. Denn nur zwei sind besetzt, und zwar von Thomas Henningsen und dem damaligen Kommunikationschef von Greenpeace. Ich kann sie in der Dunkelheit des Saales nur schemenhaft erkennen. Dafür höre ich sie, denn während ich mein Bestes gebe, unterhalten sie sich angeregt. Ein ungewohntes, sonderbares Verhalten. Aber dies ist ja auch keine normale Vorführung, und somit bleibt mir nichts anderes übrig, als die Wortfetzen zu ignorieren und durchzuhalten.

Dann ist meine Zeit um. Gebannt starre ich in den fast leeren Saal. Thomas Henningsen und sein Begleiter kommen auf mich zu. Und sie strahlen mich an: »Das ist genau das, was wir suchen!« Vor Freude wäre ich fast von der Bühne gesprungen.

## GREENPEACE UND DIE FANTASTISCHEN SIEBEN

Wer jedoch denkt, dass ich mit einem dicken Scheck den Saal verlasse, um damit umgehend alle sieben großen Waldregionen der Welt zu bereisen, der irrt. Greenpeace ist eine gemeinnützige Organisation, die ausschließlich mit Spendengeldern arbeitet. Da will jede Investition gut überlegt sein. Thomas, mit dem ich mich ab jetzt duze, ist da ganz pragmatisch eingestellt. Aus den Tropenwäldern des afrikanischen Kongobeckens ist in den Archiven am wenigsten Bildmaterial vorhanden. Da die Kampagnen der Organisation stark über Visualisierung funktionieren, gibt es hier einen konkreten Bedarf. Das Faszinierende bei Greenpeace ist, dass man diese Bilder nicht nur für das deutsche Büro erstellt, sondern alle vierzig Zweigstellen überall in der Welt darauf Zugriff haben. Das macht die Sache effizient und die Kampagnen schlagkräftig, weil sie oft in vielen Ländern gleichzeitig laufen. Mein erster Auftrag ist natürlich auch irgendwie ein Test. Als ich für die Reise gebrieft werde, gibt man mir klar zu verstehen, dass dies kein Vergnügen werden wird. Mit dem Satz »Wenn du das überstehst und gute Bilder mitbringst, können wir dich überall hinschicken« endet das Briefing.

## DAS WALDGEWISSEN

### – 7 –

### Ohnmacht im Kongobecken: Kamerun

Das Kongobecken ist neben den Wäldern Südostasiens und dem Amazonas eine von drei Tropenwaldregionen unserer Erde. Wie sein größerer Bruder in Südamerika ist auch dieses Gebiet nach einem Flusssystem benannt. Tropische Regenwälder, das ist wohl den allermeisten heute bekannt, sind Heimat unzähliger Tier- und Pflanzenarten. Vielfältigeres Leben gibt es eigentlich nur an den tropischen Korallenriffen in den Ozeanen. An Land sind die Tropenwälder die Champions.

Meine erste Reise für Greenpeace führt mich in Länder, die eine ungeheure Artenvielfalt aufweisen, aber gleichzeitig wirtschaftlich zu den ärmsten der Welt gehören. Diese durchaus fatal zu nennende Mischung zieht seit jeher jene Glücksritter magisch an, die es mit monetärer Stärke auf den immensen Reichtum der Armen abgesehen haben, nämlich ihre Naturschätze und Rohstoffe. Konkret in diesem Fall ist es der Raubbau an den Bäumen. Bei Geschäften dieser Art gibt es immer zwei Gewinner und einen Verlierer. Zu den Gewinnern gehören die Konzerne, die etwas verkaufen, das ihnen gar nicht gehört. Dazu kommt eine meist korrupte Elite, die Konzessionen ausstellt und sich über Koffer voller Banknoten freut. Das klingt wie der miese Plot eines B-Movies, ist aber leider viel zu oft die Realität. Sieht man von der massiven Korruption mal ab, dann bleibt diesen Ländern oftmals gar nichts anderes übrig, als ihre Schätze zu verscherbeln. Im Würgegriff des Internationalen Währungsfonds und der Weltbank stehen sie so

## OHNMACHT IM KONGOBECKEN: KAMERUN

unrettbar in den roten Zahlen, dass man sie nach Lust und Laune übervorteilen kann. Wirtschaftskonflikte mögen zwar auf den ersten Blick weniger gewalttätig ablaufen als direkte Kriegshandlungen, werden aber ähnlich unerbittlich geführt und enden oftmals auch in Not und Elend.

Am Beispiel Kamerun kann man das wunderbar erkennen. Der IWF wurde nach dem Zweiten Weltkrieg gegründet und hat ebenso wie die Weltbank eigentlich die Bekämpfung der Armut als oberstes Ziel. Dabei ist der Währungsfonds für die Verbesserung der internationalen Zusammenarbeit und stabile Wechselkurse zuständig, was dem Welthandel nutzt. Nun kann man so mächtige Institutionen je nach Interessenlage sehr unterschiedlich einsetzen. Kamerun wurde vom IWF gezwungen, seine Währung abzuwerten. Dadurch wurde die Waldbewirtschaftung rentabler für ausländische Firmen. Um die entgangenen Steuern auszugleichen, war das Land praktisch gezwungen, mehr Einschlagrechte zu verteilen. In den achtziger Jahren gab es in Kamerun knapp einhundert Holzfirmen, um die Jahrtausendwende hatte sich die Zahl verfünffacht. Waldvernichtung zur Armutsbekämpfung, da müssen die Herren in den Glaspalästen schon sehr angetrunken gewesen sein, dass sie sich und der Öffentlichkeit diese Brücke gebaut haben. Die Gewinne fließen übrigens fast immer ins Ausland.

Die Verliererseite bildet die Bevölkerung, die keinen Zugang zur eigenen Elite hat. Einmal abgesehen von der Flora und Fauna. Die globale Bevölkerung verliert mit jedem Baum, der zumeist illegal geschlagen wird, einen Verbündeten im Kampf um ein stabiles Klima. Auch wir finden uns also auf der Verliererseite wieder. Und unterstützen die Gewinner auch noch, indem wir ihre Produkte kaufen. Während meiner Zeit in Zentralafrika bekomme ich diese und andere Realitäten mit solch einer Wucht zu spüren, dass mich das mehr in meinem Sein beeinflusst hat als alle anderen Reisen davor. Wenn Leid, Elend und Ungerechtigkeit zu massiv werden,

## DAS WALDGEWISSEN

schaltet man automatisch irgendwann ab, oder es wird zu einer Mission und lässt einen nicht mehr los.

Entsprechend motiviert und schwer bepackt mit Ausrüstung, treffe ich in Kameruns Hauptstadt Yaoundé ein. Beim Verlassen des Fliegers werde ich fast vom feuchtheißen Klima erschlagen. Ich fühle mich, als würde ich gegen eine massive Wand laufen. Ein typisches Tropenerlebnis. Nur dank Greenpeace und seinem Netz aus Helfern kann ich den Zoll passieren. Meine helle Haut und die Kameras sorgen für reges Interesse bei den Beamten. Ich fürchte, gleich spürbar weniger in der Reisekasse zu haben oder Teile meiner Ausrüstung zu verlieren. Also dann lieber das Geld. Während ich noch nachdenke, packt mich plötzlich ein Mann am Arm und zieht mich mitsamt meinen Taschen und Rucksäcken direkt durch die Absperrungen, ohne auch nur im geringsten auf den Protest der Zöllner zu achten. Ehe ich mich versehe, sitze ich in einem Auto und lerne so Rainer kennen. Er arbeitet bereits seit sieben Jahren hier im Land für die GTZ (Gesellschaft für Technische Zusammenarbeit) und weiß genau, was er tut. Seine Wohnung darf ich von nun an als Basislager nutzen, um meine weiteren Schritte zu planen.

Da dies ein Auftrag mit verschiedenen Themenschwerpunkten ist, gibt es viel zu organisieren. Nichts davon hätte man in irgendeinem Reisebüro buchen können. An den ersten Abenden sitzen wir zusammen in seiner Lieblingskneipe, in der sich verschiedenste Mitarbeiter von Hilfsorganisationen und anderen ausländischen Institutionen mit Einheimischen treffen. Die Gespräche verhelfen mir dazu, ein wenig Einblick in die lokale Situation zu bekommen. Für meine weiteren Unternehmungen erhalte ich an völlig unerwarteter Stelle die entscheidende Hilfe. Rainer hatte als Haushaltshilfe für seine Wohnung eine junge Studentin angestellt, die mit diesem Job ihr Einkommen etwas aufbessert. Eunice spricht sehr gut Englisch und ist auch sehr aufgeschlossen gegenüber meinen

## OHNMACHT IM KONGOBECKEN: KAMERUN

Plänen, also der Suche nach Holzfällern, Ureinwohnern und illegalen Jägern. Auch dass wir dabei in die Nachbarländer Gabun und die Zentralafrikanische Republik reisen werden, schreckt sie nicht ab. Das Einzige, was mich überrascht, ist ihre Abneigung gegenüber jeder Art von Menschenaffen. Eine weitverbreitete Angst, wie ich schnell herausfinde. Dennoch kann ich sie überreden, mich zu begleiten.

Jetzt fehlt nur noch ihr Reisepass, auf den wir normalerweise mehrere Wochen warten müssten. Dank guter Kontakte und einer finanziellen Zuwendung an den Beamten dauert es nur ein paar Tage. Die junge Frau wird mein Guide und trägt wesentlich zum Erfolg meines Unternehmens bei. Sie übersetzt nicht nur, sondern recherchiert auch und entschärft so manchen Konflikt. Viele Wochen sind wir gemeinsam unterwegs und werden ein starkes Team.

Was empfinden Sie, wenn Sie beim Metzger einen Schweinekopf, ein Hähnchen oder eine Kalbshaxe in der Auslage sehen? Wenn Sie kein Vegetarier oder Veganer sind, wahrscheinlich als etwas ganz Normales, schließlich ist es ja Ihr Essen. Aber was würden Sie empfinden, wenn Sie in Yaoundé über den Markt laufen und dort an den Ständen hübsch drapiert den Kopf eines Gorillas, dessen große Hand oder eine ganze Reihe anderer Affenarten entdecken würden? Ich jedenfalls muss mich regelrecht zwingen, mir diese Auslagen überhaupt anzusehen. Es ist das nackte Grauen. Zumindest für mich. Für viele Menschen, die hier leben, ist der Affenbraten hingegen dasselbe, wie das Hähnchen oder das Kotelett für die Kunden in Gelsenkirchen, Toronto oder in Aberdeen.

Nachdem ich den Anblick halbwegs verdaut habe, will ich mehr über die Hintergründe wissen. Ich frage Rainer, der mich mit Ofir bekannt macht, einem jungen Israeli, der auf meiner imaginären Heldenliste bis heute ganz weit oben steht. Ofir hat sein Leben diesem Thema gewidmet, und er nimmt mich tatsächlich mit zu Märkten, die für Weiße eigentlich tabu sind. Denn der Handel mit

## DAS WALDGEWISSEN

dem sogenannten Bushmeat ist in Kamerun in weiten Teilen per Gesetz verboten. Dass es trotzdem weitverbreitet ist, hat viele Ursachen. Allen voran die komplett fehlende Kontrolle durch die Polizei. Die Jäger und Händler hatten lange Zeit so gut wie nichts zu befürchten, weil es niemanden interessiert hat, dass die Tierwelt immer mehr in Richtung Ausrottung taumelt. Bis Ofir auf der Bildfläche erschien. Er zwingt seit fast zwanzig Jahren die Justiz zur Anwendung ihrer eigenen Regeln, indem er mit seinen Teams die Gesetzesbrecher auf frischer Tat ertappt und zu den Gerichten schleift. Dazu hat er die Organisation EAGLE gegründet, deren Netzwerk inzwischen Hunderte illegaler Deals mit den Tieren hat auffliegen lassen. In der Regel sind es eben nicht die Ärmsten der Armen, die sich damit ein Zubrot verdienen, sondern skrupellose Händler, die nicht selten bis in die obersten Etagen der Macht vernetzt sind. Nicht nur tote Tiere werden gehandelt, sondern eben auch viele lebendig gefangene Kreaturen, denen ein Schicksal als Haustier irgendeines reichen Scheiches oder lokalen Politikers zugedacht ist. Dass es im Kongogebiet inzwischen so viel Widerstand gegen den Ausverkauf der Tierwelt gibt, haben wir dem Mut von Menschen wie Ofir und seinen tapferen Leuten zu verdanken.

Sie tragen übrigens auch zu unserem Schutz bei, da sie sich für den Erhalt der Artenvielfalt und die dazugehörigen Lebensräume einsetzen. Die Zerstörung dieser Lebensräume und der Handel mit Wildtieren begünstigen Zoonosen und somit den Ausbruch von Pandemien, wie Corona beziehungsweise Covid-19 uns im Jahr 2020 exemplarisch gezeigt hat.

Etwas außerhalb von Yaoundé liegt ein kleines eingezäuntes Waldgebiet, in das auch von EAGLE gerettete Tiere gebracht werden, um sie wieder auf die Auswilderung vorzubereiten. Häufig sind es Jungtiere, deren Eltern von den Jägern getötet werden, damit das dann hilflose Kleine verschleppt werden kann. Würde man diese Tiere direkt wieder in die Wildnis bringen, hätten sie kaum

## OHNMACHT IM KONGOBECKEN: KAMERUN

Überlebenschancen, oder es bestünde die Gefahr, dass sie sehr schnell wieder gefangen werden.

Auf der Pflegestation kommt es zu einer für mich sehr emotionalen Begegnung. Um die Arbeit hier zu dokumentieren, habe ich mir einen einjährigen Gorilla ausgesucht. Als ich ihn in seinem Waldabschnitt besuche, steht er vor einem massiven Brettwurzelbaum und hält sich mit einer Hand an einem Ast fest. In dem Moment, als ich abdrücke, fällt ein Lichtstrahl in sein Gesicht, und er schaut direkt in die Kamera. Es kommt mir vor, als würde ich direkt in seine Seele blicken. Ich weiß, das klingt nach Kitsch, und dennoch habe ich genau diesen Eindruck. Begegnungen dieser Art machen es mir völlig unverständlich, wie man als fühlendes Wesen, also als Mensch, so einen Gorilla versklaven, geschweige denn essen kann. Gerade die Gorillas sind eine von vier Menschenaffenarten, deren DNA zu 98,25 Prozent mit der des Homo sapiens übereinstimmt. Unter gewissen Voraussetzungen wäre es sogar möglich, mit einem Gorilla eine Bluttransfusion zu machen, und egal, wer wem spendet, es würde den anderen retten. Es fällt mir schwer, mich von dem jungen Gorilla zu verabschieden. Eunice ist es zu diesem Zeitpunkt nicht möglich, sich einem dieser Tiere im Reservat zu nähern, ohne sich zu ängstigen oder gar Ekel zu verspüren. Doch im Laufe der folgenden Wochen beweist sie eindrucksvoll, dass Menschen in der Lage sind, Vorurteile und Ängste abzubauen.

Wie weit die Ursachen des Leides dieses einen Gorillajungen reichen, wird mir bei unserer ersten Expedition mit dem Geländewagen in den bewaldeten Süden Kameruns sehr schnell bewusst. Wir fahren Hunderte von Kilometern auf einer befestigten Straße, die ins Nichts führt. Jedenfalls führt sie zu keiner Ortschaft. Im Süden Kameruns gibt es nur Wald. Jahrtausende alter Wald mit riesigen Bäumen, Teil eines Geflechts aus unzähligen Symbiosen mit anderen Pflanzen und Tieren. Der zentralafrikanische Regen-

## DAS WALDGEWISSEN

wald. Eine Naturform, die uns mit so vielem versorgt, was wir zum Überleben brauchen, allem voran Luft, Wasser und ein stabiles Weltklima. Doch so mächtig und erhaben die Wälder auch wirken mögen, sind sie doch ungeheuer empfindlich und letztlich gegenüber der ungeheuren Zerstörungskraft des Menschen ebenso wehrlos wie die Tiere.

Alles beginnt mit der Straße, die sich in der Regenzeit regelmäßig in schier unpassierbare Schlammpisten verwandelt. Diese wird immer tiefer in einen intakten Wald geschlagen, finanziert durch die Gelder der ausländischen Holzkonzerne, die in Kamerun wegen der kolonialen Vergangenheit meist aus Frankreich kommen. Einer unserer ersten Stopps dient dazu, solch einen zum Einschlag freigegebenen Wald zu besuchen. Zu diesem Zweck haben wir mit Rainers Hilfe in Yaoundé ein Schreiben aufgesetzt, das mich als Journalisten ausweist, der für Zeitungen der Holzindustrie arbeitet und eine Reportage über deren Arbeit machen will. Ohne dieses gefälschte Dokument hätten wir gar nicht erst loszufahren brauchen. Es reicht aus, die Wächter am Kontrollpunkt zu täuschen. Besonders beeindruckt sind die Menschen hier von Stempeln, und für die haben wir ausreichend gesorgt. Sie scheinen in Kamerun eine geradezu magische Wirkung zu entfalten; denn ohne zu zögern, wird der Schlagbaum geöffnet, und wir dürfen passieren.

Auf einem Sammelplatz, der etwa die Größe eines halben Fußballfeldes hat, stellen wir dann unseren Geländewagen ab. Hier werden die Stämme gesammelt, bevor sie verladen und mit den Trucks in die Hafenstadt Douala gebracht werden. Nach einem Fußmarsch von einer knappen halben Stunde stehe ich schweißgebadet vor einem riesigen Baum. Man bräuchte mindestens vier, fünf Leute, um ihn zu umarmen. Diese sogenannten Patriarchen stehen nicht dichtgedrängt in den Wäldern, sondern wachsen mit einigem Abstand zueinander. Dazwischen gibt es unzählige andere

## OHNMACHT IM KONGOBECKEN: KAMERUN

Pflanzen und kleinere Bäume, aus denen in ferner Zukunft vielleicht auch mal solche Riesen werden. Vor dem Baum machen sich zwei Arbeiter im Blaumann bereit. Einer von ihnen hat eine über einen Meter lange Kettensäge »Made im Germany« in den Händen. Unter der Aufsicht des anderen beginnt er dann, das brüllend laute Kettenblatt in die Rinde des Baumes zu treiben. Ich muss mich zwingen, die vollen zwei Stunden dabeizustehen, die es dauert, den Riesen zu fällen. Für mich ist diese Tat nicht viel weniger traurig als die Tötung eines Robbenbabys. Verzeihen Sie mir diesen Vergleich, aber was bitte schön ist denn solch ein tausendjähriger Urwaldriese anderes als ein großartiges Wunder des Lebens? Gegen die Arbeiter hege ich in diesem Moment keinen Groll. Sie sind froh, wenn sie mit diesem harten und sicher nicht überbezahlten Job ihre Familien ernähren können. Ich bin sicher, sie wissen nicht viel über die Welt, denn ihr Horizont dürfte nicht weiter reichen als bis nach Yaoundé. Das Artensterben, das sich wandelnde Klima, die Baumärkte OBI oder Hornbach sind ihnen genauso fremd wie die Lust von Millionen Konsumenten in westlichen Ländern, nach wie vor Tropenholz zu kaufen. Natürlich ohne sich zu fragen, woher denn das Holz für die von ihnen erworbenen Produkte stammt.

Schon lange gibt es einen Diskurs zwischen der Holzindustrie und Umweltorganisationen wie Greenpeace, in dem von den Holzfällern immer wieder betont wird, dass man nur selektiv Bäume aus dem Wald holt und das Ökosystem somit intakt bleibt. Der erste Teil des Satzes ist halbwegs richtig, davon kann ich mich jetzt vor Ort überzeugen. Es gibt in den Konzessionen praktisch keine Kahlschläge wie etwa in Kanada. Dafür ist der zweite Teil der Aussage umso weniger zutreffend. Im Tropenwald sind so viele unterschiedliche Arten auf so verschlungene Weise voneinander abhängig, dass es in diesen Kreisläufen des Lebens oftmals reicht, einen Baustein aus ihnen zu entfernen, sodass die gesamte Nahrungs- oder Versorgungskette, die dahinterhängt, ebenfalls zusammenbricht. Selbst wenn es stimmen würde, dass die Konzerne nur einen Baum pro Hektar einschlagen, was sie nicht tun, zumindest dort, wo ich Zeuge bin, hat schon die Entnahme dieses einen Baumes weitreichende Folgen. Ein wesentlicher Grund ist die Straße, die ja nach der Ernte nicht wieder zurückgebaut und bepflanzt wird. Längst haben sich am Straßenrand alle paar Dutzend Kilometer kleine Ortschaften gebildet. Dort werden Proviant und Benzin für die Truckfahrer und Holzfäller angeboten. Neue Siedler auf der Suche nach eigenem Land kommen über die Piste zu den Orten und brennen den Wald für Ackerbau nieder. Und dann gibt es da noch die unzähligen kleinen Nebenpisten, auf denen die Holzfäller die riesigen Bäume aus dem Wald gezogen haben. Der Wald ist somit nicht mehr ein undurchdringlicher Dschungel, sondern jetzt für Jäger leicht zugänglich. Die Tiere haben kaum noch eine Chance zum Rückzug. Der Mensch ist fast überall. Über die neugegründeten Orte werden das Fleisch oder die lebenden Opfer mit den Trucks nach Yaoundé gebracht, wo man nur hoffen kann, dass dort möglichst viele von Ofir erwischt werden.

Die Holzfäller, die Jäger und wir sind nicht die einzigen Menschen, die im Dschungel unterwegs sind. Wenn man davon ausgeht, dass eigentlich jenen Menschen das Land gehört, die es zuerst entdeckt haben, dann ist das, was hier passiert, noch furchtbarer. Denn keiner der Holzhändler oder Jäger würde je auf die Idee kommen, die Urbevölkerung zu fragen, was sie denn vom Töten der Tiere und dem Fällen der Bäume halten. Keinesfalls würden sie um Erlaubnis bitten, geschweige denn, irgendeine Form von Entschädigung zu leisten. Die Baka-Pygmäen sind eine der wenigen bis heute verbliebenen Ethnien auf unserer Erde, deren Lebensweise direkt bis zum Anfang unserer Menschheitsgeschichte zurückgeht. Sie sind Meister des Überlebens in einer Umwelt, die wir derzeit zerstören. Sie kennen alle essbaren Pilze und Pflanzen.

## OHNMACHT IM KONGOBECKEN: KAMERUN

Sie wissen, was heilt und was tötet. Wenn sie jagen, dann genau so viel, wie sie zum Leben brauchen. Es gibt keinen rasanten Bevölkerungsanstieg und keine Übernutzung der Ressourcen. Als Jäger und Sammler ziehen sie immer weiter, wodurch sich im zurückbleibenden Gebiet die Population an Beutetieren und essbaren Pflanzen wieder regenerieren kann.

Ein paar Tage später ergibt sich ein Treffen mit jenen Menschen, denen der Wald eigentlich gehört, auch wenn sie ein ganz anderes Verständnis von Besitz haben. Doch bringen mich meine Begleiter nicht tief in den Urwald, wie ich erwartet hatte, sondern bleiben mit mir auf der Straße. Es dauert nicht lange, und ein Lager kommt in Sicht. Eines von drei Lagern der Baka, wie sich herausstellt, und alle liegen direkt an der Straße. Natürlich bleibt mein Besuch nur einer kurzer, oberflächlicher Besuch. Aber zu sehen, wie die Menschen vor ihren aus Zweigen und alten Plastikplanen bestehenden Hütten sitzen und ständig die riesigen Trucks an ihnen vorbeirauschen, ist erschütternd. Ob sich mal jemand die Mühe gemacht hat, den Baka zu erklären, wohin denn die ganzen Baumstämme gebracht werden? Was würden sie wohl denken, wenn man ihnen erzählt, dass es auf der Welt außerhalb ihres Waldes Millionen Menschen gibt, die sich, nachdem sie ihr Geschäft verrichtet haben, den Hintern mit Zellstoff reinigen, der aus ihrem Lebensraum entnommen worden ist?

Ich fühle mich an Josef Conrads spannende Erzählung »Herz der Finsternis« über eine Flussfahrt auf dem Kongo zu Zeiten des Kolonialismus erinnert. Faszination und Wahnsinn liegen in der Geschichte eng beieinander. Mir geht es ganz ähnlich. Auch ich habe plötzlich das Gefühl, als würde ich von der Finsternis eingesogen und die Kolonisationszeit hätte eigentlich nie aufgehört. Ich kämpfe mit meinen Gefühlen und meinem Magen, denn ich bin ein eher sensibler Mensch und kein harter Kerl. Die Abgeklärtheit von Indiana Jones fehlt mir damals total. Aber mir wird bewusst, dass ich mir etwas mehr Härte antrainieren muss, wenn ich bei dieser Arbeit nicht an der Gnadenlosigkeit meiner eigenen Spezies zerbrechen will.

Ich will das Schicksal der gefällten Bäume weiterverfolgen und fahre den Trucks einfach hinterher. Außer den mit Holz beladenen Lkws gibt es auf diesen Dschungelstraßen kaum Verkehr. Es ist wirklich ganz einfach, ihnen zu folgen. Egal, aus welchem Winkel der Wälder die Bäume gestohlen werden, das Ziel ist für alle dasselbe: die Hafenstadt Douala. Irgendwann höre ich auf, die am Straßenrand liegen gebliebenen Laster zu zählen. Es gibt schlicht zu viele Unfälle. Viele Lkws sind zur Seite gekippt und werden wohl dort auch liegen bleiben. In Douala angekommen, muss ich dann wirklich aufpassen, den Glauben an die Menschheit nicht schon bei meinem ersten Greenpeace-Auftrag komplett zu verlieren. Das Hafengebiet ist eine kleine Stadt für sich. Wieder ist es erstaunlich einfach, Zutritt zu bekommen – sofern man über die richtigen Kontakte und Papiere verfügt.

Auf dem Hafengelände lagern kaum vorstellbare Mengen von Tropenholz, um irgendwann auf Schiffe verladen und nach Europa oder China transportiert zu werden. Das meiste hier gelagerte Holz ist bereits zugeschnitten, um besser in den Containern verstaut werden zu können. Über zwei Stunden fahren meine Begleiter und ich staunend durch den Hafen. Das Ausmaß der Holzmenge ist geradezu grotesk. Immer wieder steige ich auf einen dieser großen Stapel, um mir einen Überblick zu verschaffen und Fotos zu machen. Holz, so weit das Auge reicht. Der ganze Dschungel scheint hier bereits zu lagern. Meine Fotos sind nur eine Momentaufnahme, denn täglich wird neues Holz angeliefert und auf die Schiffe verladen. Ein Vorgang, der erst enden wird, wenn eines von zwei Dingen passiert. Entweder wird irgendwann der letzte gefällte Baum den Wahnsinn beenden, oder der Mensch schaltet seinen Verstand ein und stoppt, was nie hätte beginnen dürfen. Inzwischen haben sich aber die Konzerne für einen Großteil der

## OHNMACHT IM KONGOBECKEN: KAMERUN

Waldfläche des Kongobeckens Konzessionen ergaunert, was wirklich das Schlimmste befürchten lässt.

Eines möchte ich an dieser Stelle ganz klar anmerken. Eine nachhaltige Forstwirtschaft kann es meiner Meinung nach in dieser unkontrollierbaren Weltregion nicht geben. Die Konzerne bemühen sich sehr, ihre umweltschonenden Methoden zu kommunizieren. Das ist absolut irreführend. Kein FSC-Siegel oder keine noch so schön verpackte Rhetorik ändern etwas an den Vorgängen, an dem, was sie tatsächlich sind: ein Verbrechen an allen Geschöpfen, die auf diesem Planeten leben. Also Hände weg von Tropenholz, immer und überall!

## – 8 –

# Zentralafrikanische Republik

Wieder stehen wir vor einer Bürotür. Und wieder muss ich meinen Brustbeutel zücken, um den Vorgang zu beschleunigen. Dabei wollen wir nur ins Nachbarland, doch dafür benötigt man natürlich ein Visum. Es dauert Stunden, ehe wir vorgelassen werden, und Tage, bis wir endlich am Ziel sind. Viel mehr hätte mein Budget auch nicht mehr hergegeben. Am Ende zählt aber das Ergebnis und nicht, dass man augenscheinlich übers Ohr gehauen wurde. Zum Glück steht mir Eunice zur Seite, die alles mit einer Engelsgeduld erträgt und immer wieder dolmetscht. Endlich knallt der letzte Stempel in unsere Pässe.

Dabei wollen wir nur ein paar Kilometer über die Grenze ins legendäre Dzanga-Sangha-Reservat, das am südwestlichen Ende der Zentralafrikanischen Republik liegt. Also genau in der Region, in der ich mich gerade noch aufgehalten habe. Leider aber liegt das Ziel auf der anderen Seite der Grenze, weshalb der Weg dorthin, wieder von Yaoundé aus, einer halben Weltreise gleicht. Auf der anderen Seite der Grenze fahren wir durch keine größeren Ortschaften, müssen aber Dutzende von lästigen Straßenkontrollen passieren. An jedem Schlagbaum halten uns uniformierte Soldaten ihre Maschinengewehre unter die Nase und fragen uns nach unseren Zielen und Papieren. Die Lage ist bisweilen wirklich kritisch. Zum Glück haben wir in Albert einen coolen Fahrer mit starken Nerven. Wenn es sein muss, steigt er einfach aus, lädt die Soldaten auf eine Zigarette ein und spricht

## ZENTRALAFRIKANISCHE REPUBLIK

mit ihnen, bis sie schließlich merken, dass bei uns nicht viel zu holen ist.

Diese Soldaten sind eigentlich arme Schweine. Albert erzählen sie, dass sie seit Monaten keinen Sold mehr bekommen haben. Das ist den bürgerkriegsähnlichen Unruhen zu verdanken. Niemand weiß genau, wer im Moment eigentlich das Land regiert oder welche Strukturen noch intakt sind. In dieser Situation kommt natürlich jeder Reisende recht, um ihm ein paar Scheine abzunehmen. Und unsere Mittel sind begrenzt. Viele dieser Kontrollen können wir nicht wegstecken. Aber wir haben ja Albert, der jedes Mal die Lage klärt. Männer wie er sind zu einem nicht unbeträchtlichen Teil mitverantwortlich, dass ich erfolgreich arbeiten kann und auch immer wieder mit heiler Haut nach Hause zurückkomme.

Als wir endlich das Naturschutzgebiet erreichen, sinkt mein Adrenalinspiegel langsam wieder. Die Kontrollen sind erledigt. Während sich Albert um den Wagen kümmert, treffe ich zur Abwechslung Menschen, deren Handlungen die Erhaltung zum Ziel haben und nicht die Ausbeutung. Der von mir dokumentierte Raubbau auf der anderen Seite der Grenze verblasst für einige Zeit. Der WWF betreibt in Dzanga-Sangha eine Station, deren Ranger vor allem die vielen Waldelefanten beschützen sollen, die hier in den Wäldern leben. Sie sind auch der Hauptgrund meines Besuches im Reservat.

Waldelefanten galten bis vor gar nicht so langer Zeit noch als Mythos. Sogar manche Zoologen glaubten, bei den immer wieder gesichteten Elefanten handle es sich um versprengte Gruppen aus den Savannen. Inzwischen weiß man aber, dass wir es mit einer Unterart zu tun haben, deren kompletter Körperbau kleiner ist als bei ihren Verwandten im Grasland. Das ist eigentlich kein Wunder. Wer sich hier einmal durch das Dickicht des Waldes gekämpft hat, fragt sich sowieso, wie sich die immer noch recht mächtigen Tiere darin überhaupt zurechtfinden. Und dann sehe ich sie mit eigenen

## DAS WALDGEWISSEN

Augen. Von der Rangerstation marschieren wir auf einem kleinen Pfad durch den dichten Wald, bis wir plötzlich auf eine Lichtung stoßen, etwa doppelt so groß wie ein Fußballfeld. Vor uns tummeln sich Dutzende von Elefanten. Staunend bleibe ich stehen und vergesse sogar, auf den Auslöser zu drücken. Dann geht es weiter zu einer kleinen Aussichtsplattform zwischen den Bäumen. Wir steigen hinauf und können nun die Lichtung aus leicht erhöhter Perspektive beobachten.

Die Lichtung erweist sich als Treffpunkt für unzählige Tiere. Nicht nur die Waldelefanten, auch Büffel, Antilopen und Pinselohrschweine trinken hier, wühlen im Matsch oder tragen Konflikte aus. Immer wieder steige ich in den nächsten Tagen auf die Plattform, um die in der Regel mehr als hundert Tiere zu beobachten. Im gesamten Naturschutzgebiet sollen rund 3 000 Waldelefanten leben. Niemand kennt sie besser als die Amerikanerin Andrea Turkalo. Und so ist es mir eine Ehre, sie eines Tages kennenzulernen. Seit acht Jahren leitet sie ein Forschungscamp nahe der Rangerstation. Sie und ihr Team widerstehen allen Gefahren, die von Wilderern drohen, und auch die rauen Lebensbedingungen schrecken sie nicht. Andrea erzählt mir von den unterschiedlichen Persönlichkeiten der Tiere und dass sie einigen hundert von ihnen Namen gegeben hat, damit sie sie für ihre Arbeit besser beschreiben kann. Mein Respekt und meine Anerkennung steigen mit jedem ihrer Sätze. Es ist eine Sache, sich so wie ich für ein paar Wochen der Hitze und den Insekten auszusetzen, aber dies über viele Jahre zu tun, dazu bedarf es schon einer wirklichen Berufung. Andrea hat ihr Leben der Erforschung und dem Schutz der Waldelefanten gewidmet. Keine Frage, dass auch sie auf meiner persönlichen Heldenliste weit oben steht.

In Afrika, das zeigt auch wieder diese Reise, spielen auch die Wildhüter eine herausragende und lebensgefährliche Rolle. In einer Welt, in der Wildtiere von vielen nur als Ware angesehen

## ZENTRALAFRIKANISCHE REPUBLIK

werden, wird deren Überleben in vielen Regionen überhaupt nur noch ermöglicht, weil es vor Ort Menschen gibt, die sich zwischen die Tiere und die Gewehre der Wilderer stellen. Menschen, die oft genug von Organisationen wie dem WWF bezahlt werden. Der wiederum kann dies nur tun, weil wir alle freiwillig Geld für seine Kampagnen spenden. Ich bitte Sie, dies auch dann nicht zu vergessen, wenn mal wieder ein vermeintlich großer Skandal aufgedeckt wird, der den WWF als nicht unterstützenswert brandmarkt. Wie bei allen großen und kleinen Gemeinschaften, in denen Menschen agieren, passieren Fehler. Aber ich möchte mir keine Welt ausmalen, in der es den WWF nie gegeben hätte und nicht mehr gibt.

Abends sitzen wir mit einigen Wildhütern am Lagerfeuer. Nicht wenige dieser erfahrenen Männer standen früher auf der Gegenseite. Sie erzählen Geschichten von Schusswechseln mit ihren heutigen Kollegen, Geschichten, die nicht selten als Tragödie enden. Gerade hier im Kongobecken wird mir zum ersten Mal bewusst, wie nahe sich Gut und Böse sind. Viele Wilderer töten Tiere, weil sie dies für die beste und oft auch einzige Möglichkeit halten, ihre Familien zu ernähren. Als ich im Lobéké-Schutzgebiet mit einer Gruppe von Wildhütern auf Patrouille bin, die hier Flachlandgorillas beschützen, höre ich weitere Geschichten, denn auch einige von ihnen waren früher Jäger. Dass sie es heute nicht mehr sind, liegt nicht nur an ihrem guten Job. Sie haben einfach gelernt, dass viele Tiere kurz vor der Ausrottung stehen. Eigentlich keine Hexerei, nur eine Frage von Bildung und Perspektive. Dafür gehen die Jungs auch das Risiko ein, bei ihrem Job ums Leben zu kommen. Wer das Gefühl hat, etwas Sinnvolles zu tun, ist einfach zu größerem Einsatz und auch zu Opfern bereit.

Die Zeit vergeht wie im Flug, ich muss wieder aufbrechen. Mit ein paar Schnappschüssen verabschiede ich mich an der Lichtung von den Waldelefanten und drücke ihnen die Daumen. Der Be-

## DAS WALDGEWISSEN

such in Dzanga-Sangha war damals ein wichtiges emotionales Erlebnis, durch das ich viel über die Chancen und Risiken des Naturschutzes in Krisenregionen gelernt habe. Die ernüchternde und wesentliche Erkenntnis ist, dass ohne bewussten Schutz die Natur vielerorts nicht mehr existent wäre. Dieser Schutz kostet Geld, ist aufwendig und gefährlich. Im Jahr 2013 gibt es erneute politische Unruhen im Land. In dieser Zeit kann die Aufrechterhaltung der Schutzmaßnahmen nicht gewährleistet werden, was zu deren zwischenzeitlichem Aussetzen führt. Diese Situation nutzen Wilderer im Mai 2013, um in das Reservat einzudringen und 26 Elefanten zu erschießen. Später wird die Arbeit wieder aufgenommen, weil es gelingt, auch die neuen Machthaber zu überzeugen, mit den Naturschutzorganisationen zu kooperieren. Man stelle sich nur mal vor, was wäre, wenn es den WWF und Vereine mit gleicher Zielsetzung nicht gäbe. Die Tiere hätten kaum eine Überlebenschance.

Fast ein halbes Jahr nach meiner Rückkehr aus Afrika erhalte ich eine E-Mail aus Kamerun, über die ich mich sehr freue. Eunice teilt mir mit, dass sie, angeregt durch unsere Erlebnisse im Wald, ihr Leben in den Dienst des Naturschutzes stellen will. Sie arbeitet jetzt in einer nicht staatlichen Organisation, die sich der Rettung von Menschenaffen verschrieben hat. Der direkte Kontakt mit unseren haarigen Verwandten ist ihr inzwischen zur Herzenssache geworden. Menschen können sich ändern.

## – 9 –

## *Brasiliens Amazonas – Santarem*

Als ich den klimatisierten Innenbereich des Flughafens verlasse, schlägt mir wieder einmal eine massive Wand aus Tropenluft entgegen. Obwohl mir das Phänomen inzwischen vertraut ist, brauche ich ein paar Minuten, um wieder richtig atmen zu können. Ein Shuttlebus ist nicht in Sicht. Vergeblich suche ich in meinem Gedächtnis, ob es darüber überhaupt eine Vereinbarung gegeben hat. Also gehe ich zum Taxistand.

Auf dem Gelände um den Flughafen fallen mir sofort die vielen Greenpeace-Schilder und -Aufkleber auf, die in prallen Farben überall in der Sonne leuchten. Auf Pick-up-Trucks und Motorrädern, auf Helmen und T-Shirts. Das gefällt mir natürlich. Wow, denke ich, alles Fans, die mit uns den Regenwald retten wollen. Auf der anderen Straßenseite sitzt ein Mann auf einem Motorrad und hält mir mit beiden Händen ein Schild mit der Aufschrift »Fora Greenpeace« entgegen. Ich lächle ihm zu, hebe zustimmend meinen Daumen und steige in das erste der wartenden Taxis. Während der Fahrt freue ich mich über die vielen Schilder der Unterstützer. Damit hatte ich nun wahrlich nicht gerechnet.

Vollbepackt mit Rucksack und Fotokoffer stehe ich dann am Ufer des unglaublich breiten Amazonas und entdecke in einigen hundert Metern Entfernung auf dem Wasser die bekannte Silhouette der »Arctic Sunrise«. Bis heute löst der Anblick eines Greenpeace-Schiffes in mir starke Emotionen aus. Das weltbekannte Schiff ist eine symbolträchtige Antwort auf die Ignoranz und den Egoismus

## DAS WALDGEWISSEN

vieler Menschen auf der Erde. Trotz meiner mehr als dürftigen Portugiesischkenntnisse gelingt es mir, einen Bootsbesitzer zu überreden, mich für ein paar Reals zum Greenpeace-Schiff zu bringen. Meine Kollegen an Bord machen große Augen, als ich über die Reling steige und an Bord komme. Irgendwie haben sie gedacht, ich wäre gar nicht angekommen oder bereits im Hotel in der Stadt.

Nach einer ausgiebigen Begrüßung erwähne ich freudig die vielen Schilder und ernte Kopfschütteln und finstere Mienen. Einer der Besatzungsmitglieder erklärt mir dann, dass »Fora Greenpeace« keineswegs ein netter Willkommensgruß ist, sondern schlicht »Greenpeace raus« bedeutet. Am liebsten wäre ich in einem Loch verschwunden und schäme mich für meine Naivität, die ich auch noch zur Schau gestellt habe. Die Kollegen hingegen freuen sich, dass ich lebend an Bord angekommen und nicht vor oder während der Überfahrt im Fluss versenkt worden bin. Anschließend wird mir eingeschärft, die Regeln für Greenpeace-Aktivisten unbedingt zu befolgen. Die wichtigste davon lautet, in den kommenden Tagen niemals alleine durch die Stadt zu laufen. Die Stimmung ist einfach zu aufgeheizt. Es gibt viel zu viele Menschen hier, denen es gar nicht gefällt, was Greenpeace unternimmt. Später lasse ich mich zurück ans Ufer und dann zum Hotel bringen, in dem alle Gastteilnehmer der Aktion untergebracht sind. Ich packe mein Gepäck aus und gehe noch einmal die Unterlagen und Karten durch. Einen weiteren Fauxpas will ich unbedingt vermeiden.

Ort des Geschehens ist die Stadt Santarem, die direkt am Flusslauf des Amazonas gelegen ist und aus der Sicht des Ökologen am besten gar nicht existieren sollte. Dank des endlos erscheinenden Waldes um den Ort herum ist es genau dieser natürliche Reichtum, der die unterschiedlichsten Interessengruppen anzieht wie die Motten das Licht. Hat der Boom einmal begonnen, fressen sich die Plantagen immer weiter in den Wald. Aus dem artenreichsten

## BRASILIENS AMAZONAS – SANTAREM

Landlebensraum der Erde macht der Mensch in kurzer Zeit eine extrem artenarme, aber profitable Monokultur. Neue Felder brauchen neue Arbeiter, neue Arbeiter bringen ihre Familien in die Region. Ist der Kreislauf des Niedergangs erst mal in Gang, entfaltet er eine Dynamik, die ganz schwer zu stoppen, geschweige denn rückgängig zu machen ist. Bisher ging die Entwaldung zumeist von den Randbereichen im Süden und Osten aus. Mit Santarem aber entsteht ein neues Epizentrum, das mitten im Amazonasgebiet liegt. Zu allem Überfluss gibt es inzwischen auch eine Straße, die den Wald einmal von Süden kommend zerschneidet und von vielen auch als Soja-Highway bezeichnet wird.

Im Umfeld dieser Aufbruchs- und Wachstumseuphorie hat der amerikanische Lebensmittelgroßhändler Cargill eine neue Verladestation für Soja direkt im Ort am Hafen errichtet. Von hier aus soll das Soja in die Bäuche von Schiffen gepumpt und über den Amazonas zu den Kunden gebracht werden. Der Konzern hat für den Bau keine Umweltverträglichkeitsprüfung gehabt. Dies ist natürlich ein geeigneter Hebel für Greenpeace, um gegen die Station und die damit einhergehende schneller fortschreitende Zerstörung vorzugehen. Cargill gehört zu jenen Global Playern, von denen der normale Bürger zumeist nie etwas gehört hat, obwohl sie zu den größten Treibern von Regenwaldzerstörung gehören, die es gibt. Das liegt in erster Linie daran, dass sie sich geschickt in der Wertschöpfungskette verstecken. Sie sind nicht die eigentlichen Zerstörer des Waldes und auch nicht die Verkäufer der Endprodukte. Es gibt meines Wissens keine Ware im Supermarkt, die das Logo von Cargill auf der Verpackung trägt. Sie agieren wie ein Phantom, schauen nach Bedarf und geben dann die Produktion in Auftrag. Zum Streichholz oder zur Kettensäge greifen dann andere.

Und nicht zum ersten Mal stellt sich die Frage, wer denn nun letztendlich die Schuld trägt an der Zerstörung der Natur. Ist Cargill der Böse, der Verursacher, der sich die Bedürfnisse und Wünsche der Gesellschaft zunutze macht, um hemmungslos mehr und mehr zu produzieren? Ist es der Farmer vor Ort, der seine Ware verkauft und froh ist, noch eine Schippe draufladen zu dürfen? Oder sind es letztlich die Konsumenten, also wir alle, die wie der Hochadel durch die Supermärkte stolzieren und alles, was in Hochglanz verpackt und möglichst günstig ist, ohne zu hinterfragen in die Einkaufswagen laden? Die Antwort ist kompliziert, da hier langfristig geprägte Konsummuster ebenso eine Rolle spielen wie Börsenkurse, die Interessen von Konzernen, die Globalisierung oder die ökonomische Entwicklung einzelner Länder. Noch dazu sind viele Wechselwirkungsprozesse nur unzureichend erforscht. Ich möchte es daher bei folgender nicht ganz so komplizierten Antwort belassen: Jeder von uns trägt Verantwortung.

Im Amazonas dreht sich vieles um Soja. Das hatte mal ein gutes Image. Wenn ich nach der Schule bei meiner Oma zu Mittag aß, retteten wir mit Soja aus dem Reformhaus als Fleischersatz vielen Tieren das Leben. Dass ausgerechnet diese Pflanze zu einem der größten Regenwaldzerstörer mutieren würde, habe ich damals nicht erwartet. Das Kuriose ist, dass sich Soja vom Tierretter zum Motor der größten Tierqualmaschine entwickelt hat, die es auf diesem Planeten je gegeben hat. Soja ist der Treiber der industriellen Massentierhaltung, in der jährlich Millionen arme Kreaturen in kleinen Boxen stehen und darauf warten, geschlachtet zu werden. Der Hunger von über sieben Milliarden Individuen des Homo sapiens nach billigem Fleisch ist inzwischen unermesslich gewachsen und zu einer der größten Gefahren für unsere Zukunft geworden.

Im Jahr 2006 sind fast alle Kräfte und Möglichkeiten von Greenpeace auf Santarem ausgerichtet. Geleitet wird die Kampagne von den brasilianischen Kollegen und medial und logistisch unterstützt von vielen anderen der weltweit über vierzig existierenden Büros. Es geht darum, der illegal errichteten Abfüllstation von Cargill möglichst viel Aufmerksamkeit zukommen zu lassen. Genug jedenfalls, um den Blick der brasilianischen Judikative sowie der Konsumenten in möglichst vielen Ländern auf Cargills Aktivitäten zu lenken.

Es wird also spannend. Außer mir reisen an diesen Tagen auch andere Teilnehmer wie Journalisten, Volontäre und Campaigner aus verschiedenen Länderbüros an. Treffpunkt ist die im Hafen vor Anker liegende »Arctic Sunrise«. Für mich das schönste Schiff der Greenpeace-Flotte, ist sie doch, wo immer sie auftaucht, kaum zu übersehen. Sie hat einen markanten grünen Rumpf, an dem sich am Bug beidseitig eine Friedenstaube aus einem Regenbogen erhebt. Es ist immer fantastisch, wenn bei Kampagnen viele unterschiedliche Nationalitäten involviert sind. Schon allein die Kernbesatzung der »Arctic Sunrise« besteht selten aus mehr als Dopplungen eines Landes. Es ist multikulti, was deshalb funktioniert, weil alle dasselbe Anliegen haben. Jeder hat seine Aufgabe, und jeder ist mit Leidenschaft dabei. Die Befehlsstruktur ist gleichzeitig so angelegt, dass aus Ideen Handlungen folgen und nicht jeder Schritt totdiskutiert wird. Vor allem kann auch schnell reagiert werden, egal, wo auf der Welt Handlungsbedarf besteht. So eine Großkampagne wie diese hier in Santarem ist natürlich gut überlegt und bis ins Detail geplant. Immer mit der Option, auf Tagesaktualitäten blitzschnell reagieren zu können. Im ersten Schritt ist es wichtig, die Aufmerksamkeit der lokalen Medien zu bekommen, um dann Schritt für Schritt bis zur Hauptaktion in den landesweiten Nachrichten und den Hauptkanälen der weltweiten Presseagenturen zu landen.

Ein Boot wird für den ersten Abschnitt der Kampagne angemietet und zum Abend unweit des Ufers direkt an der Promenade in Stellung gebracht. Sobald es dunkel ist, spannen die Kollegen ein großes weißes Banner über die ganze Seitenfläche des

## DAS WALDGEWISSEN

Bootes, um dann von einem anderen, kleineren Boot aus mit einem sehr hellen Beamer Botschaften auf die Leinwand zu projizieren. Die Sojalobby benutzt in ihrem Wording gegen die ungeliebten Ökos gerne die Phrase der »Conquistadores«, um etwa Greenpeace als ausländische Eindringlinge zu diffamieren, die gegen die Interessen der brasilianischen Bevölkerung handeln. Genau hier setzen wir an und stellen auf der Leinwand klar, dass Cargill keineswegs eine brasilianische Firma ist, sondern von den sehr ungeliebten Gringos aus dem Norden des amerikanischen Kontinents stammt. Außerdem zeigen wir, dass die Entwaldung eine eklatante Gefahr für die gesamte Menschheit darstellt. Inwieweit diese Argumente aber im Weltbild der einzelnen Flanierer einen Denkanstoß auslösen, ist schwer zu sagen. Alle Kollegen, die nicht unmittelbar an der Umsetzung der Aktion beteiligt sind, haben sich in kleinen Gruppen unters Volk gemischt und spüren, dass die Nachrichten tatsächlich wahrgenommen werden. Ein guter Start der Kampagne. Jetzt wissen alle, ob Freund oder Feind, dass Greenpeace in der Stadt ist.

Eines der Hauptkommunikationsmittel der Organisation ist der Einsatz von großen Bannern, auf denen in kurzen Worten die Ziele, Forderungen und Lösungen der Kampagne dargestellt werden. Auf Pressefotos und in Filmbeiträgen werden die Banner dann für die Menschen sichtbar gemacht. Auf dem größten Banner, das wir angefertigt haben, steht der Slogan »100 % Crime«. Damit ist alles gesagt über die Abholzungen. Wir brauchen ein paar Dutzend Menschen, um es aufzuspannen. Am nächsten Morgen setzt sich unsere Kolonne aus gemieteten Geländewagen in Bewegung. Über eine Piste führt der Weg knapp 30 Kilometer nach Norden zu einer ebenso illegalen wie neuen Abholzung von der Größe von zehn Fußballfeldern. Mitten im bis dato intakten Wald. Ich fahre nicht mit, sondern besteige das Greenpeace-eigene Flugzeug, denn die beste Aufnahmeposition für ein gutes Bannerfoto ist natürlich die

## BRASILIENS AMAZONAS – SANTAREM

Vogelperspektive. Wegen der großen Entfernungen und oftmals dringenden Einsätzen in der Region unterhält die Organisation seit Jahren ein kleines Flugzeug, das natürlich in der Lage ist, auch auf dem Wasser zu landen.

Als wir die Stadtgrenze überflogen haben, breitet sich der Wald aus. Aber er ist kein dichtes Meer aus Bäumen, denn hier und da sind künstliche Lichtungen zu erkennen. Die Rodungen sind dabei, sich zu vermehren. In nicht allzu ferner Zukunft wird sich dann erfahrungsgemäß das Verhältnis umkehren. Dann werden die gerodeten Flächen vorherrschen, und der Wald wird nur noch kleine Inseln bilden. Der Anblick der Rodungen sieht aus der Luft noch gruseliger aus als von unten. Wie ein chirurgischer Eingriff sind die Bäume in gerader Linie aus dem Wald geschnitten worden. Wir treffen pünktlich ein. Als wir über die kahlgeschlagene Fläche fliegen, leuchtet in der Mitte ein großes gelbes Banner, aufgespannt von den Helfern am Boden.

Die Holzfäller und ihre Firma sind natürlich stinksauer auf uns. Sie werden von Greenpeace wegen illegaler Aktivitäten immer wieder angezeigt und müssen mit einer Geldstrafe rechnen. Für diese Leute sind wir weiter nichts als eine Meute von Hippies, die auf dem Land, von dem sie glauben, dass es ihnen gehört, subversive Aktionen durchführen. Später, so wird mir erzählt, ist der Boss der Holzfäller wutentbrannt mit seinem Pick-up-Truck über das Banner gefahren, um es in Fetzen zu reißen. Zu diesem Zeitpunkt sind die Fotos zum Glück schon im Kasten und auf dem Weg hinaus in die Welt.

Am kommenden Tag staune ich nicht schlecht. Über zweitausend Menschen, bewaffnet mit Fahnen, Plakaten und Bannern, ziehen durch die Straßen Santarems. Es sind vor allem Kleinbauern und Abgesandte indigener Gruppen aus dem Umland der Stadt, die gekommen sind, um ihren Unmut über die Zerstörung des Lebensraumes kundzutun. Natürlich haben einige Greenpeace-Aktivisten bei der Vorbereitung geholfen und im Vorfeld viele Gespräche geführt, dennoch überrascht uns die hohe Teilnehmerzahl. Das liegt auch an der Gefahr, denen sich die Demonstranten aussetzen. Killerkommandos sind in dieser Weltregion schnell entsandt, meist erfolgreich und landen selten vor Gericht. Diese Gedanken gehen mir durch den Kopf, als ich am Straßenrand stehe und den farbenfrohen, mit Musik und Gesang durchzogenen Strom der Menschen verfolge. Unsere Kampagne wird in ein paar Tagen beendet sein, und die brasilianischen Campaigner von Greenpeace und die internationale Entourage werden die Region wieder verlassen. Dann stehen die lokalen Aktivisten der wütenden, sehr mächtigen Agrarmafia wieder allein gegenüber. An diesem Tag aber hält sie sich auffällig bedeckt. Die friedliche Demonstration endet im Hafen vor dem Eingang der Cargill-Abfüllstation, die von schwerbewaffneten Sicherheitskräften und der Polizei abgeschirmt wird. Nicht nur meine Kamera, auch die Kameras von etlichen anderen Journalisten verfolgen jeden Schritt und jedes Plakat. Unsere Aktion ist also erfolgreich, denn die Bilder finden ihren Weg nicht nur in die landesweiten Medien, sondern werden weltweit beachtet. Nicht nur Brasilien schaut auf Santarem und die Zerstörung des Waldes. Dieses Thema ist jetzt gesetzt.

Doch die größte und riskanteste Aktion steht uns noch bevor. Dabei darf nichts schieflaufen, denn sie schöpft alle Mittel aus, die einer Organisation zur Verfügung stehen, die sich zur Wahrung der geltenden Gesetze und der Gewaltfreiheit verpflichtet hat. Gefährlich ist es trotzdem. So gefährlich, dass ich meine Nerven spüre. Zu viel kann schiefgehen. Unser Plan besteht darin, die Verladestation mit Kletteraktivisten zu besetzen und das Terminal mit der »Arctic Sunrise« möglichst lange zu blockieren, um den Arbeitsfluss zu unterbrechen. Ziviler Ungehorsam ist eine starke Waffe, doch wo hört dieser auf und wo fängt Hausfriedensbruch an? Gibt es den überhaupt auf einem offensichtlich illegal errichteten Gebäude?

## BRASILIENS AMAZONAS – SANTAREM

In dieser diffusen und verwirrenden Situation sind Konflikte quasi programmiert. Dessen sind sich auch alle sicher, angefangen beim Kampagnenleiter über den Kapitän des Bootes, die Kletterer, die an diesem Tag sicher im Gefängnis landen würden, bis hin zu mir, dem Gastfotografen aus Deutschland. Bevor es losgeht, spielen wir alle Szenarien wieder und wieder durch, um auf alle Eventualitäten möglichst gut vorbereitet zu sein. Jeder ist gebrieft, jeder ist motiviert, und jeder muss mit seiner ganz persönlichen Angst umgehen. Zum Abschluss ermahnen mich die Kollegen, wirklich vorsichtig zu sein. Für manchen der brasilianischen Kollegen hatte ich bisher schon in der einen oder anderen Situation die imaginäre Sicherheitslinie übertreten. Doch was geht man für ein Risiko ein, um eine Szenerie anständig mit der Kamera festzuhalten? Natürlich sind die Einschätzungen immer fließend, und ich hatte dafür bisher immer ein gutes Gespür. Diesmal muss ich mir jedoch eingestehen, mich noch nie in einer vergleichbaren Situation befunden zu haben. Die Warnungen der erfahrenen Kollegen sind berechtigt.

Zwei Tage nach der Demonstration, früh am Morgen, ist es so weit. Kampagnenchef Paulo Adario gibt das »Go«. Die Aktivisten springen in die Schlauchboote und werden mit hohem Tempo zur Verladestation gebracht. Die ersten Minuten entscheiden über Erfolg und Misserfolg. Denn die Wachleute von Cargill sind natürlich nicht blind und werden früher oder später auf die Kaperaktion aufmerksam werden. Schon springen die Kletterer von den Booten und versuchen, die Anlagen der Verladestation zu erreichen. Nicht allen Aktivisten gelingt es, die Kräne zu besteigen und sich von ihnen abzuseilen. Aber die wenigen, die es tatsächlich schaffen, reichen. Die Leute von Cargill sind verblüffend schnell zur Stelle und ergreifen die Kletterer. Doch die Aktion läuft und erfüllt ihren Zweck. Die Sicherheitskräfte werden abgelenkt, sodass die »Arctic Sunrise« an die Verladestation navigieren und dort festmachen kann. Die restlichen Kletterer werden in der darauffolgenden Stunde wie in einem Katz-und-Maus-Spiel eingefangen und abgeführt, wobei sich eine Aktivistin am Bein verletzt und ärztlich behandelt werden muss. Das Schiff jedoch kann niemand einfangen und abführen. Das liegt fest vertäut in all seiner Pracht an den Silos und bringt, wie wir es erhofft hatten, die Abläufe zum Erliegen.

Doch damit ist die Aktion noch lange nicht beendet. Irgendwie müssen die Anhänger der Sojaindustrie etwas geahnt oder sogar gewusst haben. Es dauerte keine Stunde, da kommen die ersten Boote angefahren, besetzt mit wütenden Menschen, die lautstark Parolen schreien. Nach zwei Stunden sind wir von Hunderten Gegendemonstranten vollständig umringt und eingekesselt. Obszöne Gesten, Schimpfwörter und Parolen prasseln auf uns ein. Dann fliegen auch noch Farbbeutel auf den Rumpf der »Arctic Sunrise«. Die Atmosphäre wird aggressiver. Für mich ist das eine ganz neue Erfahrung, von Menschen derart mit wirklich purer Wut und purem Hass bedacht zu werden. Das ist beklemmend und anregend zugleich, setzen wir uns doch auch und gerade für diese Menschen ein.

Die hohen Bordwände retten uns, die Demonstranten geben schnell ihre Versuche auf, unser Schiff zu entern. Die »Arctic Sunrise« ist einfach eine Nummer zu groß. Aber sie geben nicht auf und präsentieren nun eine andere Waffe. Plötzlich entdecke ich einige Männer, die mit Rohren hantieren, die etwa einen Meter lang sind. Als ich ein lautes Zischen höre, ist mir alles klar. Feuerwerkskörper und Raketen. Schon knallt es an Bord. Mit Hilfe des Rohres können die Knallkörper gezielt auf Menschen abgefeuert werden. Jetzt noch offen über das Deck zu laufen, ist purer Leichtsinn. Ich aber bin so leichtsinnig. Denn ich bin nun einmal Fotograf und kann nicht einfach aufhören, zu fotografieren.

Mein bewährtes Warnradar versagt. Ich sprinte los, um zur Brücke zu gelangen. Von dort aus will ich das Krähennest erreichen,

## BRASILIENS AMAZONAS – SANTAREM

um aus der Vogelperspektive fotografieren zu können. Für zehn Sekunden über eine Strecke von vielleicht vier, fünf Metern bin ich ohne Deckung. Ich habe den Aufstieg zum Aussichtsturm schon fast erreicht, da scheint die Welt um mich herum zu explodieren. Ein gewaltiger Schlag trifft meine Schulter, meine Ohren werden für einen Moment taub. Ein Volltreffer von einer Feuerwerksrakete. Trotzdem gelingt es mir, mich hinter einer Tür in Sicherheit zu bringen. Erst nach und nach kehren alle Sinne zurück, und das Dröhnen ebbt langsam ab. Ich trage ein rotes T-Shirt aus Kunststofffasern. An der Einschlagstelle klafft ein kreisrundes Loch, der Stoff ist von der Hitze der Rakete weggedampft, die erste Hautschicht feuerrot, aber nicht wirklich verbrannt. Der Schreck bleibt in meinen Gliedern, ich hätte auch mein Augenlicht verlieren können. Ich habe unheimliches Glück gehabt.

Die Verletzung erweist sich als nicht wirklich schlimm, obwohl sie heftig aussieht. Natürlich wird dieser Vorfall von einem meiner Kollegen festgehalten. Dieses Foto und der Pressetext zu den Ereignissen des Tages finden dann irgendwie auch den Weg zu den Greenpeace-Ortsgruppen. Am Bodensee reagiert der Pressekoordinator von Greenpeace und füttert die lokale Presse: »Greenpeace-Fotograf vom Bodensee bei Einsatz im Amazonas verletzt!« Diese Schlagzeile prangt dann über dem Text zur Blockade der Verladestation und wird einige Tage nach der Aktion im heimischen »Südkurier« abgedruckt. Es dauert nicht lange, da rufen die ersten Freunde ganz aufgeregt bei meiner Familie an, um sich nach meinem Befinden zu erkundigten. Für meine ohnehin schon leidgeprüften Eltern ist das wohl der größte Schrecken ihres Lebens, denn sie waren völlig ahnungslos.

Die Belagerung geht weiter. Während ich endlich einsehe, nicht mehr über das Deck zu rennen, erscheint die Bundespolizei und rettet uns mehr oder weniger. Die aufgebrachte Menge beruhigt sich angesichts der Uniformen. Doch die Polizei hat noch ein weiteres

## DAS WALDGEWISSEN

Ziel, nämlich unsere Blockade zu beenden. Warum eigentlich? Genau genommen verstoßen wir gegen kein Gesetz. Wir hätten sogar mit Baggern anrücken und das illegale Gebäude von Cargill abreißen können. Leider passiert das nur im Paralleluniversum meiner Phantasie. In der realen Welt werden wir als Eindringlinge angesehen, die fremdes Eigentum in ihre Gewalt bringen wollen. Unsere Antwort lautet, es den Beamten nicht einfach zu machen, um den Belagerungszustand möglichst lange hinauszuschieben. Als wir die ersten Polizisten bemerken, die an Bord kommen wollen, tritt der nächste Teil unseres Planes in Kraft. Alle Personen an Bord schließen sich in der »Arctic Sunrise« ein und warten ab. Mit drei Kollegen verschanze ich mich in dem kleinen Funkraum. Dort genießen wir den Luxus eines Bildschirms, der über Kameras aufzeigt, was sich draußen abspielt. Und das ist ziemlich krass. Als würde man sich einen Actionfilm ansehen. Das Schiff wird tatsächlich von der brasilianischen Polizei geentert. Wir sehen, wie schwerbewaffnete Gestalten über die Decks laufen und nach uns fahnden. Wir haben keinen Zweifel, die Uniformierten nehmen ihren Job sehr ernst. Wir hören, wie die ersten Türen eingeschlagen werden und Menschen aufschreien. Ich hoffe, dass die Polizei keine Schlagstöcke einsetzt. Die Brandverletzung reicht mir vollkommen. Wir sind von Greenpeace, bei uns gibt es keinen Widerstand! Dann kommt per Megaphon die Aufforderung, uns zu ergeben. Als wir nicht reagieren, versuchen sie, die Türen einzuschlagen. Die »Arctic Sunrise« ist hochseetauglich und somit ziemlich massiv gebaut. Da dauert es eine ganze Weile, bis die Schlösser nachgeben. Gleich in die erste Öffnung sprühen die Polizisten Tränengas. Es ist nicht wirklich viel, reicht aber aus, uns in ernsthafte Atemnot zu bringen. Was für ein beschissenes Gefühl, wenn man Tränengas einatmet! Wir müssen die Tür öffnen, wir haben keine Chance. Also ergeben wir uns und werden zu den anderen Kameraden an Deck gebracht. Dort wartet schon ein Großteil der Belegschaft. Doch ein Schiff ist erst dann unter Kontrolle, wenn auch der Kapitän in Gewahrsam genommen ist. Das dauert noch eine Weile. Aber schließlich schleifen sie ihn an Deck, in Handschellen gefesselt und flankiert von vier schwerbewaffneten Hünen. Sein Gesicht ist eine einzige entzündete Fläche. Er muss eine große Dosis Tränengas direkt ins Gesicht bekommen haben. Sie setzen ihn auf das Deck, wo er dann wie ein Häufchen Elend in sich zusammensackt.

Zu meiner Überraschung darf ich mich mit der Kamera frei bewegen und mache ein Bild von ihm. Durch den Aufnahmewinkel entsteht ein Motiv, das ihn in der Mitte zeigt, wie ein Maschinengewehr auf ihn gerichtet war. Dieses hängt dem Beamten bloß an der Seite runter, in der Komposition sieht es aber sehr bedrohlich aus und bekommt so eine unheimlich starke Symbolkraft. Würde jemand unter dieses Foto die Bildunterschrift platzieren: »Größter Drogenboss von Südamerika nach hartem Kampfeinsatz endlich geschnappt«, jeder würde es für authentisch halten. Dabei ist da nur der sympathische Kapitän, der seit vielen Jahren dieses Schiff um die Welt lenkt. Immer mit dem Ziel, unseren wunderbaren Planeten auch für unsere Kinder erhalten zu helfen. Natürlich kennt er das Risiko seines Jobs, was ihn aber nicht davon abhält, seinen Weg zu gehen. Die gesamte Führungsriege und die brasilianischen Campaigner werden nach einiger Zeit protokollgemäß abgeführt und ins Polizeirevier gebracht. Das ist Standard und führt zu unserer Freude nur zu einem kurzen Aufenthalt bei den zuständigen Behörden.

Am Abend türmen sich riesige Wolkenberge am Himmel, die von der am Horizont verschwindenden Abendsonne in ein Feuerwerk aus Formen und Farben verwandelt werden. Zwei Beamte steuern die »Arctic Sunrise« hinaus auf den großen Fluss, während ich mit sehr gemischten Gefühlen neben ihnen stehe. Einer der ereignisreichsten Tage meines Lebens geht langsam zu Ende, so wie viele Tage in diesem bedrohten Naturparadies zu Ende gehen. Mit einem Spektakel, das sehr schnell von der Nachtschwärze verdrängt wird. Wir haben gewonnen. Die Aktion landet nicht nur im Regionalblatt vom Bodensee auf der Titelseite, sondern sorgt in der ganzen Welt und vor allem in Brasilien für Aufsehen. Unser Hausfriedensbruch führt dazu, dass längst überfällige Anklagen erhoben werden und Prozesse in Gang kommen. In den folgenden Jahren werden viele runde Tische eingerichtet, an denen, bis auf den Endkunden, die ganze Produktionskette an Verantwortlichen Platz nimmt, um sich auf ein Moratorium zu einigen. Wenn man so will, ist der Konsument doch vertreten, und zwar durch Greenpeace. Vereinbart wird unter anderem, dass niemand mehr Soja aus neuen Einschlagsflächen beziehen darf, sondern nur die vorhandenen weiterhin genutzt werden können. Dieses Ergebnis wird nach ein paar Jahren sogar nochmals verlängert, was tatsächlich zu einer enormen Verlangsamung der Entwaldung unserer grünen Lunge der Erde führt. »Zero deforestation«, null Entwaldung ist das nächste Kampagnenziel, und es scheint für einige Jahre auch im Bereich des Möglichen.

## – 10 –

## Brasiliens Amazonas – Pico da Neblina

Ich kehre der »Arctic Sunrise« und Santarem den Rücken und fahre nach Manaus, dem Millionenmoloch mitten im Amazonas-Regenwald. Mein Ziel ist das dortige Greenpeace-Büro, das eher einem Hochsicherheitsgefängnis ähnelt. Das Gebäude ist mit hohen Mauern, einer Schleuse, Videoanlagen und Sicherheitspersonal abgeschottet. Das hat leider gute Gründe, die ich nach der Kampagne in Santarem nachvollziehen kann. Jedes Jahr werden auf der ganzen Welt zahlreiche Aktivisten, die sich für die Umwelt und für bessere Arbeitsbedingungen von einfachen Arbeitern einsetzen, bedroht oder sogar ermordet.

Ich sehe mir im Kartenraum die Karte an und entscheide mich, die rot markierten Flächen, auf denen der Wald bereits zerstört ist, vorerst zu meiden. Einerseits, um mich zu schützen, andererseits, um die Schönheit des Regenwaldes dokumentieren zu können. Am intaktesten ist der Amazonas noch im Nordwesten. Umgehend bekomme ich auf meine Fragen die gewünschten Antworten. Nach wenigen Sätzen fällt der Name Pico da Neblina. Das ist der höchste Berg Amazoniens. Als dann noch die Stichworte Tafelberg und Yanomami folgen, ist die Sache für mich klar: Genau da will ich hin.

Eines meiner wenigen großen Vorbilder ist der leider 2020 verstorbene Survival-Experte und Menschenrechtsaktivist Rüdiger Nehberg. In den achtziger Jahren habe ich seine Geschichten verfolgt, wie er sich im brasilianischen Regenwald für die Rechte der indigenen Yanomami gegen die Invasion der Goldsucher einsetzte. Seine unglaubliche Leidenschaft, sich für etwas zu engagieren, und seine Begeisterungsfähigkeit, wie er es schafft, bei seinen Liveshows Menschen mitzureißen, waren große Kunst.

Ich brauche also mal wieder einen Guide. Und ich habe Glück, denn im Greenpeace-Büro in Manaus gibt es immer Volontäre, die hier einige Tage, Wochen oder Monate freiwillig arbeiten. Eine davon ist Alice aus Berlin, die sich nach Abenteuern sehnt und dazu noch sehr gut portugiesisch spricht. Schnell werden wir uns einig. Alice wird meine Reisegefährtin. Mir fällt auf, dass mich doch sehr häufig starke Frauen auf meinen Reisen begleitet haben.

Von São Gabriel aus wollen wir die kleine Expedition zum Pico starten. São Gabriel hat 14 000 Einwohner und ist die drittgrößte Stadt im brasilianischen Bundesstaat Amazonien. Noch ist offen, ob das Unternehmen überhaupt stattfinden kann. Keinem Reisebüro in Manaus ist es möglich, solch eine Wanderung für uns zu organisieren. Das Militär hat die Region wegen Schwierigkeiten mit den Yanomami für Touristen gesperrt. Die Lage sei zu unsicher. In Cachoeira gibt es eine kleine Umweltgruppe, deren Büro wir am folgenden Vormittag besuchen. Ein junger Mitarbeiter erklärt uns ebenfalls, dass es momentan kaum möglich sei, in den Norden zu reisen. Er gibt uns aber einen Tipp: Irgendwo im Ort gibt es einen Guide namens Vaugie, der schon des Öfteren auf dem Gipfel des Pico da Neblina gestanden hat. Aber wo dieser Vaugie wohnt, weiß unser Gesprächspartner nicht. Egal, noch am Nachmittag begeben wir uns auf die Suche. Überall fragen wir nach dem Guide Vaugie, zuerst in den Hotels und Pousadas. Die Hinweise mehren sich, schnell nehmen wir seine Spur auf. Dann stehen wir vor einem Fenster, aus dem uns ein älterer, freundlicher Mann anlächelt: Vaugie. Wir haben ihn gefunden. Vaugie ist ein durch und durch sympathischer Mensch von 63 Jahren, den Alice und ich sofort ins Herz schließen.

## BRASILIENS AMAZONAS — PICO DA NEBLINA

Nach einem kurzen Gespräch ist klar, dass die Expedition an ihm nicht scheitern wird. Nur die Liste mit den Schwierigkeiten, die er uns vorhält, erweist sich als ziemlich lang. Der Pico da Neblina erhebt sich dummerweise in der Nähe zum Nachbarland Venezuela. Deshalb ist das Gebiet eine Grenzregion und untersteht dem Militär. Ohne Erlaubnis darf man sich dort nicht aufhalten. Dazu kommt, dass der Berg inzwischen als Nationalpark geschützt ist, weshalb man die Genehmigung der Umweltbehörde IBAMA benötigt. Der Weg auf den Berg führt durch das Land der Yanomami, weshalb ohne ein Okay der FUNAI, der Behörde für indigene Belange, an einen Start nicht zu denken ist. Ganz zu schweigen von den Yanomami selbst. Gegen deren Willen durch ihr Land zu reisen, ist eine ziemlich gefährliche Idee. Was also tun?

Vor uns sitzt Vaugie und grinst. Er lässt uns ein bisschen zappeln und gesteht uns dann, dass er durchaus Lust hat, auf seine alten Tage nochmals ein paar Verrückte auf den Berg zu führen. Die lange Liste von Genehmigungen überlässt er allerdings uns. Wir dackeln also von Amt zu Amt und geben nach zwei Tagen entnervt auf. Nicht eine Behörde will uns helfen. Die Region sei gesperrt und gefährlich. Erst vor ein paar Monaten, so wird uns berichtet, sei eine Gruppe Belgier von den Yanomami überfallen und ausgeraubt worden. Das beschädigt meine Vorstellung von den Yanomami etwas.

Sowohl Alice als auch Vaugie und ich wären das Risiko eingegangen, ohne Genehmigungen zu starten, wäre da nicht das Bedrohungsszenario durch die Yanomami. Wieder einmal hilft uns der Zufall. Vaugie kommt zu Ohren, dass sich einer der Yanomami-Führer in der Stadt befindet, um sich im Krankenhaus operieren zu lassen. Unser Guide fährt sofort ins Krankenhaus. Als Vaugie zurückkommt, grinst er noch breiter als bei unserer ersten Begegnung. Der Yanomami-Führer bietet uns nicht nur seinen Schutz an, wir könnten sogar mit ihm und seiner Familie bis zu ihrem Dorf reisen, das ungefähr auf halber Strecke zum Pico da Neblina liegt.

Nichts im Leben ist umsonst, auch die Hilfe eines waschechten indigenen Führers nicht. Als kleine Gegenleistung für seine Hilfe bittet er uns um Lebensmittel und Güter des täglichen Bedarfs für sein Dorf. Ein faires Angebot. Bei unserem ersten Treffen nach seiner Entlassung aus dem Hospital überreiche ich ihm ein Bündel Reals, um die gewünschten Waren kaufen zu können. Der charismatische Mann, der aus einer anderen Welt zu kommen scheint, bedankt sich lächelnd. Auch wir müssen noch einkaufen, denn der Chief will in zwei Tagen aufbrechen. Vaugie rechnet mit einer Reisezeit von etwa zwölf Tagen. Das bedeutet: zu viele Lebensmittel, um sie selbst zu tragen. Er rekrutiert seinen Neffen Edney und hofft, dass wir in Matucara, dem Dorf der Yanomami, einen weiteren Träger bekommen können.

Zwei Tage später lassen wir tatsächlich die letzten Häuser von São Gabriel de Cachoeira hinter uns. Und kein Soldat, Polizist oder Beamter stellt sich uns in den Weg. Und kein Yanomami wird uns überfallen. Zusammen mit dem Häuptling, dessen Namen ich dummerweise vergessen habe, und mit seiner Familie sitzen wir vier hinten auf einem vollbepackten Lastwagen. Ich bin überglücklich. Wir fahren 80 Kilometer auf einer Piste nach Norden, um zu dem Anleger zu gelangen, an dem das Boot der Yanomami wartet. Da wir uns hier in einem intakten Tropenwald befinden, regnet es täglich, die Piste gleicht einem Schlammbad. Regelmäßig bleibt der Lastwagen stecken. Es dauert fast den ganzen Tag, um ans Ziel zu kommen.

Dann endlich entdecken wir einen Fluss zwischen den Bäumen. Der Lastwagen hält an, wir springen von der Ladefläche. Wir erreichen eine kleine indigene Ansiedlung, Frauen lächeln uns an, Kinder spielen am Wasser. Am späten Nachmittag beginnen wir, die Waren für die Yanomami und unsere eigene Ausrüstung in ein großes Boot zu laden, das von einem Außenbordmotor angetrieben wird. Dann beginnt unsere Fahrt auf dem Rio Cauaburi. Nach dem rasend schnellen Sonnenuntergang weist uns eine Taschenlampe den Weg auf dem Wasser, um die ganze Nacht hindurch weiterfahren zu können. Die Hitze des Tages schwindet endlich, der sanfte Fahrtwind und die gemäßigten Nachttemperaturen sorgen für ein angenehmes Klima.

Nach drei Stunden muss der Steuermann zum ersten Mal den Benzintank auffüllen und stellt den Motor ab. Und ich trage zu diesem Zeitpunkt nur halblange Hosen. Ein fataler Fehler! Wie auf Kommando schießen unzählige Stechmücken auf uns herab. Als sich nach ein paar Minuten das Boot wieder in Bewegung setzt, sind beide Unterschenkel über und über mit rötlichen Einstichstellen übersät. Es müssen über hundert sein, die entsetzlich jucken. Seitdem bin ich nie wieder auch nur eine Sekunde auf dieser Expedition in kurzen Hosen unterwegs. Zwischen Rucksäcken, Bohnensäcken und Benzinkanistern schlafen wir irgendwann ein, geschützt von unseren Regenjacken, denn die aufziehende Feuchtigkeit durchdringt alles.

Kurz vor dem Morgengrauen erreichen wir Matucara. Über dem Land liegt eine dichte, gespenstische Nebelschicht. Hier und da brennen vereinzelt Lampen. Teile des Dorfes haben vor nicht allzu langer Zeit elektrisches Licht bekommen; der Strom kommt aus einem Generator. Das Dorf der Yanomami ist wie ein Fußballplatz aufgebaut. An den Außenlinien stehen die Lehmhäuser der Menschen, der Platz in der Mitte ist frei. Etwas außerhalb auf einer Anhöhe steht das Haus des Häuptlings und seiner Familie. In diesem Bereich dürfen wir unser Zelt aufschlagen. Hier entdecken wir noch andere Gebäude, in denen Menschen leben, die auf den ersten Blick als Nicht-Yanomami zu erkennen sind. Der Grund für diese Trennung ist ganz einfach. Es geht darum, möglichst viele Einflüsse der Außenwelt aus dem eigentlichen Dorfgeschehen fernzuhalten und hier oben zu konzentrieren. Damit soll die Kultur der Menschen geschützt werden, was auch ein wirklich sinnvoller Gedanke ist. Dass sich der Chief damit gleichzeitig auf dem Berg ein wenig wie ein König gebärdet, sei ihm gegönnt. Die Nicht-Indigenen, die wir hier kennenlernen, sind allesamt Goldgräber. Sie sind nach monatelanger Suche im Wald hierhergekommen, um ihre Vorräte aufzufüllen. Sie zeigen uns, wie man einen Kaiman auf dem Feuer brät, und erklären uns, dass man als Goldsucher nicht zwangsläufig reich wird. Es sind Abenteurer, Freaks und ausgewiesene Glücksritter, deren Hoffnungen sich eher selten erfüllen.

Wir haben Glück. In zwei Tagen will eine kleine Gruppe Goldsucher nach Norden den Cauaburi flussaufwärts fahren, und sie bieten an, uns mitzunehmen. Ein schlechtes Gewissen brauche ich nicht zu haben, weil ich mit diesen Naturzerstörern kooperiere. Zur Zeit meines Besuches im Jahr 2006 sind nur wenige Goldsucher im Gebiet der Yanomami unterwegs, und das auch nur mit der Genehmigung der Indigenen. Man betreibt Handel und hilft sich gegenseitig.

Und schon erwartet uns die nächste Überraschung: Im Haus des Chiefs gibt es tatsächlich einen Fernseher mit überraschend gutem Empfang über eine Satellitenschüssel. Brasilien ist ein kulturell und sozial sehr vielfältiges Land. Aber eines haben alle gemeinsam: ihre Liebe zum Fußball. Just an diesem Tag beginnt die Fußball-WM in Deutschland. Das Sommermärchen startet mit dem Eröffnungsspiel zwischen dem Gastgeber und Costa Rica. Eine skurrile, unglaubliche Situation. Alice und ich sitzen zwischen Goldsuchern und Yanomami mitten im tiefsten Amazonas und verfolgen gemeinsam im Fernsehen, wie unsere Mannschaft den Fußballriesen Costa Rica mit 4:2 bezwingt.

Der Rio Cauaburi ist ein eher kleiner Fluss. Am 7. Juni legen wir mit zwei kleinen, länglichen Holzbooten ab, vollbepackt mit Ausrüstung, gesteuert von wahrhaft wilden Gestalten. Wir folgen der

## BRASILIENS AMAZONAS – PICO DA NEBLINA

Strömung nach Norden. Ab hier gibt es keine größeren Siedlungen mehr, vor uns liegen viele Kilometer Wildnis. Als neuer Träger ist Benedito aus Matucara an Bord, ein junger, kräftiger Mann. Ich fühle mich großartig. Der Fahrtwind umschmeichelt mich, und ich sehe entspannt den vielen Vögeln zu, die aus den Bäumen auffliegen, sobald wir vorbeifahren. Alle Sorgen und Probleme der Welt sind für einige Zeit sehr weit weg.

Schon kurz hinter Matucara beginnen sich kleinere Bergzüge zu erheben, das topfebene Tiefland Amazoniens geht hier langsam zu Ende. Auch vom Boot aus können wir immer wieder Erhebungen zwischen den Bäumen ausmachen. Ich habe keine Ahnung, woran Vaugie die Stelle erkennt, aber am späten Nachmittag gibt er den Goldjungens unvermittelt ein Zeichen. Sie steuern das Boot an einen Uferbereich, der für mich aussieht wie jeder andere auch. Hier ist der luxuriöse Teil der Reise also beendet. An dieser Stelle, so ist es mit dem Häuptling ausgemacht, wird man uns auch wieder abholen – wenn alles gutgeht. Es gibt eine kurze, herzliche Verabschiedung, und schon nach kurzer Zeit wird das leiser werdende Knattern der Motoren von einer anderen Geräuschkulisse übertönt.

Ein Blick auf die Uhr sagt, dass wir uns beeilen müssen, denn im Wald wird es noch schneller dunkel als außerhalb. Die meisten Menschen, die im Urwald unterwegs sind, befestigen sich zur Nacht eine Hängematte zwischen zwei Bäumen und spannen eine Plastikplane gegen den Regen darüber. Damit kann ich mich noch immer nicht anfreunden, also baue ich lieber mein Zelt auf. Irgendwie fühlt es sich gut an, wenn man vor dem Schlafengehen einen Reißverschluss zumachen kann und alle anderen Lebewesen des Waldes draußen bleiben müssen. Kaum steht das Zelt, fängt es auch schon wieder an zu regnen. Vaugie schafft es trotzdem, uns ein kleines Abendessen zu zaubern. Für ihn ist der Wald weitaus weniger fremd als für uns.

## DAS WALDGEWISSEN

Immer wieder müssen wir kleinere und größere Bachläufe durchqueren. Anfangs ziehe ich immer noch die Wanderschuhe aus, was ich dann aber irgendwann aufgebe. Dank des Sumpfes sind die Schuhe bald sowieso nass und werden auf dieser Tour auch nicht mehr trocken werden. Ich bewundere Vaugie, wie er mit seinen 63 Jahren bei vollem Gepäck alle Hindernisse des Weges mit Bravour meistert. Natürlich muss ich an Afrika denken und stelle fest, dass hier das Unterholz der Wälder viel offener ist als im Kongobecken. Das Marschieren ist dadurch nicht ganz so anstrengend. Auch nehme ich hier tagsüber die Hitze als viel erträglicher wahr als in Kamerun.

Jeder Tag lässt uns staunen wie kleine Kinder. Besonders schöne Augenblicke erleben wir, wenn nach dem Regen feuchte Luft als Nebel nach oben steigt und dadurch das durch die Zweige einfallende Sonnenlicht in Strahlenform sichtbar wird. Immer wieder kreuzen Tausende Blattschneiderameisen unseren Weg, die auf ihren eigenen Straßen durch den Wald große Stücke aus den Blättern schneiden und sie dann geduldig über lange Entfernungen tragen. Ich sehe auch deren Kollegen, die über drei Zentimeter groß werden und von denen mich fernzuhalten mir Vaugie dringend rät. Ein Biss kann sehr schmerzhaft sein. Oft sind die kleinen Tiere jene, die gefährlich werden können. In einem Sumpfloch verharrt eine Schlange so lange bewegungslos auf dem Wasser, bis ich eine Position finde, sie gut zu fotografieren. An anderer Stelle entdecke ich einen Frosch mit Teufelshörnern, dann einen Blattfrosch, dessen Tarnung als Blatt eigentlich darauf abzielt, nicht gesehen zu werden.

Ich stelle mir vor, was eigentlich passiert, wenn hier ein Baum gefällt wird: Massenmord. Mit jedem einzelnen Baum, der fällt, sterben unzählige Lebewesen, die schlicht übersehen werden. Zumindest von der Holzmafia. Mit Mühe gelingt es mir, diese Gedanken abzuschütteln, denn sie stehen meinem Erleben hier im Weg.

## BRASILIENS AMAZONAS – PICO DA NEBLINA

Ich will die Natur ganz in mich aufnehmen und fühle mich bei jedem Schritt, um es salopp zu formulieren, sauwohl, trotz allem, was hier krabbelt, fliegt, klettert, beißt und sticht.

Am zweiten Tag wird das Gelände hügeliger. Die Berge kommen näher, nur sehen können wir sie im dichten Wald noch nicht. Genauso wenig wie die zahlreichen Raubtiere, übrigens. Im niedrigen Bergwald, so auf einer Höhe von rund 600 Metern über dem Meeresspiegel, sind viele Raubtiere zu Hause. Wären wir immer ganz leise beim Wandern, dann könnten wir vielleicht mit der gleichen Chance wie auf einen Sechser im Lotto einen Jaguar zwischen den Bäumen entdecken. Insgesamt sind im Amazonas weitere 352 Säugetierarten bekannt, von denen jedoch schon jede sechste Art vom Aussterben bedroht ist.

Am Abend des zweiten Tages kommt uns eine kleine Gruppe von Goldsuchern entgegen, die sich gerade auf dem Abstieg befindet. Hier sehe ich die bisher einzige Frau, die dieser abenteuerlichen und riskanten Tätigkeit nachgeht. Nachdem wir uns ein bisschen beschnuppert haben, schlagen wir ein gemeinsames Nachtlager auf. Dabei entdecke ich meine allererste richtig große Vogelspinne. Die hockt genau dort, wo ich mein Zelt aufbauen will. Der Schreck fährt mir in die Glieder. Dann aber zwinge ich mich, genauer hinzusehen, und kann ein ungeheuer spannendes Tier beobachten.

Neben Vaugies köstlichem Abendessen (nach einem langen Wandertag schmeckt übrigens alles köstlich) sind die abendlichen Bäder im Bach der absolute Höhepunkt des Tages. Unser Weg folgt dem Lauf eines aus den Bergen kommenden Zuflusses des Cauaburi. Dort können wir unsere Wasserflaschen auffüllen und uns erfrischen und waschen. Weltweit ist nur noch ein Prozent allen Süßwassers aus Flüssen risikofrei trinkbar. Dieser kleine namenlose Bach gehört glücklicherweise dazu.

Doch nicht nur der Bach ist nass, auch wir sind es, und zwar den ganzen Tag hindurch. Entweder regnet es, oder die Sonne scheint durchs Blätterdach, und man schwitzt. Es ist jedes Mal ein Fest, die nassen Sachen abzustreifen und ins klare, wohltuende Wasser eines Baches zu hüpfen. Wichtig ist dabei nur, dass man immer mindestens eine Lage trockener Schlafkleidung dabeihat, die auch trocken bleiben muss. Richtig trocknen kann man hier nasse oder feuchte Sachen nämlich nicht. Jedem Wanderer im Tropenwald sei dringend geraten, seinen Rucksack innen mit Mülltüten auszustatten, um ein paar Sachen trocken zu halten. Der ungemütlichste Moment des Tages ist dann der kommende Morgen, wenn man nach dem Aufwachen zurück in die feuchte, versiffte Wanderkleidung des Vortages steigen muss. Erst nach ein paar Sekunden gleichen sich die Temperaturen der feuchtkalten Kleidung und des Körpers an, und alles ist gut. Würde man jeden Morgen mit trockener Montur starten, bräuchte man einen extra Träger für immer neue Sachen.

Am dritten Tag erreichen wir das Gebirge. Plötzlich führt der Pfad steil bergauf. Über einen Zeitraum von vier bis fünf Stunden schießen wir geradezu in die Höhe und erreichen so eine neue und noch dazu meine persönliche Lieblingsvegetationsstufe. Zwischen 1 200 und 2 100 Metern Höhe über dem Meeresspiegel wächst der Nebelwald. Die ungeheure Vielfalt an Vegetation, die hier oben gedeiht, ist atemberaubend und unvergleichlich. Ein geradezu paradiesischer Überfluss, der der Temperatur und der immensen Menge an Wasser zu verdanken ist. Hier oben regnet es praktisch ständig, oder zumindest befeuchten am Berg hängende Wolken die Pflanzen. Die Farbe Grün ist hier so dominant, es ist ein richtiger Augenschmaus. Im Nebelwald zu fotografieren, fällt sehr leicht, praktisch jeder Ausschnitt ist fotogen, nur die Feuchtigkeit ist ein Problem. Wichtig ist, dass die Objektive nicht beschlagen. Bildet sich einmal eine Nebelschicht zwischen den Linsen, ist es vorbei mit dem Bildermachen. Ein wasserdichter Fotorucksack ist hier oben unerlässlich. Ich packe die Kamera auch nur zum Fotografieren aus und halte den Zeitraum, in der der Reißverschluss geöffnet ist, so kurz wie möglich.

Der Aufstieg kostet viel Zeit und Kraft. Dann endlich stehen wir auf einem Hochplateau. Wir müssen so um die 2 000 Höhenmeter erreicht haben, denn so richtig große Bäume gibt es hier oben nicht mehr. Dafür ist das Buschwerk umso dichter. Eine halbe Stunde marschieren wir durch die Vegetation, die plötzlich endet. Wären wir unvorsichtig gewesen, dann wären wir jetzt wieder im Regenwald. Denn wir stehen unmittelbar am Abgrund, an einer felsigen Abbruchkante ohne jeden Bewuchs. Aus der Enge des von Pflanzen überwucherten Pfades öffnet sich der Blick von einem Moment zum anderen. Mir fallen die Augen fast aus dem Kopf. 1 000 Meter unter uns liegen die bewaldeten, sanften Hügelketten, die wir in den letzten Tagen durchwandert haben. Der Anblick ist einfach überwältigend, ich will tanzen vor Glück. Eigentlich befinden wir uns hier schon mitten in den Wolken, doch die Winde blasen Lücken ins Grau. Wir können wie aus einem Flugzeug auf den Wald hinunterblicken. Wenn irgendwo Sonnenlicht bis zu den Bäumen dringt, während sich nebenan die Wassermassen auf die Erde ergießen, spannt sich ein riesiger Regenbogen über die ganze Szenerie. Ich habe in meinem Leben schon vor vielen schönen Ausblicken gestanden, dieser schafft es in meiner Hitparade weit auf die oberen Plätze. Hier könnte ich ewig bleiben, einfach nur auf die Wolkenlücken warten und den Anblick genießen.

Doch unsere Exkursion ist noch nicht zu Ende. Es geht weiter, und wir verlassen endgültig das Reich der Bäume. Der Pfad führt durch eine Vegetation, die an manchen Stellen aus regelrechten Bromelienwäldern besteht, die hier direkt auf dem Boden wachsen. Dieser Pflanzentyp kann sich praktisch auf jedem Untergrund halten, solange ausreichend Wasser vorhanden ist. Am Nachmittag erreichen wir dann eine Stelle, die Vaugie gut kennt. Es ist ein altes Basislager. An dieser Stelle hat vor Jahren ein Abenteurer zufällig Gold gefunden und damit einen Hype ausgelöst, der nicht zufällig Goldrausch genannt wird. Innerhalb kürzester Zeit kamen achthundert Glücksritter pro Tag genau hierher, wo wir gerade unsere Zelte aufstellen. Die Lage geriet völlig außer Kontrolle, besonders als in tieferen Lagen Landebahnen für Flugzeuge in die Wälder geschlagen wurden. Das Allerschlimmste war aber, dass damals die Eindringlinge Tod und Verderben über die Yanomami brachten, denn mit den Neuankömmlingen kamen Krankheiten in die Region, auf die die Immunabwehr der Indigenen nicht vorbereitet war. Es kam zu einem regelrechten Genozid an den Menschen, die dieses Land ihre Heimat nennen. Dass vorher keiner um Erlaubnis gefragt hatte, ist klar. Es waren damals Aktivisten, allen voran Rüdiger Nehberg, die den Yanomami beistanden. Sie waren es, die mithalfen, deren Hilferuf in die Welt zu tragen. Nach dem Aufrütteln der globalen Öffentlichkeit ist auch auf die brasilianische Regierung so viel Druck entstanden, dass diese sich gezwungen sah, einzugreifen. Das Militär wurde in den Norden entsandt. Es müssen regelrecht bürgerkriegsähnliche Zustände gewesen sein, bis der letzte der geschätzten 65 000 Goldsucher vom Berg vertrieben wurde und die Gefahr für die Ureinwohner gebannt war. Bei aller Liebe zur Gewaltlosigkeit, aber dieser Einsatz war leider unumgänglich.

Vom Basislager ist nicht mehr viel zu erkennen, sieht man mal von einem windschiefen Unterstand ab, der neben einem Felsen steht. Ich schaue mich noch schnell vor der Dämmerung intensiv in der Umgebung um und kann eigentlich keinerlei Narben aus der Zeit der Goldsucher erkennen. Die Natur hat die Wunde längst wieder geschlossen. Auch den Yanomami geht es wieder gut. Die brasilianische Regierung hatte nach dem Goldrausch Impfprogramme aufgelegt, um ihre indigenen Völker besser zu schützen.

## BRASILIENS AMAZONAS – PICO DA NEBLINA

Natürlich haben wir mit dem Häuptling auch über den Überfall auf die Belgier gesprochen. Er gibt offen zu, dass man eine Gruppe belgischer Filmemacher ein wenig um ihr Hab und Gut erleichtert hat. Das war aber aufgrund eines Fehlverhaltens der anderen Seite geschehen. Körperlich zu Schaden ist dabei niemand gekommen. Eigentlich eine Lappalie. Natürlich haben diese Menschen in manchen Angelegenheiten eine eigene Sicht auf die Dinge. Aber wenn man sie fair behandelt, dann verhalten sie sich in der Regel ebenso.

Etwas abseits vom Basislager klettere ich am Abend auf einem Felsen herum, der einen Überblick über das um mich herumliegende Gelände verspricht. Plötzlich reißen die Wolken auf, und das letzte Sonnenlicht flutet die Hochebene. Die uns umgebenden Berge, die zuvor noch komplett von Wolken umhüllt waren, werden nach und nach angestrahlt, als befänden sie sich in einem Hollywoodstudio. In der Sprache der Indigenen werden die Tafelberge Tepuis genannt, was so viel wie »Häuser der Götter« bedeutet. Als ich mich um 180 Grad drehe, sehe ich den Pico da Neblina – unser Ziel. Imposant steht er vor mir, von der Abendsonne in Szene gesetzt wie ein Star, und ich frage mich ernsthaft, wie wir da hinaufkommen sollen. Aus meiner Warte wird der Aufstieg steiler als gedacht. Der nächste Tag verspricht, spannend zu werden.

Bisher hatte Vaugie den Berg von hier aus in einem langen Tagestrip mit leichtem Gepäck bestiegen und war unmittelbar danach wieder zurück ins Camp gekommen. Ich habe aber die Bitte, oben auf dem Gipfel zu übernachten, um bessere Fotos machen zu können. Am Abend bestehen die besten Chancen, dass sich die Wolken auch mal auflösen und den Blick freigeben. Eine kleine Chance, die ich aber nutzen will. Wir machen uns also am frühen Morgen an die Besteigung. Das Gelände ist geprägt von strauchartigen Pflanzen und vermittelt den Eindruck, uns in einem Filmsetting für einen Dinosaurierstreifen zu befinden. Ab und zu stelle ich mir dann auch vor, wie es wäre, wenn plötzlich direkt vor uns ein Dinosaurier stünde. Er würde fantastisch in die Szenerie passen.

Nach einer weiteren steilen Felsstufe erreichen wir endgültig die alpine Zone und stehen im Matsch. An manchen Stellen sinken wir bei jedem Schritt bis zu den Knien ein. Der Berg heißt ja nicht umsonst Nebelgipfel. Durch die allgegenwärtige Feuchtigkeit sind die Pflanzen alle mit Wassertropfen übersät. 70 Prozent des Pflanzenbewuchses um den Berg herum sind endemisch. Das bedeutet, sie kommen nur hier und sonst nirgendwo auf der Welt vor. Das Fotografieren ist eine echte Herausforderung, macht aber richtig Spaß. Starke Winde blasen die Wolken über uns hinweg, nur selten gibt es mal eine Lücke, die uns kurz vor dem Gipfel über 2000 Meter tief ins Nachbarland Venezuela blicken lässt. Der Weg ist steil und rutschig, aber wir kämpfen uns Stück für Stück nach oben. Die letzten 200 Meter vor dem Ziel bestehen dann aus purem Gestein, das steil vor uns aufragt. Ohne Kletterausrüstung sind diese Wände nicht zu überwinden. Zum Glück hat das brasilianische Militär bei seiner letzten Expedition Seile hängenlassen, an denen wir uns dann mit letzten Kräften hochziehen.

Am späten Nachmittag erreichen wir den mit 3014 Metern höchsten Punkt Brasiliens. Und dennoch bin ich unzufrieden, denn die Sicht beträgt gerade mal zehn Meter. Je näher die Dämmerung rückt, desto wehmütiger denke ich an den Vorabend, als um diese Zeit der Berg komplett wolkenfrei war. Alice und ich stellen unser Zelt auf, Vaugie kocht ein einfaches Abendessen, das wir in etwas getrübter Stimmung zu uns nehmen. Der Nebel, der Wind, alles ist unverändert. Ein Blick auf die Uhr. Die Sonne geht jeden Moment unter. Es sieht nicht gut aus mit dem erhofften Ausblick.

Nach dem Essen verschwinden wir schnell im Zelt, unsere drei armen Freunde schlüpfen unter ihre Plastikplane. Es ist doch ziemlich ungemütlich hier oben. Wir haben im Zelt ein richtig schlechtes Gewissen, als wir in unseren Sommerschlafsäcken liegen. Unsere Kameraden haben eigentlich gar nichts Warmes dabei. Ich glaube, sie wissen nicht mal, was ein Schlafsack ist. So etwas braucht man auch im Umkreis von zigtausend Kilometern nicht, außer hier oben auf diesen paar Quadratmetern Felsen. Ihnen bleibt nichts anderes übrig, als unter der Plane ganz eng zusammenzurücken.

Nicht viel später meldet sich meine Blase, und ich muss doch noch mal raus. Was ist das? Ich kann es kaum glauben: Die Wolken sind verschwunden. Die Sonne ist zwar schon untergegangen, aber es gibt noch genügend Restlicht, um das umliegende Land gut erkennen zu können. Auch wenn es kitschig klingen mag, aber in diesem Moment bekomme ich feuchte Augen vor Freude. Ich fühle mich wie auf einem unbewohnten Planeten. Keine Straßen, keine Lichter, keine auch noch so kleinen Anzeichen menschlicher Aktivitäten. Im Dämmerlicht kann ich ferne Bergzüge und noch mehr unberührte Wälder ausmachen. Unsere Erde in ihrem natürlichen, ursprünglichen Zustand. Es gibt nicht mehr viele Orte auf der Welt, wo so etwas möglich ist. Eines ist mir sofort bewusst: Dies ist wieder eines jener Naturerlebnisse, das ich gegen kein Geld der Welt eintauschen würde.

Alle fünf Mitglieder unserer kleinen Gruppe überstehen die kühle Nacht auf dem Berg ohne gesundheitliche Schäden. Auch der Rückweg nach São Gabriel de Cachoeira gelingt uns ohne Zwischenfälle. Alice und ich sind mit der Exkursion mehr als zufrieden, zumal wir wunderbare Menschen kennenlernen duften, die alle ihr Wort gehalten haben. Am Ende gibt es nur Gewinner.

DAS WALDGEWISSEN

– 11 –

## Auf der Insel Borneo

Die Insel Borneo gehört zur Hälfte zu Indonesien, zur anderen zu Malaysia. Ich bin im malaysischen Gunung-Mulu-Nationalpark unterwegs, einem von der UNESCO seit Jahren als Weltnaturerbe anerkannten Gebiet. Von besonderem Interesse sind natürlich die Höhlen: Im Kalkstein des Berges Api hat sich über Millionen von Jahren eines der größten Höhlensysteme der Erde ausgewaschen. Die Sarawak Chamber ist die größte bekannte Einzelhöhle der Welt. Sie ist 600 Meter lang, 400 Meter breit und 100 Meter hoch. Auch die Karwasser-Höhle ist bemerkenswert. Sie besteht aus einem weitverzweigten System von über 50 Kilometern Länge, von dem zu der Zeit, als ich sie besuche, noch nicht alle Seitenarme erkundet sind. Ein kleiner Teil wiederum ist für Touristen zugänglich. Es ist wirklich eindrucksvoll, in diese Unterwelt hinabzusteigen. Was mich aber am meisten begeistert, ist das Spektakel, das sich Abend für Abend am Ausgang abspielt. Hier fliegen bis zu zwei Millionen Fledermäuse aus dem Bauch des Berges. Die Tiere brauchen über eine Stunde, bis sie alle durch den Höhlenausgang herausgeflogen sind, um sich dann in den Wäldern zu verteilen. Forscher haben hochgerechnet, dass sie Nacht für Nacht bis zu neun Tonnen Insekten vertilgen.

Nicht weniger faszinierend sind die Wälder auf Borneo. Die Tropenwälder in Südostasien werden von Biologen allgemein als Paradieswälder bezeichnet. Sie sind nicht viel weniger artenreich als ihre Verwandten auf der anderen Seite des Pazifiks im Amazonas. Es gibt hier östlich von Indien und südlich von China bis zu den Inselwelten Ozeaniens 3 500 bekannte Pflanzenarten. Leider sind die großen, zusammenhängenden Wälder, die es in den Nullerjahren noch gegeben hat, inzwischen weitgehend verschwunden und nur noch in Teilen Indonesiens und Papua-Neuguineas zu finden. Ein Hauptgrund ist das Palmöl, das man für viele verschiedene Zwecke verwenden kann und das die Herstellungskosten vieler Lebensmittel senkt. Das Öl ist zwar nicht gesund, aber billig.

Die Besteigung des Mulu, des höchsten Berges im Park, ist weniger aufwendig als die Expedition auf den Pico da Neblina, aber kaum weniger reizvoll. Er ist knapp 2 400 Meter hoch, und man durchwandert auf dem Weg zum Gipfel sage und schreibe 17 verschiedene Vegetationsstufen. Das bedeutet, dass sich praktisch alle paar Stunden die Zusammensetzung der Pflanzen ändert.

Am ersten Tag komme ich am wohl außergewöhnlichsten Baum des gesamten Waldes vorbei. Ich trete hinein in eine natürliche Kathedrale von mindestens 2 Metern Durchmesser und blicke über 50 Meter in die Höhe. Dort, wo früher ein Baumriese gestanden hat, ist nun ein Hohlraum. Man sieht bis ganz nach oben die Wurzeln seines Bezwingers, einer Würgefeige, deren Form heute genau die Maße des alten Baumes wiedergibt. Würgefeigen fühlen sich in allen Tropenwäldern wohl. Sie beginnen ihr Leben in den Kronen anderer Baumarten. Ihre Samen werden von Vögeln irgendwo verloren, woraufhin sie sich als kleine Lianen Stück für Stück dem Waldboden nähern. Sind sie dort einmal verankert, ist der Wirtsbaum praktisch zum Tode verurteilt. Von nun an beginnt die Würgefeige nach und nach zu wachsen und ihn im wahrsten Sinne des Wortes zu erwürgen. Vielleicht ist es ein Trost, vielleicht aber auch eine lange Qual, dass sich das Ende des ursprünglichen Baumes über Jahrzehnte hinzieht. Diese Würgefeige hier am Wegesrand hat ihren Wirtsbaum schon vor langer Zeit erledigt, kein bisschen ist von ihm mehr zu sehen.

Während des Aufstiegs zum Gipfel des Mulu sehe ich so gut wie nichts von der umliegenden Landschaft. Zu tief hängen die Regenwolken, zu dicht ist die Vegetation. Nur einmal, gegen Ende des zweiten Tages, erreiche ich eine Stelle, an der zwei große Bäume umgefallen sind. In einer Wolkenlücke kann ich von hier den Gipfel des Berges erahnen. Je höher ich gelange, desto kleiner werden die Bäume, während die Anzahl der Kannenpflanzen zunimmt. Ich bin im Reich der Fleischfresser angekommen. Diese Pflanzen sind ein besonderes Merkmal dieser Wälder. Mit Duftstoffen locken sie Insekten an, die dann in die mit Verdauungsflüssigkeit gefüllten Fangbehälter geraten. Einige Tiere nutzen diese besondere Eigenschaft der Pflanzen, um selbst satt zu werden. So weben manche Spinnen beispielsweise ihr Netz an der Kannenöffnung und fangen damit die Insekten ab. Auch Frösche machen sich die betörenden Duftfallen zunutze, indem sie sich unterhalb der Pflanze postieren und auf die angelockte Beute warten. Viele fleischfressende Pflanzen entdecke ich auch auf dem Berggipfel. Hier wachsen sie auf Moosteppichen direkt auf dem Boden inmitten der Strauchvegetation.

Am Abend des dritten Tages unserer Wanderung habe ich endlich Glück mit den Wolken. Es passiert nämlich genau das, was ich mir während des Aufstiegs sehnlichst gewünscht habe: Der Dauerregen hört auf, und die Wolken beginnen sich zum Sonnenuntergang hin aufzulösen. Also raus mit der Kamera! Wie Scherenschnitte in unterschiedlichen Grautönen zeichnen sich die einzelnen bewaldeten Bergzüge des Nationalparks in der Ferne ab. Dazwischen werden die restlichen Wolken vom Gegenlicht der Abendsonne durchleuchtet. Das sind die Augenblicke für den Naturfotografen.

Der Nationalpark ist ein touristisches Highlight der Region – eines von vielen. Hier kann man erkennen, wie verführerisch es ist, als Reisender einfach nur von Hot Spot zu Hot Spot zu hüpfen und den Rest der Realität, so gut es geht, zu ignorieren. Unsere Erde ist wunderschön. Das wird sie an vielen Stellen auch dann immer noch sein, wenn sie in ihren Kreisläufen praktisch schon klinisch tot ist. Zumindest was ihre Fähigkeit betrifft, acht oder neun Milliarden Menschen mit dem Notwendigsten zu versorgen. Insofern wird Ignoranz nicht unbedingt bestraft, denn Genuss wird es bis zum Schluss geben. Zumindest für jene, die es sich leisten können.

Um dem Palmöl auf die Spur zu kommen, fahre ich nach Jakarta, die Hauptstadt von Indonesien. Im dortigen Greenpeace-Büro treffe ich Hardi Baktiantoro, der sich dem Schutz der einzigen Menschenaffenart verschrieben hat, die nicht in Afrika lebt, sondern hier in Südostasien. Mit all seiner Kraft versucht er, den Orang-Utans zu helfen. Das Schicksal dieser Primaten ist auf noch dramatischere Weise mit der Ausbreitung des Palmöls verbunden als das der Penan und anderer indigener Gemeinschaften. Bei ihnen könnte das Palmöl binnen weniger Jahrzehnte zum Genozid führen.

Hardi war viele Jahre Leiter einer Auffangstation von BOS (Borneo Orangutan Survival Foundation), die im Bundesstaat Kalimantan auf der indonesischen Seite von Borneo operiert. Dankenswerterweise erklärt er sich bereit, mir die ganze Bandbreite des Wahnsinns zu zeigen und zu erläutern. Für mich kann es gar nicht schnell genug gehen, die Millionenstadt mit ihrem Meer aus Hochhäusern, der sengenden Hitze, dem Lärm, den ständig verstopften Straßen und mit der Ungleichheit zwischen Arm und Reich hinter mir zu lassen.

Das Foto, das während meiner Waldvorträge beim Publikum die hörbarsten Emotionen auslöst, zeigt zwei kleine Orang-Utan-Babys, die eng nebeneinander auf dem Boden sitzen, sich gegenseitig fest in den Armen halten und dabei direkt in die Kamera schauen. Man muss schon ein Herz aus Stein haben, um diese Szene nicht auch süß zu finden. Doch die Geschichte hinter dem Foto

## DAS WALDGEWISSEN

ist bitter: Während meines ganzen Aufenthaltes bei ihnen und ihrer Gruppe haben die zwei sich nicht einmal voneinander gelöst, so sehr waren sie traumatisiert. Was auch immer ihren Eltern zugefügt worden war, sie hatten Glück im Unglück, denn sie sind in einem von damals zwei Auffanglagern von BOS gelandet. Dort nimmt man sich ihrer und ihrer Leidensgenossen an und pflegt sie liebevoll.

Hardi bringt mich bewusst zuerst hierher, um mir den emotionalen Zugang zu diesen Geschöpfen zu ermöglichen. Die Station ist, ähnlich wie damals außerhalb von Yaoundé für die Gorillas, ein eingezäuntes Waldgebiet, wo die Tiere unter Aufsicht so nah wie möglich an ihrem natürlichen Umfeld körperlich und seelisch genesen können. Auch hier sind die meisten Opfer noch sehr jung. Die alten Orang-Utans werden sehr häufig direkt während der Waldrodungen erschlagen. Bei Brandrodungen kommen jedoch alle Altersgruppen ums Leben, das Feuer macht da keinen Unterschied. Die allermeisten, die von den Aktivisten von BOS gerettet und hierhergebracht werden, sind alleine in der Wildnis nicht überlebensfähig, weil sie entweder verletzt oder zu jung und unerfahren sind. Sie bleiben so lange in der Obhut der Naturschützer, bis sie gesund und in der Lage sind, ohne Hilfe im Wald für sich zu sorgen. Hardi erklärt mir jedoch, dass die Auswilderung mit dem zunehmenden Waldverlust immer mehr zum Problem wird, weil schlicht zu wenig Lebensraum für die Tiere vorhanden ist.

Noch vor wenigen Jahren lebten in den intakten Urwäldern Sumatras und Borneos Hunderttausende Orang-Utans auf einer Fläche, die ungefähr so groß wie die Bundesrepublik Deutschland ist. Man nennt sie auch deswegen Baummenschen, weil sie anders als Gorillas oder Schimpansen eigentlich nie auf den Waldboden herunterkommen. Ihr Körperbau ist perfekt an das Leben im Geäst der Urwaldriesen angepasst. Obwohl sie nur rund 1,20 bis 1,50 Meter groß werden, beträgt die Spannweite ihrer Arme

## AUF DER INSEL BORNEO

um die 2,20 Meter. Sie sind Vegetarier und tun keiner Seele etwas zuleide. Wenn nicht ein Wunder geschieht, werden sie wohl die erste Menschenaffenart sein, die ausstirbt oder zumindest in freier Wildbahn nicht mehr vorkommt. Die Geschwindigkeit der Waldvernichtung ist enorm und emotional für mich kaum zu ertragen. Hardi schätzt, dass jedes Jahr zwischen dreitausend und sechstausend Orang-Utans verbrennen oder erschlagen werden, weil ihre Schlafstätten in den Bäumen dem Fortschritt im Wege stehen. Der ökonomische Fortschritt erweist sich hier bei näherer Betrachtung als Verbrechen, nicht nur an den vielen Tieren und Pflanzen in diesem Ökosystem, sondern auch an den hier lebenden Menschen. Letztendlich ist es ein Verbrechen an uns allen.

Hardi zeigt mir den Teufelskreis anhand einer Palmölplantage und eines typischen indonesischen Dorfes. Wir sind zusammen nach Simbulu gefahren. Vierhundert Familien leben hier an einem schönen See, umgeben von Regenwald. Die Menschen arbeiten als Farmer, Jäger, Schreiner und Fischer. Alles geht seinen geregelten Gang. Bis vor sechs Jahren: Da erscheinen Vertreter eines großen Konzerns aus Malaysia auf der Bildfläche, um den Menschen ihren Wald abzukaufen. Anang Sahouri war damals Ortsvorsteher des Dorfes. Er erzählt uns, dass auf die Menschen großer Druck ausgeübt wurde, bis sie schließlich ihren Wald verkauft haben. Die Landbesitzer bekamen pro Quadratmeter 45 Rupien. In Indonesien kostet ein Lutschbonbon um die 100 Rupien.

Nach diesem Betrug begann der Albtraum erst. Früher konnten die Menschen durch fleißige Arbeit ein solides Einkommen erwirtschaften. Die wenigen Leute, die in der Plantage des Konzerns eine Arbeit gefunden haben, bekommen 2,50 Dollar am Tag. Das reicht, um die Familie satt zu bekommen, aber nicht, um die Kinder in die Schule zu schicken. Zahlreiche andere sind arbeitslos, weil viele Berufe gar nicht mehr möglich sind. Die Flüsse geben fast keine Fische mehr her, und auch im See ist der Ertrag stark

## DAS WALDGEWISSEN

zurückgegangen. Fleisch können sich nur noch reiche Leute leisten, weil die Jagd nicht mehr möglich ist, und Anbauflächen für Nahrung fehlen natürlich auch. Hardi und ich reden mit dem Ortsvorsteher auf einem Bootssteg direkt am Hafen. Ich sehe halbfertige Boote, die hier verrotten, weil kein Holz mehr da ist, um sie fertigzubauen. Die Menschen von Simbulu sind komplett von Konzernen abhängig geworden. Ich bin sicher, es gibt viele andere Dörfer, denen es ähnlich ergeht.

Damit sind wir wieder bei der Ölpalme. Sie und das fehlende Wissen oder die Ignoranz führender Politiker sind die Hauptursache für die Waldvernichtung. Viele Länder, gerade in Europa, sind zu Beginn des 21. Jahrhunderts dabei, eine Quote einzuführen, um die Verwendung von Biokraftstoffen zu steigern. Mit dem angeblich klimafreundlichen Sprit soll die Erderwärmung bekämpft werden. Diese Maßnahme löst auf Borneo und Sumatra eine regelrechte Goldgräberstimmung in den Chefetagen der großen Konzerne aus. Um die große Nachfrage nach erneuerbaren Kraftstoffen auch nur ansatzweise decken zu können, werden hier Millionen Hektar Regenwald abgefackelt und in Plantagen verwandelt. Um das Gewissen der Autofahrer zu beruhigen, indem wir beim Tanken den Ausstoß an klimafeindlichen Treibhausgasen etwas senken, wird hier in Asien bei der Vernichtung der Wälder die tausendfache Menge in die Luft geblasen. Ein besonderes Merkmal dieser Feuchtwälder ist nämlich ihre Speicherfähigkeit, und zwar nicht nur von Wasser, sondern auch von Kohlenstoff. Im Laufe von Jahrmillionen ist hier auf Borneo durch das Werden und Vergehen von Pflanzen eine bis zu 18 Meter dicke Torfschicht entstanden. Man schätzt, dass darin an die 98 Milliarden Tonnen Kohlenstoff gespeichert sind. Und dort sollten sie auch besser bleiben. Doch durch die Verbrennung der Wälder schwelen diese Böden oft monatelang vor sich hin und setzen nach und nach diese riesigen Mengen an Treibhausgasen frei.

## AUF DER INSEL BORNEO

Indonesien ist aufgrund dieser Vernichtung bis heute unter die Top-5-Produzenten von Treibhausgasen aufgestiegen, allein aufgrund der unglaublich großflächigen Zerstörung der Wälder. Auch hier sind die Dimensionen für uns Europäer, die eher verhältnismäßig kleinflächige Landwirtschaft gewohnt sind, nur schwer zu begreifen. Allein die Plantage beim Dorf Simbulu hat, als ich sie besuche, eine Ausdehnung von 50000 Hektar. Das ist so groß wie der Gunung-Mulu-Nationalpark, dessen Natur ich zuvor so genossen habe. Eigentlich will ich mir die Plantage gar nicht ansehen, aber natürlich folge ich Hardi. Besonders trostlos sehen die Armeen von jungen Palmsetzlingen aus, vor allem wenn man ab und zu auf einen stehen gelassenen Tropenbaum trifft. Unzählige Kanäle zwischen den Feldern sorgen für die Entwässerung der ehemaligen Sümpfe, Spritzmittelgeräte aller Art verteilen ihr Gift auf die kleinen Ölpalmen. Kein Wunder, dass die Flüsse mehr oder weniger tot sind! Auch die direkte Rodung bekomme ich vor die Linse, denn die Plantage wächst und wächst.

Ein paar Monate nach meiner Rückkehr lese ich in einem Bericht, dass die Regierung von Indonesien plant, weitere 20 Millionen Hektar an Regenwald für Palmöl freigeben zu wollen. Eine Katastrophe globalen Ausmaßes, die leider nicht mehr zu verhindern ist. Im Jahr 2019 stehen in Indonesien Wahlen an. Beiden Präsidentschaftskandidaten werden enge Beziehungen zur Industrie nachgesagt, und das Palmöl ist längst zum wohl wichtigsten Wirtschaftsfaktor geworden. Indonesien wehrt sich daher erbittert gegen Versuche der Europäischen Union, den Palmölanteil in Kraftstoffen wieder zu reduzieren und zu verbieten. Denn inzwischen haben etliche Politiker den gravierenden Fehler eingesehen. Dass sich das billig zu produzierende Palmöl inzwischen auch in einer unüberschaubaren Anzahl von Produkten befindet, die wir tagtäglich konsumieren, verschärft das ganze Problem massiv.

## DAS WALDGEWISSEN

Hardi prognostiziert mir, dass die Orang-Utans innerhalb von drei Jahrzehnten ausgestorben sein werden. 15 Jahre später ist bereits die Hälfte der damals lebenden Baummenschen verschwunden. Es spricht also viel dafür, dass Hardi recht behalten wird.

Ich aber bin am Ende meines großen Projektes und halte meinen Bildband in Händen. »Planet der Wälder«. Er ist den fantastischen Sieben gewidmet, den letzten großen Urwaldgebieten der Erde. Auch die anderen Urwälder habe ich natürlich besucht, doch die Schilderungen würden dieses Buch sprengen. Das Vorwort stammt von Rüdiger Nehberg, von wem auch sonst. Unser gemeinsames Ziel war und ist es, für die Wälder einzustehen, um möglichst viel Lebensraum der Tiere und indigenen Gruppen zu erhalten. Es bleibt natürlich nicht bei dem Bildband, der zwar wunderschön ist, aber als Medium meiner Botschaft allein nicht ausreicht. Es folgen also die bewährten Vorträge, diesmal live gesprochen und mit dem Beamer. Insgesamt werden es 467 Veranstaltungen, die letzte am 27. November 2009.

– 12 –

## Eine nicht erfüllte Hoffnung in Kopenhagen

Einige Tage nach dem Ende meiner Tournee, es ist der 13. Dezember 2009, habe ich mich an einem Lichtmast drei Meter nach oben geschoben und sehe eine endlose Karawane an mir vorbeiziehen. Bis zum Horizont bewegt sich diese Menschenmenge. Viele singen laut, tanzen zu Trommeln, machen die La-Ola-Welle oder marschieren einfach nur schweigend durch die Straßen der dänischen Hauptstadt Kopenhagen. Es ist ein lebensfrohes Bild. Junge und alte Menschen aus aller Welt sind angereist, um hier mit phantasievollen Kostümen, geschmückten Wagen und jeder Menge Fahnen, Schildern und Bannern ihre Meinung kundzutun. Zum ersten Mal, seit ich mich mit dem Thema Klimawandel beschäftige, habe ich das Gefühl, kein Exot zu sein, dass unsere Spezies nicht zum größten Teil aus Ignoranten und Egoisten besteht. Mit bis zu 50 000 Teilnehmern hat die Polizei gerechnet, über 100 000 sind gekommen. Es ist Halbzeit bei der Klimakonferenz in Kopenhagen. Im Konferenzzentrum feilschen Tausende Vertreter ihrer jeweiligen Länder und Verbände darum, wie letztendlich die Vereinbarung lauten wird, die von über 170 Ländern ratifiziert werden soll.

Während man dabei leicht den Eindruck kriegen könnte, hier stritten sich ein paar Kinder im Sandkasten um die besten Förmchen, ist die Position der Mahner vor den Toren ganz klar. Kopenhagen muss eine völkerrechtlich verbindliche Vereinbarung hervorbringen. Es ist eine der letzten Chancen der Menschheit, den Klimawandel so zu bändigen, dass unser Planet nicht in wenigen Jahrzehnten in eine Dauerkrise taumelt. In diesem Szenario müssten sich zwischen neun bis elf Milliarden Menschen mit kaum ausreichenden Lebensgrundlagen begnügen. Kriege würden nicht mehr aus Glaubensfragen oder Ideologien geführt, sondern es ginge um Zugang zu sauberem Wasser, Nahrung und Lebensraum. Das meistgehörte Schlagwort bei der Demo heißt deshalb »Climate Justice« – Klimagerechtigkeit. Hier sind die Industriestaaten doppelt gefordert. Zum einen müssen sie ihren Ausstoß an schädlichen Treibhausgasen bis zum Jahr 2050 gegen null fahren und zum anderen die Entwicklungs- und Schwellenländer mit technischem Knowhow versorgen. Die wollen verständlicherweise ähnlichen Wohlstand wie die Menschen in den reichen Staaten. Damit sie sich diesen nicht auf den gleichen falschen Wegen verschaffen wie wir, ist es die Pflicht unserer politischen und wirtschaftlichen Führer, dafür zu sorgen, dass diese Länder das »fossile Zeitalter« in ihrer Entwicklung überspringen und gleich in nachhaltige Gesellschaftsmodelle investieren.

In einer alten Lagerhalle etwas außerhalb des Stadtkerns haben sich über zweihundert Greenpeace-Aktivisten aus aller Herren Länder versammelt. Darunter ist auch mein alter Freund Achim Gresser, der mit einem kleinen Team Aktivisten über 2 000 Kilometer von Konstanz nach Kopenhagen gelaufen ist, um auf dem Weg möglichst viele Menschen auf die Thematik aufmerksam zu machen. Hier werden alle Aktionen während der Konferenz vorbereitet. Über dreitausend Schilder haben sie gesägt und geklebt. Nicht nur für die eigenen Leute, sondern auch zum Verteilen an andere Demonstranten.

So kraftvoll die Energie auf den Straßen auch ist, so ernüchternd kriecht mir das Ergebnis der Konferenz ins Bewusstsein und setzt sich dort als tief empfundene Traurigkeit in der Seele fest. Die Hoffnung, dass sich die auf der Klimakonferenz versammelten Repräsentanten der Menschheit auf eine vernünftige, zukunft-

## EINE NICHT ERFÜLLTE HOFFNUNG IN KOPENHAGEN

weisende Lebensformel würden einigen können, erfüllt sich nicht. Im Gegenteil. Kurzsichtiger und egoistischer hätte das Mammuttreffen nicht ausgehen können. Zum einen wollen sich die Vertreter der ärmeren Länder kein weiteres Mal von den Industrienationen übervorteilen lassen, was ich sehr gut verstehen kann. Zum anderen haben die Vertreter der wahren »Global Player«, die fossile Energieindustrie, ihre Leute an den richtigen Stellen platziert. So bleibt auch ein so mächtiger Mann wie Amerikas Präsident Obama blass und wirkungslos. Ganz zu schweigen vom Unwillen chinesischer Vertreter, die sich ihren Aufschwung nicht ausbremsen lassen wollen. Solange jeder das Riesenreich China als Billigfabrik missbraucht, von wo aus die restliche Welt mit allem möglichen und unmöglichem Ramsch versorgt wird, sind auch die halbherzig empörten Aufschreie vereinzelter Politiker über die uneinsichtigen Chinesen nur ein reines Ablenkungsmanöver.

Da die Hoffnung bekanntlich zuletzt stirbt, sollen wir den Kopf nun nicht in den Sand stecken. Ich will mich durch dieses Ergebnis nicht entmutigen lassen und versuche, in ein »Jetzt-erst-recht«-Gefühl zu kommen. Doch wie unglaublich frustrierend die kommenden zehn Jahre aus der Sicht der Umwelt werden sollen, kann ich damals wirklich nicht erahnen.

# ANKUNFT IN ELDORADO

## – 13 –

# Lebensräume – Ein Naturwunder namens Erde

Das Reisen hat in meinem Leben einen hohen Stellenwert. Die Neugierde auf das Unbekannte und Fremde ist von Anfang an mein Antrieb. Nur ist der Blick auf die Welt als über Vierzigjähriger ein anderer als der mit Anfang zwanzig. Eines habe ich durch meine fast zehnjährige Arbeit in den Wäldern mit aller Eindringlichkeit gelernt: Durch unser Tun werden schon in wenigen Jahren alle nachfolgenden Generationen völlig andere Lebensrealitäten vorfinden. Deshalb wurde es mir mehr und mehr ein Anliegen, globale Zusammenhänge aufzuzeigen. Dass vieles auf der Erde in die falsche Richtung läuft, hat zumindest ein Teil der Menschen inzwischen zu spüren begonnen. Aber wie sich die Situation in ihrer ganzen Dramatik tatsächlich darstellt, war und ist meiner Einschätzung nach viel zu wenigen Menschen wirklich bewusst.

Deshalb ist es auch so wichtig, nicht nur den persönlichen Kontext zu betrachten, sondern das große Ganze zu sehen. In einer globalisierten Welt hängen viele Dinge oft eng zusammen, auch wenn zwischen ihnen Tausende von Kilometern liegen. Womit wir bei einem der Hauptprobleme sind: Ursache und Wirkung. Wer kann in dieser schnelllebigen Zeit überhaupt noch alle Kausalitäten begreifen? Trotzdem, oder gerade deswegen, finde ich es so wichtig, dass besonders wir Menschen in den Industrieländern, die mehr oder weniger einen gehobenen Wohlstand und vor allem Bildung genießen, mit gutem Beispiel vorangehen und darüber nachdenken, was unsere Handlungen für Folgen haben.

## ANKUNFT IN ELDORADO

Klar war für mich, dass ich mich thematisch öffnen musste: raus aus dem Wald, hinein in den Rest der Welt. Herausgekommen ist letztlich das Projekt »Naturwunder Erde«. Es war das erste Konzept, für das ich komplett selbst verantwortlich zeichnete. Die Idee verdichtete sich, während ich durch die Wälder streifte und immer mehr über Zusammenhänge verstanden habe. Es sollte ein Porträt unseres Planeten werden, welches aufzeigt, dass wir Teil eines großen Organismus sind, in dem alles miteinander vernetzt ist.

Mit Hilfe der Kollegen von Greenpeace habe ich jene Ökoregionen herausgearbeitet, die maßgeblich für den Reichtum und die Vielfalt des Lebens auf unserer Erde verantwortlich sind. So kann ich zu einigen der schönsten Naturräumen unseres Planeten reisen. Nie war bei der Arbeit die Vielfalt größer, ebenso wie der Erkenntnisgewinn. Verstärkt durch die Ereignisse in Kopenhagen, war die sich anbahnende Klimakatastrophe in meinem Kopf präsenter denn je. Dass den Wäldern eine tragende Rolle im Kampf um ein stabiles Weltklima zukommt, war mir inzwischen mehr als bewusst. Deshalb waren sie natürlich auch im aktuellen Projekt vertreten. Würden wir von heute auf morgen damit aufhören, Brandrodungen durchzuführen, hätten wir auf einen Schlag circa siebzehn Prozent weniger Treibhausgase in der Atmosphäre. Doch was hat es denn nun mit diesen Gasen eigentlich wirklich auf sich?

Es dreht sich bei Ihnen primär um das Thema Treibhauseffekt. Wer diesen leugnet, wird auch den menschengemachten Wandel leugnen. Wer ihn verstanden hat, muss jetzt handeln. Das Licht der Sonne ist die Quelle allen Seins auf unserem Planeten. Die Atmosphäre, welche unsere Erde umschließt, ermöglicht das Leben aller Menschen, Tiere und Pflanzen. Kurzwelligen Strahlen gelingt es, die Atmosphäre zu durchdringen. Neben der dringend benötigten Wärme liefern sie auch die Voraussetzungen für alles Leben hier, denn sie setzen die Fotosynthese in Gang. Entscheidend ist, wie viel Strahlung innerhalb der Atmosphäre verweilt, denn danach richtet sich praktisch alles, was auf der Oberfläche passieren kann. Die Atmosphäre selbst besteht größtenteils aus Stickstoff und Sauerstoff. Diese Gase sind ziemlich durchlässig sowohl für sichtbares Licht als auch für Wärme. Ein Teil der Strahlung, die auf die Erde trifft, wird absorbiert, der Rest zurück ins Weltall reflektiert. Besonders helle Oberflächen senden viel Wärmeenergie zurück. Genau bei dieser Rückreflexion kommen die Regulatoren ins Spiel, die wir Treibhausgase nennen. Denn die Energie, welche uns wieder verlässt, wird als infrarote Wärmestrahlung zurückgestrahlt. Treibhausgase, allen voran das Kohlendioxid, können genau dieses Infrarotlicht blockieren. Es liegt also an der Menge der Treibhausgase, wie viel Wärme letztlich innerhalb der Atmosphäre verbleibt. Sie sind der Temperaturregler des weltweiten Klimas, welches auf lokaler Ebene dann das jeweilige Wetter produziert. Das Klima ist eine globale Sache. Verändern wir die Kreisläufe in der Atmosphäre oder die Kreisläufe direkt auf der Oberfläche, verändern wir die Lebensgrundlagen. Überall und für alle!

Wir haben alle in der Schule von der Fotosynthese gehört. Sie ermöglicht Pflanzen das Wachstum, indem sie mit Wasser, Sonnenlicht und Kohlendioxid aus der Atmosphäre Nährstoffe produziert. Als Nebenprodukt entsteht bei diesem Prozess auch Sauerstoff. Menschen und Tiere atmen diesen dankbar ein, verbrauchen ihn und atmen Kohlendioxid aus. Dieses Kohlendioxid nehmen wiederum die Pflanzen bei der Fotosynthese auf, während sie gleichzeitig neuen Sauerstoff erzeugen. Das ist eigentlich ein geschlossener Kreislauf. Denn wenn Pflanzen verrotten, geben sie ihr eingelagertes $CO_2$ wieder in die Atmosphäre ab. Doch was ich nun beschreibe, ließ die Menschheit sich in richtig große Schwierigkeiten bringen. Denn nicht jeder Kohlenstoff kehrt in die Atmosphäre zurück. Seit Jahrmillionen wird ein Teil davon von Pflanzen eingelagert, die nicht komplett verrotten können. Das geschieht vor allem in Regionen, in denen es sehr viele Sümpfe gibt. Tote Pflanzen können in den Mooren aufgrund von Sauerstoffmangel nicht zersetzt werden und lagern sich dort ein. Zuerst entstehen Torf und in geologischen Zeiträumen auch fossile Brennstoffe wie Kohle. Das macht eigentlich nichts, denn dort in den Böden können die riesigen Mengen des Treibhausgases keinen Schaden anrichten. Dummerweise ist nun aber der Mensch im Zuge der industriellen Revolution auf die Idee gekommen, genau dieses Zeug aus der Erde zu holen und als Energieträger zu nutzen, indem er es verbrennt. Seitdem setzen wir den ganzen Kohlenstoff frei, der sich im Laufe von Abermillionen Jahren angesammelt hat. Dabei gesellen sich die frei werdenden Gase zu ihren ohnehin schon in der Atmosphäre vorhandenen Kollegen und sorgen dafür, dass es auf der Erde im Schnitt immer wärmer wird.

Machen wir uns bitte Folgendes bewusst: Treibhausgase sind etwas ziemlich Gutes, denn sie Sorgen mit ihrer in sehr langen Zeiträumen entstandenen genauen Menge dafür, dass wir auf der Erde eine angenehme Durchschnittstemperatur von 15 Grad Celsius haben. Gäbe es die Treibhausgase nicht, wäre diese Welt ein Eisklotz von minus 18 Grad. Doch seit rund 250 Jahren bringen wir dieses austarierte Gleichgewicht gehörig durcheinander. Der natürliche Treibhauseffekt wird durch den sogenannten anthropogenen (menschengemachten) Treibhauseffekt überlagert und bringt unser Klimasystem in Gefahr. Ein Problem der Vermittlung sind dabei die absoluten Zahlen. Der Anteil von Kohlenstoff in der Atmosphäre ist so verschwindend gering, dass sich viele Klimakatastrophen-Leugner genau darauf stürzen. Er beträgt gerade mal 0,038 Prozent. Ihrer Argumentation nach ist das Ganze ein großer Schwindel, der nur dazu führen soll, dass sich irgendwelche Institutionen an Klimaschutzmaßnahmen bereichern. Ich frage mich immer, welche das denn sein sollen? Das müssen schon extrem clevere Geheimorganisationen sein, die es schaffen, praktisch

## LEBENSRÄUME – EIN NATURWUNDER NAMENS ERDE

alle Wissenschaftler weltweit zu bestechen, damit sie die Voraussetzungen für den größten Betrug in der Geschichte der Menschheit schaffen. Hier wird wirklich perfekt der Bock zum Gärtner gemacht. Diese oft mit den Aussagen einzelner obskurer Gestalten argumentierenden Leugner sind nichts anderes, als ideologisch verkrustete und von Interessengruppen gesteuerte Werkzeuge, um Zweifel zu säen und die Akzeptanz des Wandels möglichst lange hinauszuzögern. Mit jedem Jahr, das die globale Energiewende verschleppt, mit jedem Windrad, das nicht aufgestellt, und mit jedem Sonnenpaneel, das nicht montiert wird, ist ein verlängerter Milliardengewinn der fossilen Dinosaurierenergie möglich. Das sind die eigentlichen Verschwörer, denn sie haben die Macht, Millionen Dollar in Desinformationskampagnen zu stecken. Ähnlich dem, was die Zigarettenindustrie in den sechziger Jahren auch gemacht hat. Können Sie sich heute noch vorstellen, dass man mit einem Arzt für die Vorzüge des Rauchens wirbt? Doch gerade zur Zeit um die Klimakonferenz in Kopenhagen hatten diese Meinungsmacher immer noch die Oberhand. Das spiegelte sich auch in den Medien wider, wie Al Gore in seinem Buch »Eine unbequeme Wahrheit« wie folgt darlegt: In Fachzeitschriften wurden in den Jahren von 1996 bis zum Erscheinen seines Werkes im Jahr 2006 insgesamt 928 Artikel publiziert, welche die Erderwärmung zum Thema hatten. Der prozentuale Anteil der Autoren, die Zweifel an den Gründen für die Probleme hatten, betrug exakt null – ich wiederhole als Ziffer: 0 Prozent. In den populären Medien sah das schon anders aus. In den vier größten Zeitungen der USA wurden in ähnlichem Zeitraum 636 Beiträge zum Klimawandel veröffentlicht. Hier betrug der prozentuale Anteil der Zweifel äußernden Inhalte sagenhafte 53 Prozent. Die Thinktanks, die Exxon, BP, Shell und Konsorten installiert haben, waren also extrem erfolgreich: Menschen blöd halten, um weiter auf Kosten aller Gewinne zu machen. Bizarrer geht es eigentlich nicht mehr.

## ANKUNFT IN ELDORADO

Wir haben heute durch die Verbrennung von Gas, Öl und Kohle schon eine höhere Konzentration an Treibhausgasen in der Atmosphäre als in den gesamten vergangenen 650 000 Jahren.

## DIE WEISSE SALZWÜSTE IN BOLIVIEN

- 14 -

*Die weiße Salzwüste in Bolivien*

Etwa ein Drittel der Landmasse unserer Erde wird von Wüsten bedeckt. Sie definieren sich in erster Linie durch geringe Niederschläge, die in der Regel weniger als 200 Millimeter pro Quadratmeter betragen.

Eine Wüste besonderer Art liegt im bolivianischen Hochland, dem Altiplano. Diese Hochebene zwischen zwei Höhenzügen der Anden ist eine raue, aride Landschaft und liegt durchschnittlich auf 3700 Metern über dem Meer. Hier oben liegt der Salar de Uyuni, der größte Salzsee der Welt. Mit einer Fläche von 10 582 Quadratkilometern ist er fast zwanzigmal so groß wie der Bodensee. Für mich war der Salar de Uyuni schon immer ein Sehnsuchtsort, den ich unbedingt einmal besuchen wollte. Im Juni 2011 ist es dann so weit, ich folge meiner Sehnsucht und besuche den Salar de Uyuni im Rahmen meines Projektes über die Lebensräume der Erde. Doch der größte Salzsee ist nicht das einzige Motiv. Ich will einmal meinen Geburtstag, es ist der zweiundvierzigste, in freiwillig gewählter Einsamkeit und an einem sehr unwirklichen Ort verbringen.

Hier oben ist es schon fast langweilig, lebensfeindlich, kalt und arm an Farben. Blickt man über die Ebene aus Salz, kommt man sich vor wie auf einem anderen Planeten. Auf der Salzkruste haben sich sonderbare geometrische Strukturen gebildet, die an ein Puzzle erinnern. Immer wieder bricht sich das grelle Sonnenlicht

## ANKUNFT IN ELDORADO

in den besonders glatten Flächen, die wie poliert erscheinen. Steht eine dünne Schicht Wasser auf dem Salz, glaubt man, über einen gigantischen Spiegel zu laufen, der die Welt in ein Oben und ein Unten teilt. Die trockene Luft schmeckt nach Salz, riecht nach Salz. Die wenigen weißen Schönwetterwolken scheinen zum Greifen nahe. Weiß und Blau sind die vorherrschenden Farben. Doch genau in dieser Reduzierung liegt eine Anziehungskraft, der mehr und mehr Menschen erliegen, die so wie ich diese riesige Salzkruste zum Reiseziel erklären. Immer wieder kommen Reisende hierher, um allein zu sein und zu meditieren.

Zwölf Tage lang will ich in die Schönheit dieser Landschaft eintauchen. Ich verzichte diesmal ganz bewusst auf einen Reisepartner, um mich frei von aller Ablenkung voll auf die fotografische Arbeit konzentrieren zu können. Außerdem ist es auch sicher nicht zu meinem Schaden, mal wieder für einen gewissen Zeitraum nur mit mir selbst klarkommen zu müssen. In gleichmäßigem Tempo rollt mein Wagen über die mal raue, mal spiegelglatte Oberfläche des ausgetrockneten Sees. Ich folge diversen Reifenspuren nach Westen. Der Horizont verliert sich in der Unendlichkeit. Als zuverlässige Orientierungshilfe erweist sich der im Norden bis auf knapp 6 000 Höhenmeter aufragende Vulkan Tunupa. Dann kommen die Kordilleren ins Blickfeld, die die Landesgrenzen zwischen Bolivien und Chile bilden.

Nach unzähligen Kilometern manifestiert sich mein Ziel dann als dunklere Flecken vor der Bergkulisse und wird langsam größer. Mitten im Nichts erheben sich eine Handvoll Inseln, die die Eintönigkeit der Salzpfanne auf faszinierende Weise durchbrechen. Auf diesen Erhebungen im ansonsten topfebenen Wüstensee hat sich eine erstaunliche Vegetation entwickelt. Hier stehen über zehn Meter hohe Säulenkakteen von zum Teil biblischem Alter. Vor dem Hintergrund des weißen Salzsees wirken sie wie künstlich drapiert, wie mit einer Software eingefügt, sind jedoch echt.

## DIE WEISSE SALZWÜSTE IN BOLIVIEN

Mitten im Salz schaffen sie eine eigene, eine neue, eine lebendige Welt. Der steinige Boden ist von Kräutern bedeckt, in denen sich ab und zu etwas bewegt. Die Blüten der Kakteen nehmen das Weiß des Salzes und der Wolken wieder auf und schaffen so ein ästhetisches Ganzes, ein von der Natur konzipiertes Gesamtkunstwerk. In einem Wald hätte man auf die Idee kommen können, einen der Bäume zu umarmen. Bei den Kakteen verbietet sich diese Annäherung von ganz alleine. Aber mit der Kamera kann ich ihnen nahekommen.

In den ersten Tagen steuere ich diverse Inseln an, um mich zu orientieren und um einen Eindruck zu bekommen, wie sich das Licht im Wechsel der Tageszeiten verhält. Die Inseln haben unterschiedliche Größen. Erstaunlicherweise fahren alle geführten Touren nur zu einem dieser ungewöhnlichen Eilande. Das hat zur Folge, dass ich bei den anderen Erhebungen praktisch immer alleine bin. Eine Art Glücksgefühl stellt sich ein. Es herrscht bereits Trockenzeit, Regen ist nicht mehr zu erwarten. Zum Glück sind die Horizonte trotzdem täglich mit leichten Wolkenformationen geschmückt. Sie helfen mir während meiner morgend- und abendlichen Fotoexkursionen bei der Motivgestaltung. Die meiste Zeit verbringe ich auf einer recht großen Insel, die viele Motive bietet. Bei dieser Reise dient mein Auto mal wieder neben der Fortbewegung auch als Schlafzimmer und Küche. Zumeist parke ich den Wagen in einer kleinen Bucht. An drei Stellen aufragende Bergzüge schützen mich vor starken Winden und ungewollten Blicken. Ich bin allein, ein Kurzzeiteremit, ohne Handynetz, ohne E-Mail, ohne Kontakt zur Zivilisation. Und dennoch verspüre ich keine Angst, sondern eine tiefe Verbundenheit mit der Natur. Ich höre nur ihre Geräusche, sehe nur, was sie erschaffen hatte. Nur das Auto stört.

Der Tag beginnt für mich eine Stunde vor Sonnenaufgang. Den inneren Schweinehund zu überwinden und sich aus dem Schlaf-

## ANKUNFT IN ELDORADO

sack zu schälen, ist nicht allzu schwer. In dieser absoluten Stille und Einsamkeit einen Tagesanbruch zu erleben, ist so großartig, dass es keine weitere Motivation benötigt. Im Schein meiner Stirnlampe steige ich über scharfe Korallenfelsen zu jenen Punkten, die ich am Vortag als mögliche Motive ausgemacht habe. Bald merke ich, dass die Inseln keineswegs unbewohnt sind. Zwischen den Felsen huschen immer wieder hasenartige Wesen umher, die mit ihren Schwänzen auch ein wenig wie große Mäuse aussehen. Viscachas werden diese kleinen Tiere genannt, die Bernhard Grzimek wohl als possierlich bezeichnet hätte. Sie sehen Kaninchen ähnlich, haben jedoch einen langen Schwanz. Leider sind sie recht scheu, sodass ich sie nur aus der Distanz beobachten kann. Gerne würde ich mich mit ihnen anfreunden.

Erstaunlich, wie viele Vögel hier von der kargen Vegetation der Inseln leben. Häufig zu sehen sind Wüstenfinken, erkennbar an ihrem gelben Gefieder und dem schwarzen Kopf. Sie lieben die Dornen der Kakteen, die ihnen Schutz bieten. Ab und zu fliegt auch eine Möwe über mich hinweg.

Ich entdecke diverse Blumenarten, deren Blütezeit aber jahreszeitlich bedingt am Ende ist. Ein wichtiger Aspekt dieses Projektes ist es für mich, den Salar bei Nacht zu fotografieren. Leider habe ich die Tour bei Neumond begonnen. Das fehlende Mondlicht hat Aufnahmen dieser Art bisher verhindert. Doch mit jedem Kalendertag wird die Sichel ein wenig größer. Ich brauche nur Geduld.

Nach einer knappen Woche fahre ich zurück in das kleine Städtchen Uyuni, das praktisch für jeden Besucher des Salzsees Basislager ist. Hier sortiere ich kritisch meine bisherigen Bilder, um beim nächsten Mal das eine oder andere Motiv vielleicht noch besser erwischen zu können. Während der Sichtung von Hunderten von Fotos fegt ein gewaltiger Sturm über die Ortschaft hinweg. Staubwolken nehmen den Menschen die Sicht und rauben ihnen den Atem. Das lässt die Region noch lebensfeindlicher erscheinen

## DIE WEISSE SALZWÜSTE IN BOLIVIEN

als an gewöhnlichen Tagen. Wer nicht vor die Tür muss, bleibt zu Hause. Dafür schenkt uns der Sturm einen grandiosen Sonnenuntergang mit Wolkengebilden, die wie göttliche Erscheinungen wirken. Leider kann ich davon fotografisch nicht profitieren. Der Sturm markiert übrigens einen Wendepunkt, doch das wird mir erst später bewusst.

Ich fahre zurück zum Salzsee. Der Weg führt über eine gut 20 Kilometer lange, öde Holperpiste. Und dennoch gibt es viel zu sehen – allerdings keine Naturschauspiele. Unzählige Plastiktüten flattern im Wind. Sie sind vom kargen Steppengebüsch abgefangen worden und machen mich regelrecht wütend. Dies ist ein Phänomen, das man im Umkreis der meisten Ortschaften des Altiplano zu sehen bekommt. Es verdeutlicht, wie wenig auch hier der Kreislauf von Konsum und Entsorgung funktioniert.

Bevor es wieder auf die riesige Fläche des Uyuni geht, passiere ich das kleine Kaff Colchani. Es gilt als Zentrum der Salzgewinnung in der Region. Dabei besteht der Ort nur aus ein paar windschiefen Lehmhütten und einem abgebrochenen Schlagbaum. Hier in der Gegend baut man in harter körperlicher Arbeit mit einfachsten Mitteln das Salz ab. Es wird auf kleine Häufchen geschaufelt oder mit der Spitzhacke in Blöcke geschlagen. Die Menschen arbeiten von morgens bis abends im gleißenden Sonnenlicht. Die meisten sind, so gut es geht, in Tücher gehüllt und haben dunkle Brillen auf. Neben der Viehzucht und dem Anbau von Quinoa ist dies eine der wenigen Möglichkeiten für die hier lebende indigene Bevölkerung, ihr Überleben in einer lebensfeindlichen Umgebung zu sichern.

Doch die Zukunftsaussichten sind schlecht, denn der Salzsee besteht keineswegs nur aus Natriumchlorid, also aus Salz. Unter der Salzkruste lagern viele seltene Metalle, nach denen die globalisierte Welt gierig ihre Finger ausstreckt. Experten vermuten, dass im Salar de Uyuni bis zu 5,4 Millionen Tonnen Lithium lagern. In

## ANKUNFT IN ELDORADO

der Presse wird dieses Leichtmetall als Erdöl der vierten industriellen Revolution bezeichnet, da immer mehr Handys, Laptops, Spielekonsolen, Roboter und Automaten von Lithium-Ionen-Akkus mit Energie versorgt werden. An erster Stelle steht die Elektromobilität, die ohne Lithium derzeit kaum vorstellbar ist. Die im Salar de Uyuni vermuteten Ressourcen sind also für die Automobilindustrie von geradezu existenzieller Bedeutung. Seit langem versuchen multinationale Konzerne, Schürfrechte am großen Salzsee zu bekommen. Bislang sind sie regelmäßig am Widerstand der Bevölkerung und an der Regierung unter Präsident Morales gescheitert. Dieser gab bereits 2007 eine Pilotfabrik in Auftrag und erklärte per Dekret, dass der Industrialisierung der Ressourcen des Salars nationale Priorität eingeräumt werde.

Ziel des Präsidenten war es, die gesamte Wertschöpfungskette im Lande zu halten, also alle Prozesse und Produktionsschritte aus eigener Kraft zu bewältigen. Doch damit scheint das Land überfordert zu sein, denn Bolivien fehlt es an der erforderlichen Infrastruktur und am Knowhow. Außerdem erschwert die Beschaffenheit des Salzes die Gewinnung des Lithiums. Der Abbauprozess hier im Salar de Uyuni ist viel komplizierter als zum Beispiel im benachbarten Argentinien oder Chile. In diesen Ländern liegen die Salzseen in tieferen Lagen mit einem viel trockeneren Klima. Deswegen ist das dortige Lithium unter erheblich weniger Magnesium und Kalium gefangen. Zur Gewinnung müssen riesige künstliche Becken angelegt werden, in denen mit Hilfe komplexer chemischer Prozesse die Mineralmasse mindestens drei Monate in der Sonne verweilt. Übrig bleibt eine Flüssigkeit mit einem Lithiumanteil von gerade mal fünf Prozent. In einem aufwendigen Prozess wird dann das Lithium vom Magnesium getrennt. Je nachdem, wessen Zahlen man Glauben schenkt, schlägt bei der Lithiumproduktion ein Wasserverbrauch von bis zu zwei Millionen Litern pro gewonnene Tonne des Rohstoffs zu Buche. Das ist äußerst heikel, denn gerade

## DIE WEISSE SALZWÜSTE IN BOLIVIEN

in den ariden Regionen der Salzseen gibt es das für die Menschen und für die Natur so lebensnotwendige Wasser nicht gerade im Überfluss. Ziemlich sicher ist, dass der Abbau des Lithiums stattfinden wird, denn das Metall ist einfach zu begehrt. Wie groß der Einfluss der bolivianischen Regierung auf den Abbau am Ende sein wird, ist offen.

Mit der Beschaulichkeit und weitgehenden Unberührtheit, die ich 2011 vorfinde, wird es aber auf jeden Fall bald vorbei sein, denn Uyuni soll demnächst per Flugzeug erreichbar sein, um den zu erwartenden steigenden Besucherzahlen die lange, mühsame Anfahrt von La Paz zu ersparen. Das ist ärgerlich, denn gerade das Gefühl der Abgeschiedenheit macht für mich einen großen Teil des Reizes dieser Reise aus. Wieder einmal befinde ich mich in dem Wettlauf mit der Zeit, die nicht nur gegen mich, sondern gegen die Natur arbeitet. Und wieder einmal stehen globale Vernetzungen und Wechselwirkungen im Zentrum der Entwicklung, erkennbar an der immer hitziger geführten Debatte über die Vor- und Nachteile der Elektromobilität.

Nach meinem Besuch am Salar de Uyuni ist es nicht leicht, hier eindeutig Stellung zu beziehen. Angesichts der Folgen des Klimawandels bin ich zutiefst überzeugt, dass wir es schaffen müssen, uns so schnell wie möglich von der Nutzung fossiler Energieträger wie Öl, Kohle und Gas zu verabschieden. Die Verkehrswende ist dabei ein wichtiger Teil dieser notwendigen Entwicklung mit dem Ziel einer weitgehend emissionsfreien Welt. Innerhalb der Verkehrswende wiederum ist die Elektromobilität sicherlich die einfachste und direkteste Lösung, um die allgemeine und individuelle Mobilität der Menschen zu erhalten. Während Teile der Autoindustrie mit dem Beharren auf Verbrennungsmotoren und dem Bau immer größerer SUVs der Entwicklung trotzen, setzen andere auf die Brennstoffzelle, die mich jedoch nicht überzeugt. So bleibt etwa die starke Abhängigkeit des Autofahrers von Tankstellen und

## ANKUNFT IN ELDORADO

Lieferanten erhalten. Außerdem wird der für die Brennstoffzelle benötigte Wasserstoff mit Strom gewonnen. Für den Betrieb wird dann die drei- bis vierfache Energiemenge benötigt wie für einen Elektroantrieb. Ergo müssten wir viel mehr Windräder aufstellen, um unsere Mobilität zu erhalten. Das macht doch irgendwie keinen Sinn, wenn man den Strom direkt in Bewegung umsetzen kann. Es mag sein, dass die Wasserstofftechnik für energieintensive Bereiche sinnvoll ist. Für normale Pkws erschließt sich mir das nicht. Ein Großteil aller Autofahrten führt nur über kleine Strecken. Elektroautos sind viel einfacher konzipiert, sie sind viel weniger reparaturanfällig, und Strom ist einfach verfügbar, sofern er aus regenerativen Quellen stammt.

Gespeichert wird die Energie – zumindest derzeit – vor allem in Lithium-Ionen-Akkus, womit wir wieder beim Salar de Uyuni wären. Natürlich ist die Gewinnung von Lithium ein gravierender Eingriff in die Umwelt. Ich mag mir gar nicht vorstellen, wie es am Salar de Uyuini in einigen Jahren aussehen wird und wie es anderenorts in Chile, Australien und Argentinien heute bereits aussieht. Natürlich wird bei diesen Prozessen viel zu viel Wasser verschwendet, das anderenorts vielleicht bei der Ernte der zumeist indigenen Kleinbauern fehlt. Keine Frage, diese Eingriffe in die Natur sind negativ. Aber solange nicht sämtliche Menschen von heute auf morgen bereit sind, auf Mobilität, ihr Handy und ihren Computer zu verzichten, so lange gilt für mich immer noch der Grundsatz, dass wir uns an den Prozess halten sollten, der die wenigsten Probleme verursacht. Dazu ist es unbedingt erforderlich, das Gesamtbild im Auge zu behalten und die Frage nach möglichen Alternativen zu stellen. Auch sollten wir Folgendes bedenken: Egal, was wir tun, welchen Weg wir wählen, irgendeinen Preis bezahlen wir immer.

Würde man die Umweltfolgen von Benzin mit denen des Lithiums in einem direkten Vergleich darstellen, könnte man

## DIE WEISSE SALZWÜSTE IN BOLIVIEN

Letzteres in einem Diagramm kaum ablesen. Trotz aller Kritik ist mir die Verödung von ein paar Salzseen lieber als die Zerstörung der Lebenskreisläufe des ganzen Planeten. Diese sind nun einmal extrem vom Klima abhängig und werden von den fossilen Energieträgern aus dem Gleichgewicht gebracht. Hinzu kommt die Tatsache, dass die Entwicklung moderner Elektromobilität und der dazugehörigen Energiespeicher gerade erst begonnen hat. Lithium-Ionen-Akkus, davon bin ich überzeugt, werden in nicht allzu ferner Zukunft von neueren, besseren Alternativen verdrängt werden, etwa Kalium-Sauerstoff-Akkus. Eine mögliche Alternative ist auch eine drahtlose Energieübertragung mittels Induktion. Die Fahrzeuge bräuchten dann nur noch einen kleinen Pufferspeicher für wenige Kilometer. Versuchsstrecken zu dieser Technologie gab es bereits in den 1950er Jahren! Nicht zuletzt besteht eine wirklich nachhaltige, zukunftsfähige Verkehrswende zum großen Teil nicht aus dem gewohnten Individualverkehr. Vielmehr sind Konzepte gefragt, die unsere Mobilität erhalten, uns aber gleichzeitig von der Abhängigkeit vom Auto befreien. Modelle für diese Zukunft gibt es so viele, dass sie kaum noch überschaubar sind. Einzig relevant ist, dass es sie gibt, die Verkehrswende also machbar und gestaltbar ist.

Doch was hält die bereits eingeschlagene Entwicklung eigentlich auf? Natürlich ist die Politik gefragt, die entscheidenden Weichen zu stellen. Doch damit tut sie sich offensichtlich schwer. Ihre Nähe zur Automobilindustrie ist ja nicht zu übersehen. Deren Verhalten ist jedoch stark von Innovationsfeindlichkeit und dem Festhalten an konventioneller Technologie geprägt. Und natürlich ist auch der Konsument gefragt. Die Verkehrswende ist nicht die Aufgabe von Einzelnen.

Diese und ähnliche Gedanken mache ich mir immer, wenn ich irgendwo in der Welt unterwegs bin, eben weil man die globalen Verflechtungen nicht ignorieren kann. Der Salar de Uyuni hat nun

## ANKUNFT IN ELDORADO

einmal viel mit der Verkehrswende in Deutschland zu tun, auch wenn er sehr weit entfernt ist. Ich bin froh, als ich wieder bei meinen stummen Kameraden auf den Inseln ankomme, um meine Arbeit fortzusetzen. Nur zu gerne würde ich mich mit ihnen über ihre Zukunft unterhalten.

Inzwischen habe ich auch Bereiche des Sees entdeckt, die noch nicht vollständig ausgetrocknet sind. Eine wenige Zentimeter dicke Wasserschicht sorgt für Spiegelungen und bietet neue Motive. Auch der Vulkan Tunupa kommt so zu fotografischen Ehren. Das Wasser hat aber auch seine Tücken, besonders für unerfahrene Selbstfahrer wie mich. Zweimal bleibe ich im Laufe der Expedition mit dem Wagen stecken. Das passiert an jenen Stellen, die noch nicht vollends durchgetrocknet sind, aber bereits gehärtet erscheinen. Beide Male bin ich Dutzende Kilometer entfernt von Fahrrinnen, auf denen jemand hätte vorbeikommen können, um mir zu helfen. Natürlich keimt in solchen Situationen die Angst auf, auch wenn man Vergleichbares schon erlebt hat. Sofort denkt man an die Wasservorräte und die Nahrungsmittel, Gedankenspiele über mögliche Verletzungen oder Schlimmeres verdrängt man. Sonst ist man gelähmt. Nur mit großem zeitlichem und körperlichem Aufwand gelingt es mir, mich wieder zu befreien. Hinterher bin ich natürlich stolz, es geschafft zu haben, aber während ich festsitze, ist das alles andere als witzig. Das Salz selbst befindet sich in ständiger Veränderung. Unterirdische Wasseradern kreierten an der Oberfläche phantasievolle Salzaugen unterschiedlichster Größe.

Aber die Tücken des Salzsees sind nicht das einzige Problem. Seit Tagen gibt es nicht die Spur einer Wolke am Himmel. Fotografisch schränkt mich das sehr ein. Kaum schaut die Sonne am Morgen über den Horizont, hat sie nach wenigen Augenblicken schon eine solche Kraft, dass ich die Kamera praktisch wegpacken kann. Ich konzentriere mich von nun an auf das Dämmerlicht.

## DIE WEISSE SALZWÜSTE IN BOLIVIEN

Außerdem hat der Mond inzwischen eine gut zunehmende, sichtbare Masse, sodass die Aufnahmen in der Dunkelheit von Nacht zu Nacht besser werden. Nachts ist der Salzsee gespenstisch, da sich das Mondlicht ganz anders spiegelt als das Sonnenlicht. Die Schatten der Kakteen verschmelzen mit deren Stämmen, die Steine der Inseln wirken größer und bedrohlicher. Hinzu kommen ungewohnte Geräusche, die man nicht einordnen kann. Und dann wird es auch noch empfindlich kalt. Das Thermometer fällt auf minus neun Grad und zwingt mich in den Schlafsack. Keine Frage, der Winter ist nicht mehr weit. Im Schlafsack muss ich an die hier lebenden Menschen denken, zumal das Thermometer in einigen Wochen auf bis minus zwanzig Grad fallen wird.

Die langen Wartezeiten während des Tages verbringe ich mit Lesen oder Schlafen. Inzwischen kenne ich jede Ecke in der Region um die Inseln. Eingehüllt in zahlreiche Kleidungsschichten, werden meine Wanderungen in der Nacht zunehmend länger, sodass ich über den Ausgleich tagsüber ganz dankbar bin. Man darf nicht vergessen, dass ich mich hier auf knapp 4 000 Metern Höhe befinde. Da ist man auch nach der Akklimatisierungsphase in allem, was man tut, etwas langsamer. Im Schein des Mondes erscheinen die Kakteen nochmals in ganz anderer Art und Weise auf dem Kamerachip. Ob im Gegenlicht oder direkt angestrahlt, es entstehen außergewöhnliche, spannende Stimmungen. Als der Mond seinen vollen Umfang fast erreicht hat, ist die Lichtmenge ausreichend, um die dunklen Inseln sichtbar zu machen, ohne die helle Fläche des Salzsees zu überstrahlen. Über allem thront majestätisch das Sternenzelt, das hier dieser bekannten Metapher auch tatsächlich gerecht wird. Es sind unvergessliche Touren hier draußen im kalten Nichts. Außer mir ist jetzt niemand mehr unterwegs. Meine Einsamkeit wird in jeder Nacht noch einmal gesteigert.

Die letzte Nacht verbringe ich, praktisch schon auf dem Rückweg, irgendwo auf dem großen See, auf halber Strecke nach Colchani. Noch etwas verschlafen, fahre ich dann direkt nach dem Aufwachen früh morgens weiter, um später in Uyuni zu frühstücken. Schon nach ein paar Minuten nehme ich rechts neben mir Bewegungen wahr. Ich will meinen Augen erst nicht recht trauen, aber dann realisiere ich, dass es sich dabei um eine Gruppe Flamingos handelt, die hier auf dem Altiplano leben. Sie kreuzen praktisch meinen Weg und fliegen in wechselnder Formation knapp über der Salzfläche. Ohne groß nachzudenken, ändere ich die Fahrtrichtung und fahre parallel neben ihnen her, immer darauf achtend, dasselbe Tempo wie die Tiere zu halten. Bei einer Geschwindigkeit von ungefähr 80 Stundenkilometern gebe ich mit dem linken Fuß Gas und lenke mit dem rechten Oberschenkel. Ich brauche beide Hände, um meine Kamera mit dem langen 200- bis 400-mm-Objektiv halten zu können. Zuvor habe ich noch das gegenüberliegende Seitenfenster nach unten gekurbelt. Durch meinen Körper schießt eine ordentliche Dosis Adrenalin. Es ist einer der schönsten Augenblicke der ganzen Reise. Minutenlang besteht die Welt nur noch aus den Tieren und mir. Hunderte Male drücke ich den Auslöser, wohl wissend, dass diese skurrile Situation wohl ein einmaliges Erlebnis bleiben wird. Erst in einem Bereich, der noch unter Wasser steht, stoppen mich die physikalischen Gesetze, und ich darf den Vögeln dabei zusehen, wie sie am Horizont verschwinden.

# AUF SAFARI IM ÖSTLICHEN AFRIKA

– 15 –

## Auf Safari im östlichen Afrika

Wenn das Wort Serengeti fällt, hat man sofort Filmbilder im Kopf. Sie stammen aus dem Film »Serengeti darf nicht sterben« von Bernhard Grzimek. Zusammen mit seinem Sohn Michael hat der Zoologe über Monate vom Flugzeug aus die Tiere in Tansania beobachtet und gefilmt. Diesen beiden Visionären haben wir es zu verdanken, dass man damals die für die Herden relevanten Regionen erkannt und unter Schutz gestellt hat. Professor Grzimek hat für dieses Werk den wohl höchsten Preis bezahlt, den ein Vater bezahlen kann: Sein Sohn starb beim Absturz eben jenes Flugzeugs, mit dem die beiden der Welt ein so großes Geschenk gemacht haben. Der Film wurde 1960 mit dem Oscar für den besten Dokumentarfilm ausgezeichnet.

Der Film hat einen heimlichen Hauptdarsteller: das afrikanische Grasland. Und genau dort, im Norden Tansanias, bin ich unterwegs. Die Hauptstadt der Region ist Arusha, das in beiden Filmen Erwähnung findet. Es ist schön zu sehen, dass die Straßenmärkte immer noch den Handel dominieren und die Menschen ihre Produkte direkt verkaufen können. Für die vor uns liegende Safari haben mein Freund Rolf Reinstrom und ich einen Jeep mit Fahrer gebucht, so wie es in diesem Teil der Welt üblich ist. Zur Gruppe gehört auch ein Koch, der uns vor dem Verhungern bewahren soll und der auf das Camp aufpasst, wenn wir von früh bis spät auf Fotopirsch sein werden.

Nachdem wir uns mit Lebensmitteln versorgt haben, fahren wir auf der Hauptstraße nach Süden, dem afrikanischen Grabenbruch

## ANKUNFT IN ELDORADO

entgegen. Irgendwann verlassen wir sie und folgen einer Schotterpiste, die parallel zu dem Tausende von Kilometern langen Bergzug verläuft. Die Savanne ist weitgehend ausgetrocknet. Bedenkt man, dass wir uns am Ende der großen Regenzeit befinden, so hat es zumindest hier in diesem Jahr nicht übermäßig viel geregnet. Immer wieder passieren wir kleine Siedlungen, die vom hier lebenden Volksstamm der Massai bewohnt werden. Die Massai sind halbnomadische Viehzüchter. Sie teilen sich das Land im Norden Tansanias und im Süden Kenias seit jeher mit den hier lebenden wilden Tierherden. Auch heute noch wohnen viele Massai innerhalb ihrer traditionellen Bomas. Das sind mit Lehm und getrocknetem Kuhdung verputzte Hütten, die von einem kreisförmigen Wall aus Zweigen umgeben sind. Dieser schützt die Menschen und ihre Haustiere vor den durch die Savanne ziehenden Raubtieren. Für einen großen Teil dieses Volksstammes haben sich die Tagesabläufe seit Jahrhunderten kaum verändert. Dies ist wohl auch einer der Gründe, weshalb diese Region bis heute ihren ursprünglichen Charakter behalten konnte. Denn im Alltag dieser Menschen gibt es weder Strommasten noch geteerte Straßen.

Wir fahren durch ausgetrocknete Flussbetten, überqueren Geröllfelder und passieren offene Graslandschaften. Links und rechts erheben sich immer wieder größere und kleinere Krater, denn wir sind in einer vulkanisch aktiven Zone unterwegs. Was mich so sehr an dieser Landschaft fasziniert, ist ihre unendliche Weite. Dort, wo sich die Savanne in Form sanfter Hügel vor dem Auge des Betrachters aufbaut, scheint der Horizont in weite Ferne gerückt zu sein. Gegen Abend ragt ein Vulkan über 1 500 Meter vor uns in die Höhe. Als perfekt symmetrischer Konus steht der Oldoinyo Lengai, der heilige Berg der Massai, zwischen Grabenbruch und den Ufern des Natronsees, dem Ziel unserer ersten Etappe. Hier wollen wir in den folgenden Tagen auf einem von den Massai betriebenen Campingplatz nächtigen, um den See und den Berg in Ruhe erkun-

## AUF SAFARI IM ÖSTLICHEN AFRIKA

den zu können. Unsere Zelte stehen unter ausladenden, schattenspendenden Bäumen, die von zahlreichen Webervögeln bewohnt werden. Ihre Nester bauen sie in Form hängender Kugeln unter die Äste. Unser Koch James, ein echter Magier, serviert uns im weichen Licht des Sonnenuntergangs ein wunderbares Abendessen. Die Grillen zirpen, die Vögel zwitschern, was will man mehr? In solchen Momenten muss man das Campen einfach lieben.

Am nächsten Tag stehe ich bis fast zu den Knien im warmen Wasser des Natronsees, weicher Schlick umschmeichelt meine Füße. Bis zu zweieinhalb Millionen Zwergflamingos haben hier an diesem stark alkalischen Gewässer ihren Brutplatz. Auch wenn ich gar nicht in der Lage bin, diese pure Masse an Leben zu überschauen, so sind die Abläufe innerhalb meines Blickfeldes schon atemberaubend genug. Noch vor Anbruch des Tages haben Rolf und ich uns aufgemacht, in den an vielen Stellen extrem flachen See hineinzulaufen. Der Schlick ist furchtbar glitschig, sodass ich mein Stativ zu Hilfe nehmen muss, um nicht immer wieder auszurutschen. Eingehüllt in das weiche Licht des anbrechenden Tages, weiß ich manchmal gar nicht, in welche Richtung ich meine Kamera zuerst schwenken soll, so vielseitig sind die Motive. Immer wieder erheben sich wie auf Kommando Tausende rosa gefärbter Flamingos und bilden in der Luft eine Wand aus Federn. Vor der Kulisse des am Horizont aufragenden Oldoinyo Lengais und der Abbruchkante des afrikanischen Grabenbruchs ziehen sie dann über den Himmel, um sich an einer anderen Stelle des großen Sees wieder niederzulassen. Auch andere Vogelarten finden in Form von Milliarden kleinster Salinenkrebse ausreichend Nahrung im brackigen, abflusslosen Wasser dieses Naturwunders. Ich beobachte eine große Gruppe Pelikane, wie sie etwas abseits der Flamingos nahe einer Seegraswiese steht. Als sich diese majestätischen Tiere mit ihren ausladenden Schnäbeln zu bewegen beginnen, scheinen sie zunächst etwas unbeholfen zu sein. Sobald sie sich jedoch in der Luft befinden, gleiten auch diese Vögel elegant über den Himmel.

Schon bei einer ersten Reise, die ich vor vielen Jahren als junger Bursche in dieser Region unternehmen durfte, war der Besuch des Sees ein absoluter Höhepunkt für mich, und zwar emotionaler wie auch fotografischer Art. Daran hat sich nichts geändert, im Gegenteil. Vielleicht bin ich inzwischen sogar noch einen Tick demütiger geworden, weil ich immer noch das Glück habe, diese Art von Eindrücken innerhalb meines Berufes erleben zu dürfen. Was sich im Vergleich zu meinen früheren Touren sehr verändert hat, ist meine Wahrnehmung der Realität. Ich werde mittlerweile durch Greenpeace und andere Organisationen sehr zuverlässig mit Nachrichten zu ökologischen Themen versorgt. Das hilft mir, meine Erlebnisse beim Fotografieren besser bewerten zu können.

Graslandschaften fristen in der gesellschaftlichen Diskussion eher ein Nischendasein. Natürlich ist es wichtig, dass die Abholzung der Wälder Aufmerksamkeit erhält, aber das wäre bei den Ökosystemen aus Gras auch nicht verkehrt. Steppe, Savanne und Tundra sind von einem bestimmten Klima abhängig, alle drei sind in ihrer Existenz bedroht. Am prominentesten sind wohl die Savannen, das tropische Pendant zur Steppe. Dort ist es immer sehr warm, und große Tierherden locken Safaritouristen aus aller Welt an. Doch die Zeiten der Großwildjagd, bei der noch Ende des 19. Jahrhunderts auf einer einzigen Pirsch bis zu hundert Löwen geschossen wurden, sind lange vorbei. Gerade auch in Afrika stehen praktisch alle Großtierarten kurz vor der Ausrottung, wenn nicht aktiv auf vielen Ebenen gegengesteuert wird.

Als wir unsere Reise über eine Piste in Richtung des Nordeingangs zur Serengeti fortsetzen, erreichen wir natürlich auch die Hochebene des Grabenbruchs. Der Blick fällt zurück auf eine bis zum Horizont reichende Wasserfläche, die so vielen Lebensformen Heimat und Nahrung bietet. Ich erschaudere bei dem Gedanken, dass für den

## AUF SAFARI IM ÖSTLICHEN AFRIKA

See Pläne zum Bau einer riesigen Industrieanlage existieren, welche die hier vorhandene Sodaasche abbauen soll. Die Initiatoren behaupten, dass diese Eingriffe keine großen Auswirkungen auf die Tierwelt haben werden. Sie weisen darauf hin, dass auch an anderen Seen in Ostafrika Flamingos und Industrie Seite an Seite existieren. Unterschlagen wird dabei die Tatsache, dass die Flamingos zwar je nach Jahreszeit zwischen diesen Seen hin und her wechseln, sie aber nur ein einziges Brutgebiet haben, nämlich den Natronsee. Diese Industrieansiedlung würde nicht nur eines der letzten wirklich wilden Flecken Ostafrikas seiner Ursprünglichkeit berauben, sie wäre auch der Mitauslöser für ein weiteres großes Verbrechen an Natur, Tieren und den hier lebenden Menschen. Um den steigenden Warenfluss aus Nordtansania schneller zu den Häfen des Victoriasees transportieren zu können, plant die Regierung des Landes eine geteerte Straße von Arusha vorbei am Natronsee, quer durch die Serengeti, den sogenannten Serengeti-Highway.

Noch existiert hier nur eine Schotterpiste, die direkt zwischen See und Grabenbruch entlangführt. Der Weg ist so holprig, dass man an manchen Stellen fast schneller zu Fuß wäre als mit dem Wagen. Dies macht einen Großteil des Reizes aus, hier mit dem Jeep unterwegs zu sein. Eine Piste dieser Art stört vor allem die hier lebende Tierwelt nicht. Doch genau dieser Weg soll geteert werden, damit große Trucks die dann hier abgebaute Sodaasche abtransportieren können. Dazu kommt noch die fortschreitende Waldzerstörung durch den steigenden Siedlungsdruck in der Mau-Bergregion auf kenianischer Seite. Diese ist das Quellgebiet zahlreicher Flüsse, die neben der Serengeti auch den Natronsee mit Wasser versorgen. Durch die Rodung des Mau-Waldes kommt es in Kenia zu immer längeren Dürreperioden. Die kühle Luft, die aus dem Wald aufsteigt, prallt normalerweise mit den warmen Luftmassen zusammen, die vom Victoriasee in die Region strömen. Dadurch entstehen regelmäßig Regenfälle. Die radikale

## ANKUNFT IN ELDORADO

Abholzung führt zu weniger Bäumen, weniger kühler Luft und dadurch zu insgesamt weniger Regen. Der Wald hat heute bereits ein Drittel seines ursprünglichen Baumbestandes verloren. Warum vergessen wir Menschen immer, dass die Natur in Kreisläufen funktioniert? Ein gefällter Baum in einem weit entfernten Wald kann auf lange Sicht einem Flamingojungen die Lebensgrundlage entziehen.

Als wir den Natronsee endgültig im Rückspiegel des Jeeps aus den Augen verlieren, geht mir ein letzter Gedanke zu diesem Thema durch den Kopf. Wird mein damals sechsjähriger Sohn Leo in weiteren 15 Jahren auch noch in der Lage sein, dieses Wunder der Natur in seiner ganzen Ursprünglichkeit zu bestaunen? Vieles spricht, zumindest zum damaligen Zeitpunkt, dagegen. Manchmal scheint es besser, nicht zu viel nachzudenken.

Eines der schönsten Naturerlebnisse auf unserer Erde dreht die gewohnten Verhältnisse um, indem der Mensch in eine Art Käfig verbannt wird und die Tiere frei umherziehen können. Die große Savanne, die in Form der Serengeti und des Masai-Mara-Nationalparks vor dem Einfluss unserer Spezies geschützt wird, lässt sich nur aus dem Auto heraus erkunden. Alle Gäste bekommen genaue Regeln auferlegt, und das ist auch gut so. Selbst in Afrika und erst recht nicht in der übrigen Welt gibt es kaum noch vergleichbare Regionen. Das Ökosystem Savanne wird heutzutage fast vollständig von uns Menschen zum Ackerbau und zur Viehzucht genutzt. An Orten, wo beides nicht betrieben wird, sind oft die Tiere stark dezimiert oder ausgerottet. Die Bedeutung dieser Schutzgebiete kann gar nicht hoch genug eingeschätzt werden.

Hier im nördlichen Tansania und im südlichen Kenia haben die großen Herdentiere wie Gnus und Zebras noch die Möglichkeit, ihren Instinkten zu folgen und über offene Ebenen zu ziehen, die nicht von Zäunen oder Straßen zerschnitten sind. Es gibt nur zwei Jahreszeiten, nämlich Trockenzeit und Regenzeit. Die große Tierwanderung, auch Migration genannt, findet immer zu den Gebieten statt, in denen das Gras der Savanne grün und saftig ist. Die Tiere folgen den Regenfällen kreisförmig innerhalb der Grenzen des heutigen Schutzgebietes und wiederholen diesen Zyklus Jahr für Jahr.

Wir erreichen die Serengeti von Norden her. Hier oben sind die Tiere augenscheinlich noch nicht angekommen, denn das Gras steht an manchen Stellen bis zu einem Meter hoch. Es sieht herrlich aus, wie sich die Halme sanft im Wind bewegen und der Blick weit in die Ferne reicht. Trotz der Begrenzung des Sichtfeldes im Jeep überkommt mich beim Anblick der Graslandschaft ein schwer zu beschreibendes Freiheitsgefühl. Immer wieder entdecken wir Giraffen, die bei Akazien und Büschen stehen. Antilopen, Elefanten, Perlhühner, Wildschweine und unzählige Vögel machen die Fahrt zu einer aufregenden Entdeckungstour. Nach einigen Stunden Fahrzeit haben wir das Zentrum des Schutzgebietes erreicht. Hier durchziehen einige größere Flüsse das Ökosystem, Lebensadern, deren Wasser Tiere anlockt. Um diese Jahreszeit, es ist Mitte Juni, werden die ersten Herden der großen Wanderung erwartet. In den kommenden Tagen schlagen wir unser Lager auf einem Campingplatz auf. Wenn wir abends müde, aber glücklich von der Fotopirsch zurückkehren, empfängt uns James mit einem fürstlichen Essen. Meine Kraft reicht dann in der Regel gerade noch aus, um die im Laufe des Tages gemachten Bilder am Laptop zu sortieren, bevor ich mich ins Reich der Träume verabschiede.

Besonders hier im Herzen der Serengeti erlaubt ein Netz aus ungeteerten Wegen den Besuchern, die Tiere bei ihrer Suche nach Nahrung und ihrem alltäglichen Kampf ums Überleben zu beobachten. Die Tage, an denen sich mächtige Quellwolken über dem Grasland auftürmen, sind mir die liebsten. Diese Wolken sind wesentliche Elemente im Bildaufbau, da die flache Savanne keine Erhebungen zu bieten hat. Es sind beeindruckende Bilder, wenn in den Ebenen Tausende Tiere grasen und die Wolken über ihnen

## ANKUNFT IN ELDORADO

thronen. Das Verlassen der Wege ist strengstens untersagt. Das ist auch wichtig, denn hierher kommen eigentlich zu viele Besucher. Sie halten das Schutzgebiet mit ihren Eintrittsgeldern am Leben, aber es wäre katastrophal, wenn jeder herumkurven könnte, wie er wollte. Ganz abgesehen von den armen Tieren, die dann gar keine Ruhe mehr hätten. Besonders die Raubtiere sind sowieso schon leidgeprüft. Immer wenn ein Fahrer eine Gruppe Löwen im Gras sitzen oder einen Leoparden im Baum liegen sieht, verbreitet sich diese Nachricht wie ein Lauffeuer. Die Jeeps sind untereinander mit Mobilfunk verbunden, und die Fahrer tauschen die Informationen über die besten Foto-Spots aus. So kommt es vor, dass sich um ein Gepardenpärchen, das sich während der Mittagshitze in einem Gebüsch niedergelassen hat, bis zu zwei Dutzend Jeeps und Kleinbusse drängen. Das Verhalten der Insassen dieser Blechkisten zeugt nicht immer von Respekt gegenüber den Tieren.

An manchen Tagen kreuzen wir die Stelle, an der der Serengeti-Highway gebaut werden soll. In diesem Zusammenhang lohnt sich ein Blick auf die reguläre kenianische Verkehrsstatistik, die erkennen lässt, wie häufig es auf den Straßen außerhalb der Schutzgebiete zu Zusammenstößen zwischen Tieren und Autos kommt. Es ist ein absoluter Albtraum, sich vorzustellen, was passieren würde, wenn hier zwischen den Hunderttausenden Gnus und Zebras Lastwagen entlangrasen könnten. Ein unerträglicher Gedanke. Natürlich brach nach Bekanntgabe der Baupläne ein Sturm der Entrüstung los. Immerhin ist die Serengeti das bekannteste Schutzgebiet der Erde. Irgendwann berichtete dann sogar unsere Tagesschau, dass die Straße nicht gebaut und es eine südliche Umfahrung geben würde. Doch das stimmt leider nicht, die Angelegenheit ist noch lange nicht vom Tisch. Solange es Pläne gibt, am Natronsee Sodaasche abzubauen, so lange bleibt die Straße eine Gefahr. Denn das eine funktioniert nicht ohne das andere. Längst haben chinesische Baufirmen westlich der Serengeti begonnen, Pisten zu planieren.

Nicht oft präsentiert sich das perfekte Gewitter in solch imposanter Kulisse wie hier im Canyonlands-Nationalpark, im Südwesten der USA.

Ein Sehnsuchtsziel vieler Fotografen: der Mono Lake in der Wüste Kaliforniens mit perfekter Spiegelung am frühen Morgen.

Dieser etwa einjährige Gorilla wurde in Kamerun vor den Fängen der Wilderer gerettet und in einem eingezäunten Waldgebiet auf die Rückkehr in die Wildnis vorbereitet.

Andere Länder, andere Sitten. Schlange zum Abendessen. Wir haben nicht gekostet.

Die indigenen Baka leben von und mit den Wäldern, ohne sie zu zerstören.

In Jahrhunderten gewachsen. Gefällt in zwei Stunden. Oftmals genutzt als Toilettenpapier.

Selbst in Schutzgebieten haben die Tiere kaum noch Rückzugsmöglichkeiten. Wilderer dringen überall vor.

Mit dem Bau von Straßen in bisher unberührte Waldgebiete beginnt ein trauriger Kreislauf der Zerstörung.

Die Hände von zwei sehr nahen Verwandten. Warum tötet der eine den anderen?

Pech im Regenwald. Ein Körper voller Stiche, nach der Begegnung mit einem Wespenschwarm. Vier Tage Kopfweh in der Hitze der Tropen.

Neue Rodungsfläche im Amazonas-Gebiet, nahe der brasilianischen Stadt Santarém.

Das Greenpeace-Schiff Arctic Sunrise fährt auf dem großen Amazonas-Fluss in Richtung Manaus, der Millionenstadt im Regenwald.

Greenpeace-Campaigner blockieren eine illegale Soja-Verladestation im Hafen der Stadt Santarém an den Ufern des Amazonas-Flusses.

Über 2000 Kleinbauern und Indigene demonstrieren zusammen mit Greenpeace gegen die immer weiter um sich greifende Zerstörung des Amazonas-Regenwaldes.

Das Greenpeace-Schiff Arctic Sunrise wird nach der Blockade von der Bundespolizei übernommen und die Campaigner kurzzeitig festgenommen.

Mich hat bei der Aktion eine Feuerwerksrakete an der Schulter getroffen, die von den Unterstützern der Sojafarmer abgeschossen wurde. Ich war leichtsinnig.

Zusammen mit Gold-
suchern schippern wir
den Rio Cauaburi hinauf,
in bis dahin unzerstörte
Waldgebiete in Grenznähe
zu Venezuela.

In den Höhenlagen tropischer Regionen
fühle ich mich immer wieder in ein anderes
Zeitalter versetzt und wäre nicht überrascht,
wenn Dinosaurier um die Ecke kämen. Sie
kamen leider nicht.

Traurige Realität
an vielen Orten im
Amazonas-Gebiet.
Rinder weiden auf
kargen Flächen,
die einst artenreicher
Tropenwald waren.

Ein junger Indigener aus der Gruppe der Enawene-Nawe in traditioneller Tracht, während eines Tanzrituals.

Wir Menschen sind gnadenlos. Wir vernichten Millionen Hektar Tropenwald, um unseren ständig steigenden Hunger nach Fleisch zu befriedigen.

Gibt es für diesen indigenen Jungen Hoffnung auf eine Zukunft in Würde, nachdem sein Land von Sojafarmern abgebrannt wurde?

Früh morgens, wenn der Tag anbricht, sammeln sich die Männer um das wärmende Feuer und warten auf das Ritual, das die bösen Geister vom Dorf fernhalten soll.

Wunderbare Karstformationen ragen im Gunung-Mulu-Nationalpark aus dem Regenwald. Sie sind das Ergebnis von sehr langen Erosionsprozessen.

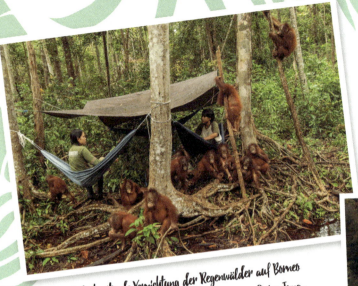

Durch die fortschreitende Vernichtung der Regenwälder auf Borneo verlieren immer mehr Orang-Utans ihren Lebensraum. Einige Jungtiere haben Glück im Unglück und werden in Auffangstationen der Organisation BOS versorgt.

Der Ortsvorsteher von Simbulu schildert uns, welches Unglück die Palmölplantagen der großen Konzerne über das Dorf und seine Bewohner gebracht haben.

Als billiger Rohstoff in unzähligen Produkten unseres täglichen Lebens heißbegehrt, zerstört der Anbau der Ölpalme endlose Flächen artenreichen Regenwaldes und beschleunigt die Klimakatastrophe.

Bei den Plitvicer Seen in Kroatien fällt das Wasser in Kaskaden über die Kanten des Karstgesteins und sammelt sich in Becken. Eine Augenweide, besonders in den Herbstwochen.

Im Corkova-Uvala-Urwald lassen sich mit ein bisschen Phantasie Geister in so manchem Baum erahnen. Ich liebe es, durch alte Wälder zu streifen.

Diese Tarnkleidung habe ich benutzt, um Wisente im Osten Polens zu fotografieren. Einen echten Vorteil hatte ich dadurch nicht, aber das Erinnerungsfoto versprüht einen gewissen Charme.

Auf alten Forststraßen fahre ich durch den Białowieża-Wald, um nach Wintermotiven Ausschau zu halten. Das Fahrrad ist dazu gut geeignet, sofern nicht allzu viel Schnee liegt.

Das Höllbachgspreng im Nationalpark Bayerischer Wald ist für mich eines der schönsten Kleinode, welches als intakte Natur in Deutschland erhalten ist.

In den Wäldern Brandenburgs hatte ich das große Vergnügen, einen Tag lang in einem Fotoversteck zu sitzen und ein Pärchen Kraniche bei der Brut zu beobachten.

Bis zum Beitritt zur Europäischen Union beherbergte Rumänien große Flächen wunderbarer Urwälder. Seither werden diese, zum großen Teil illegal, dem schnellen Gewinn geopfert.

Ganz rechts in der Gruppe unermüdlicher Umweltaktivisten läuft mein Freund Achim Gresser über 2000 Kilometer von Konstanz zur Klimakonferenz nach Kopenhagen. Sein Engagement war mir schon immer Vorbild und hat dazu geführt, dass wir zusammen einige Jahre später AMAP gründen werden, um in Brasilien neuen Regenwald zu schaffen.

Durch die weiße Wüste Ägyptens bei Mondlicht zu streifen, ist phantastisch. Wer auch die fragile Schönheit des Wüstenbodens wahrnimmt, achtet genau darauf, wohin er seine Schritte lenkt.

Das ist mein Lieblingsselbstporträt. Ich habe meine Zweitkamera auf ein Stativ gestellt und mich in der unwirklichen Weite des Uyuni-Salzsees positioniert. Eine minimale Wasserschicht ermöglicht die schöne Spiegelung.

Die Herrscher von Uyuni sind die meterhohen Säulenkakteen, welche auf den Inseln thronen, die sich aus der ansonsten brettflachen Salzpfanne erheben.

Bei diesem Bild stehe ich auf einem dringend benötigten Rohstoff für die Energiewende, Lithium, das momentan noch in Batterien verbaut wird.

Der Eisverlust in Grönland hat sich seit den 80er Jahren mehr als versechsfacht.

Für das Projekt Naturwunder Erde habe ich meine Scheu vor tiefen Wassern überwunden und mich ganz der unglaublichen Vielfalt des Lebens in den Ozeanen hingegeben.

Wird es wirklich soweit kommen, dass die Menschen in nicht allzu vielen Generationen kaum noch Gletscher bestaunen können und somit einen Großteil des in ihnen gespeicherten Trinkwassers verlieren werden?

Pelikane am Natronsee in Tansania.

Die Besteigung des Ol Doinyo Lengai, dem heiligen Berg der Massai, ist anstrengend, aber lohnenswert. An manchen Stellen treten Rauchwolken aus dem Erdreich und zeugen von Aktivitäten innerhalb des Vulkans.

Der Blick vom Götterberg auf die Savanne ist beeindruckend. Eine Region, die bisher vom Straßenbau verschont blieb. Wenn die Vernunft über die Gier obsiegt, wird das auch in Zukunft so bleiben.

Der indigenen Bevölkerung, hier die Massai, ist es auch in Schutzgebieten wie dem Ngorongoro-Krater gestattet, ihre Tiere zu weiden und Feuerholz zu sammeln.

In solchen Momenten überkommt mich große Dankbarkeit, dass es mir vergönnt war, zu reisen. Ich habe die Schönheit unseres Planeten mit allen Sinnen spüren dürfen und kann dies auch weiterhin tun.

Ich fotografiere Menschen nie ohne ihr vorheriges Einverständnis. Oftmals reicht ein freundlicher Gesichtsausdruck als Erwiderung. Die Botschaft hinter einem Lächeln ist kaum misszuverstehen.

Natürlich gehört zu jedem Selbstporträt ein gewisses Maß an Eitelkeit. Keiner will sich unvorteilhaft auf Bildern sehen. Bei dieser Statue, die irgendwo in den Weiten der mongolischen Steppe stand, konnte ich nicht widerstehen.

Die Nacht im Schlafsack, auf den Dünen am Rande der Wüste Gobi in der Mongolei, belohnte mich mit tollen Lichtstimmungen. Der Sand, den mir unablässige Windböen in Mund und Nase geblasen haben, bleibt auch unvergessen.

Der gemäßigte Regenwald auf der Insel Tasmanien ist ein mit Moosen überzogener Traum eines jeden Natur- und Waldfreundes.

Schon am allerersten Tag war ich wie verzaubert von diesem Ort. Die Fazenda Almada, eine Kakaofarm an der brasilianischen Atlantikküste. Irgendwie schien hier alles wie aus der Zeit gefallen.

Direkt am Rande des Kakaowaldes liegt das fast zweihundert Jahre alte Haupthaus der Fazenda Almada. Nach einer kompletten Renovierung bieten wir es heute naturverbundenen Besuchern als Gästehaus an. Dadurch kann die Farm auch in schlechten Zeiten alle Mitarbeiter bezahlen.

Zusammen mit meiner Frau Juliana versuchen wir alle Abläufe im Farmbetrieb so nachhaltig wie möglich zu gestalten. Die Pflanzen auf unserem Gebiet haben seit vielen Jahren keinen Spritzer Giftstoffe mehr abbekommen.

Ein Geschenk der Götter. Kakao versüßt uns nicht nur das Leben, seine Frucht sieht auch wunderschön aus. Naturnah angebaut sind Kakaowälder auch Orte der Artenvielfalt.

Damit sie ihre Familien versorgen können, sind nicht nur die Arbeiter der Almada-Farm auf ein stabiles Weltklima, sprich ausreichend Regenfälle angewiesen. Millionen Kleinbauern überall auf der Welt verlieren ihre Lebensgrundlage, wenn das wertvolle Nass ausbleibt.

Die Hoffnung der stolzen Eltern liegt darin, dass die Menschheit doch noch aus dem Dornröschenschlaf erwacht und aktiv gegen die Erderwärmung vorgeht. Dann kann Tochter Annabelle mit der Farm auch noch in 50 Jahren der Menschheit zum Schokoladengenuss verhelfen.

Viele Hirten der Himba leben auch heute noch nomadisch mit ihren Rindern und Ziegen in den Weiten des Kakaofeldes im Norden Namibias. Doch ausbleibende Regenfälle machen es ihnen zunehmend schwerer, sich und ihre Tiere durch die Trockenzeiten zu bekommen.

Die San sind Meister des Überlebens in einer für viele Menschen sehr lebensfeindlichen Umgebung. Doch Ausbeutung ihres Lebensraumes und Diskriminierung machen es diesen friedliebenden Menschen sehr schwer, ihren Platz in der Gesellschaft zu finden.

Ich habe die San schon vor vielen Jahren als junger Mann besuchen dürfen und war auch damals von ihrer Idee der »egalitären Gesellschaft« angetan. Darin haben alle Beteiligten gleiche Rechte und keiner stellt sich über den anderen.

Immer wieder ein Highlight meiner Arbeit. Das Übernachten unter freiem Himmel. Hier haben wir einen Berg im Norden Botswanas bestiegen, um am nächsten Morgen den Sonnenaufgang zu erleben.

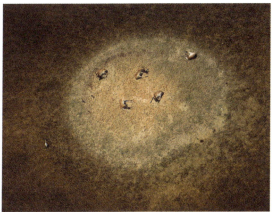

In weiten Teilen des südlichen Afrikas herrscht eher Mangel an Regenfällen. Im Okavango-Delta überschwemmt der gleichnamige Fluss nach der Regenzeit jedoch weite Regionen. Deshalb ziehen sich die zahlreichen Tiere öfters auf höhere Bereiche zurück.

Wenn ich auf Reisen bin, bearbeite ich meine Fotos gerne noch am selben Tag, an dem ich sie erstellt habe. So bekomme ich einen Eindruck von deren Qualität. Hier sitze ich in einer Höhle in den äthiopischen Bale-Bergen.

Die Karo, die sich gerne mit Blumen schmücken, gehören zu den vielen unterschiedlichen indigenen Gruppen des Omo-Tales. Ihr Land ist inzwischen von großen Baumwollfeldern ausländischer Konzerne umgeben.

Die Mursi leben heute fast ausschließlich vom Tourismus. Traditionelle Lebensweisen werden wegen industrieller Großprojekte und einem sich wandelnden Klima immer weiter verdrängt.

Wenn Nichtindigene in den Amazonas ziehen, bringen sie in der Regel etwas mit, was nicht in diese Waldregion gehört. Das führt dann dazu, dass die Bäume mehr und mehr verschwinden.

Egal wo ich auf der Welt fotografiert habe, besonders die Kinder sind immer neugierig darauf, was für Bilder auf dem kleinen Monitor der Kamera erscheinen.

Millionen Rinder grasen dort, wo eigentlich der artenreichste Landlebensraum der Erde stehen sollte.

Die Indigenen sind direkt von der Zerstörung betroffen. Hier habe ich junge Männer der Munduruku fotografiert, die sich gegen ein großes Staudammprojekt zur Wehr setzen, das ihre Heimat überfluten würde.

Viele unterschiedliche Interessen setzen dem Ökosystem Amazonas zu. Hier habe ich eine Familie besucht, die auf ihrer Parzelle nach Diamanten schürft. Zurück bleibt danach totes Land.

Die indigenen Guajajára haben oft nicht viel mehr als ihre bloßen Hände, um die massiven Feuer einzudämmen, die ihr Land mehr und mehr zerstören.

Immer mehr Feuer brennen in den Randbereichen des Amazonas. Ausbleibende Regenfälle und Brandrodung sind gefährliche Partner.

Das ist leider kein Nebel, der in der Morgensonne über die Landschaft zieht, sondern Rauch von glimmenden Brandnestern, die sich immer weiter in die Vegetation fressen.

Was bleibt, ist totes Land und Asche. Es wird sehr lange dauern, bis hier das Leben wieder in Vielfalt erblüht.

Ich hatte die Ehre, die Hüter der Wälder begleiten zu dürfen. Das ist eine Gruppe Guajajára, die in Robin-Hood-Manier gegen illegale Holzfäller kämpft. Drei von ihnen sind seit meinem Besuch bei ihnen von Killerkommandos weißer Farmer erschossen worden.

Morgennebel liegt über dem Cabruca, Brasiliens Kakaowald an der Atlantikküste. Die ersten Sonnenstrahlen verleihen dem Regenwald einen goldenen Glanz.

Ein Bub von der Gruppe der Mehinaku. Er lebt mit seinen Leuten in Mato Grosso. Ihr Land ist inzwischen komplett von Sojafeldern umgeben.

Bila ist der Teamleiter für den Bereich Goldkopflöwenäffchen bei unserer Organisation AMAP. Er erforscht das Verhalten der Tiere seit vielen Jahren. Dank seiner Erkenntnisse kann man den Tieren heute gezielt helfen.

Diese Begegnung mit dem Äffchen hatte ich Auge in Auge direkt auf dem Waldboden. Nach einem Augenblick war der kleine Kerl wieder weg. Man sieht sehr schön, warum die Tiere Löwenäffchen genannt werden.

Der Weg zu den Aufforstungsflächen ist teilweise gar nicht leicht zu erreichen. Im Team gelingen aber alle notwendigen Arbeiten mit Bravour.

Rodrigo arbeitet für AMAP unter anderem im Bereich Aufforstungen. Hier holt er eine Ladung Mata-Atlântica-Setzlinge aus der Baumschule.

Auch aus anderen Ländern kommen meist junge Menschen, um AMAP als Volontäre bei der Wiederherstellung des Waldes zu helfen. Ein Erlebnis, das prägt und alle Teilnehmer für den Regenwald begeistert.

AMAP pflanzt Dutzende verschiedene Baumarten, die im Biom des Mata-Atlântica-Küstenregenwald zu Hause sind. Damit sorgen wir dafür, dass die biologische Vielfalt von Anfang an zurückkehrt. Im natürlichen Prozess würde das Jahrhunderte dauern.

Wir laden immer wieder Kinder und Jugendliche aus den umliegenden Städten in die Projektgebiete ein. Oft kommen Mädchen und Jungen aus den Favelas, die zum ersten Mal in ihrem Leben spüren können, was echte Natur bedeutet.

Jedes Bäumchen, das wir heute in die Erde setzen, produziert Luft und Wasser. Es ist ein Symbol der Hoffnung für eine nachhaltige Zukunft.

## AUF SAFARI IM ÖSTLICHEN AFRIKA

Der Druck auf die Tiere wird weiter steigen, selbst in Gebieten, die den jeweiligen Ländern Millioneneinnahmen durch den Tourismus verschaffen. Ohne diesen gäbe es schon heute kaum noch Wildnis. Das Geld der Besucher ist wohl das beste Argument, die stark ansteigende Bevölkerung davon abzuhalten, die geschützten Lebensräume für sich selbst zu nutzen.

Allein in Kenia ist die Anzahl der Wildtiere in den vergangenen vierzig Jahren um 68 Prozent gesunken, innerhalb und außerhalb geschützter Gebiete. Die Gnus sind noch stärker betroffen. Allein im Großraum Serengeti-Mara sank die Anzahl der Tiere trotz der Schutzgebiete von 588 000 Tieren im Jahr 1979 auf 157 000 im Jahr 2016. Dies liegt hauptsächlich daran, dass ihre Migrationswege durch Zäune, Siedlungen, Farmen, Straßen und andere Entwicklungen abgeschnitten werden. Hinzu kommen die zunehmende Wilderei und die steigende Zahl von Nutzvieh, das ihnen auf überweideten Flächen das schwindende Futter streitig macht. In anderen Gebieten sind die Zahlen noch dramatischer und kommen praktisch einem Auslöschen der Herden gleich. Dazu plant die kenianische Regierung, den lebenswichtigen Mara-Fluss mit Staudämmen zu zähmen. Das würde wohl der Migration den Todesstoß versetzen, denn die Region hat sowieso schon mit einem sich wandelnden, trockener werdenden Klima zu kämpfen. Die Folgen des Klimawandels werden auch hier immer deutlicher spürbar.

Als wir die Serengeti in Richtung Süden verlassen, fahren wir durch eine karge, wüstenähnliche Landschaft. Ausbleibende Regenfälle und Millionen Hufe haben den Boden verdichtet und kaum Vegetation übrig gelassen. Es ist schwer vorstellbar, dass sich hier im kommenden Zyklus wieder saftige Wiesen bilden werden. Die Savanne ist ein faszinierender Lebensraum, aber eben auch ein sehr fragiler. Bleibt der Regen aus, so ist es vom Tierparadies zur lebensfeindlichen Wüste nur ein kleiner Schritt.

ANKUNFT IN ELDORADO

- 16 -

## Auch Markus Mauthe sündigt

Eines ist klar: Die meisten Handlungen hinterlassen Spuren. Doch wie ist das mit mir? Darf ein Vielflieger und Weltreisender, wie ich es bin, überhaupt über ökologische Zusammenhänge reden, ohne sich der Scheinheiligkeit bezichtigen lassen zu müssen? Schließlich sehe ich auch gerade auf meinen Reisen, was sich am Ende eines jeden Tages an Müll angesammelt hat. Mich schaudert es immer bei dem Gedanken, wie viele Wasserflaschen aus Plastik ich bisher geleert habe. Jeder Keks, den ich esse, jeder Käse, den ich mir aufs Brot schmiere, ist in Plastik verpackt. Umgewandeltes Erdöl, das nach einmaligem Gebrauch mit Glück auf irgendeiner Müllkippe landet, wo es dann hoffentlich nicht vom Wind in die Weite der Landschaft getragen wird.

Diese Frage stelle ich mir natürlich immer wieder: Was kann ich tun, um ökologisch vertretbar zu reisen? Gibt es das überhaupt? Fakt ist, dass wir uns nicht komplett frei von Umweltsünden machen können. Aber wir können sehr viel verbessern, ohne dabei unsere Freiheit aufzugeben oder wirkliche Lebensqualität einzubüßen. Ich werde das Reisen nie völlig aufgeben. Für mich ist es ein wichtiger Bestandteil meines Lebens und meiner Persönlichkeitsentwicklung. Reisen bildet mich, weil ich dabei existenzielle Erfahrungen mache, es weitet meinen Horizont und lehrt mich Toleranz und Weltoffenheit. Kurz, es macht einen sozialeren Menschen aus mir, davon bin ich überzeugt. Trotzdem freue ich mich, wenn ich Menschen begegne, die im Gegensatz zu mir mit dem einfachen,

## AUCH MARKUS MAUTHE SÜNDIGT

naturnahen Leben zufrieden sind. Der Weg zurück in die Jurte ist mir versperrt. Dazu bin ich zu sehr geprägt vom ständigen Medienkonsum, permanenten Aktionismus und sicherlich auch von einem gewissen Maß an Wohlstandsträgheit. Ich bin nun mal ein Kind westlicher Strukturen. Wollen wir Veränderungen zum Positiven, müssen wir für alle Menschen Angebote machen, die den erhofften Wohlstand mit echter Nachhaltigkeit verbinden. Ginge es der Welt besser, wenn alle Menschen so ein Leben führen würden wie ich? In der aktuellen Realität lautet die Antwort natürlich ganz klar: Nein! Mein Alltag, wie ich ihn in der jetzigen Art und Weise gestalte, würde bei einer Vervielfachung um sieben Milliarden den Planeten sofort komplett verwüsten. Bei dem hohen Rohstoff- und Energiebedarf, den ich habe, wäre die Welt praktisch in Nullkommanichts plattgemacht. Doch mal angenommen, jeder Mensch hätte seit Jahrzehnten das Weltbild, das in mir im Laufe der Jahre entstanden ist, dann wäre die Welt schon heute längst eine andere und meine sieben Milliarden Ichs könnten wahrscheinlich ganz zufrieden ohne große Zukunftsängste leben. Was hätte passieren müssen, um diesen Zustand zu erreichen? Auf meiner Reise durch die Weiten der Mongolei habe ich mir darüber ausführlich Gedanken gemacht. Begeben wir uns einmal in den Möglichkeitsraum einer alternativen Geschichte:

Nach dem Atomic Age kommt die Ernüchterung. Der Club of Rome veröffentlicht 1972 seinen Bericht »Die Grenzen des Wachstums«. Das Buch schlägt ein wie eine Bombe und führt zu einem gravierenden Umdenken. Innerhalb weniger Jahre beschließen die ökonomisch maßgeblichen Staaten das Ende der Nutzung fossiler Energie. Innerhalb von zwei Jahrzehnten wird die globale Energieversorgung auf die Nutzung erneuerbare Energien umgestellt. Eines der größten Probleme der Menschheit ist somit gelöst, die schon lange bekannte Klimakrise abgewendet. Der Temperaturanstieg bleibt unter 1,5 Grad.

## ANKUNFT IN ELDORADO

Gleichzeitig erkennen und verstehen die Menschen, dass die Vorstellung vom unbegrenzten Wachstum in einer begrenzten Welt überhaupt nicht zielführend ist. Die soziale Marktwirtschaft bleibt, wird jedoch um den Zusatz »ökologisch« ergänzt. Nachhaltiges Wirtschaften ist von da an die oberste ökonomische Prämisse. Das Gemeinwohl rückt in den Fokus, zur Entwicklung des neoliberalen Raubtierkapitalismus kommt es erst gar nicht. Die Globalisierung findet statt, kommt jedoch allen zugute. Kommunikation, Bildung, und Gesundheitsversorgung werden zu tragenden Säulen der Wirtschaft. Ohne die Entfesselung der Märkte können sich globale Konzerne nicht etablieren. Die Produktionsketten blieben kleiner, lokal und dezentral. Viel mehr Menschen sind in Lohn und Brot, Rationalisierung findet nur statt, wo sie sinnvoll ist, riskante Geldgeschäfte werden als unethisch empfunden und deshalb freiwillig aufgegeben. Produziert wird nach tatsächlichem Bedarf und nicht an der finanziellen Werbemacht des Herstellers ausgerichtet. Jede Verpackung wird als wertvoller Rohstoff angesehen, und wo immer es möglich ist, wird darauf verzichtet. Produzenten sind für den gesamten Kreislauf zuständig. Das sind sie auch gerne, denn intensive Forschungen haben inzwischen fast jede Form von Plastik obsolet gemacht und viele alternative, voll recyclingfähige Materialien entwickelt. Müll gibt es daher fast keinen mehr. Was sich nicht zersetzt, wird in speziellen Anlagen, die überall auf der Welt aufgebaut wurden, zerlegt und wiederverwendet. Nur ein kleiner Teil muss noch verbrannt werden, was aber inzwischen umweltfreundlich geschieht. Lediglich für atomaren Müll stehen langfristige Entsorgungskonzepte noch aus, was aufzeigt, welcher Irrweg diese Energieform gewesen ist. Nahrung wird frei von Chemie und gentechnischer Manipulation in kleinen Betrieben naturnah produziert und an die Bevölkerung in der unmittelbaren Umgebung verkauft.

Fleisch gibt es nur noch an Feiertagen, zu besonderen Ereignissen oder höchstens einmal in der Woche. Dazu ist zwar ein globa-

## AUCH MARKUS MAUTHE SÜNDIGT

les Abkommen nötig, dem aber die meisten Menschen inzwischen gerne folgen, weil ihnen die verbesserte Bildung gerade auch bei Umweltthemen die Brisanz übermäßigen Fleischkonsums klargemacht hat. Sehr viele haben sogar inzwischen freiwillig aufgehört, andere Lebewesen zu essen. Alle noch vorhandenen Nutztiere verbringen inzwischen ein Leben in artgerechter Haltung, bevor sie auf den Teller kommen. Massentierhaltung, Tierversuche und sonstige Untaten wie die Großwildjagd zum Vergnügen reicher Idioten sind Geschichte, da sie gesellschaftlich geächtet werden. Die Lichtverschmutzung wird von heute auf morgen beendet. Man hat eingesehen, dass ein Großteil aller nachts brennenden Lichter völlig überflüssig ist und nur unnötig Geld und Milliarden Insekten das Leben kostet. Das Roden neuen Urwaldes hat schon vor Jahren aufgehört, da der Handel mit illegalem Holz mit drakonischen Strafen belegt wird. Die Wilderei ist praktisch zum Erliegen gekommen, da durch das stark verbesserte Bildungssystem die Menschen, besonders in Asien, keinen Bedarf mehr an tierischen Produkten haben. Tierbestände erholen sich, auch weil inzwischen 30 Prozent der Landmasse als Schutzgebiete ausgewiesen sind, zu deren Kontrolle sich die Vereinten Nationen verpflichtet haben. Die industrielle Fischerei wird verboten, dafür werden lokale Familienbetriebe gefördert. Strenge Fangquoten sorgen dafür, dass sich auch die bereits überfischten Bestände erholen können. Diese Entwicklung ist nur möglich, weil die Menschheit Wissenschaftlern zuhört und vertraut. Die Wissenschaftler wiederum bereiten ihre Erkenntnisse derart auf, dass sie auch verstanden werden. Für die Medien steht die Verbreitung dieses Wissens an erster Stelle.

Nach all den Verbesserungen der vergangenen Jahrzehnte ist die Weltgemeinschaft gerade dabei, den letzten großen Schritt zu gehen und eine Weltregierung zu erstellen. In diese wird jedes souveräne Land Beisitzer entsenden, die über Probleme beraten und Krisen auf diplomatische Weise lösen. Mit dem Unterzeichnen

## ANKUNFT IN ELDORADO

des Vertrages zur vereinten Regierung wird parallel das Militär abgeschafft. Jedes Land bekommt ein gewisses Kontingent an Ordnungskräften, mengenmäßig proportional zur Einwohnerzahl. Wir Menschen brauchen Regeln, Werte und Grenzen, an die wir uns halten müssen. Da wir allzu gerne zu unserem Vorteil schummeln, braucht es Kontrollinstanzen, die diese auch durchsetzen. Demokratie ist schon ziemlich gut, das haben irgendwann erstaunlicherweise auch die Chinesen und andere Länder gemerkt. Mit dem ökologischen Umbau verändern und verbessern sich die Lebensbedingungen der Bürger so stark, dass praktisch alle repressiven und autoritären Systeme fast von alleine kollabieren. Nur in den USA, in Nordkorea und Brasilien kommt es beim ansonsten friedlichen Umbau der Gesellschaftssysteme zu leichten Kampfhandlungen. Doch am Ende ist der friedliche Protest von Millionen Bürgern auch für die dortigen Machthaber zu kraftvoll. Lobbyismus, um wirtschaftliche Interessen Einzelner vor das Wohl der Allgemeinheit zu stellen, ist durch die neue Situation ebenfalls obsolet geworden. Geld, das früher in unsinnige Rüstung gesteckt wurde, fließt in einen globalen Fond zur Verbesserung lokaler Lebensbedingungen. Natürlich ist der Betrag nicht direkt mit den damaligen Rüstungsbudgets zu vergleichen, weil inzwischen ungleich weniger Überschüsse erwirtschaftet werden, doch diese reichen immer noch locker aus, um diesen Mechanismus zu bedienen. Mit diesem Geld werden seitdem zum Beispiel abgelegene Haushalte mit Solarkochern versorgt, damit dort kein Holz zum Kochen mehr eingeschlagen werden muss. Ziel ist es, alle Menschen, egal wo auf der Welt, mit erneuerbarer Energie unabhängig zu machen.

Außerdem werden mit dem Geld zerstörte Naturräume renaturiert, und es wird Menschen geholfen, die bei Katastrophen zu Schaden gekommen sind. Jeder bekommt freien Zugang zu klarem Wasser. Das wird zunehmend einfacher, weil die Wasserkreisläufe zu heilen beginnen. Viele Menschen sind erstaunt, dass nur ein minimaler Teil des Fonds notwendig ist, damit allen auf dieser Erde eine Schulbildung ermöglicht werden kann. Hauptfächer sind seitdem Nachhaltigkeit und Sozialkunde. Frauen sind aufgrund der besseren Bildung schon fast in allen Ländern wirklich gleichberechtigt. Dazu spürt man momentan, dass der Wegfall des Militärs nach und nach auch zur weiteren Säkularisierung führt. Jeder hat das Recht zur freien Religionsausübung. Doch mit dem sich ausbreitenden, nachhaltigen Wohlstand verlieren alle Religionen mehr und mehr an Strahlkraft. Durch die Weltregierung wird praktisch allen Menschen mit dem globalen Fonds geholfen, weshalb zuerst radikale Kräfte an Einfluss verlieren. Es ist die Schöpfung an sich, um im kirchlichen Sprachgebrauch zu bleiben, die den Sinnsuchenden inzwischen Zufriedenheit und Sicherheit verschafft. Der glücklichere Mensch findet seitdem wieder einen direkteren Zugang zu seinen Ursprüngen und der Erkenntnis, dass er selbst Teil der Natur ist. Ach ja, und dass es in dieser Realität solche gesellschaftsfeindlichen Gruppierungen wie den IS, al-Qaida, Boko Haram oder dumpfe Parteien wie PiS, AFD, FPÖ, Lega Nord oder den Front National nicht mehr gibt, dürfte auch klar sein. Denn der Nährboden für Extremisten und Rechtsnationale jeglicher Art generiert sich aus Unzufriedenheit und Ungleichheit. Diese beiden Zustände sind zu großen Teilen überwunden, die großen Flüchtlingsströme sind längst versiegt. Die Population der Orang-Utans hat sich erholt und der chinesische Flussdelphin, der Pyrenäen-Steinbock sowie das Westliche Spitzmaulnashorn sind nicht ausgestorben.

Was für ein Traum! Was für eine Vision! Doch hat man, wenn man sich mit derart unrealistischen Szenarien beschäftigt, überhaupt eine Chance, ernst genommen zu werden? Oder brauchen wir gerade derartige Szenarien, um den eingeschlagenen Weg doch noch zu korrigieren? Wer definiert eigentlich, was realistisch und was unrealistisch ist?

## ANKUNFT IN ELDORADO

Der Planet Erde kann mühelos zehn Milliarden Menschen ernähren, davon bin ich überzeugt. Lösungen sind vorhanden, für alles. Was fehlt, ist ein Auslöser, der die notwendigen Prozesse in Gang setzt und unsere bekannten Verhaltensmuster milieuübergreifend aufbricht. »Vision ist die Kunst, Unsichtbares zu sehen«, sagte der irische Schriftsteller Jonathan Swift (1667–1745). Deshalb sollten wir sorgsam mit Visionären und Träumern umgehen. Wir brauchen sie heute dringender denn je. Es können eigentlich gar nicht genug sein. Sowohl die Menschheit als auch deren gesamtes Wissen stehen Dominosteinen gleich in Reihe und warten. Wo bleibt nur die Kraft, die Idee, die Persönlichkeit, das Wunder, das stark genug ist, den ersten Stein anzustoßen, damit er kippt und alle anderen mitreißt? Naiv? Ja. Wichtig und richtig? Unbedingt.

## – 17 –

## Auf Spurensuche in Brasilien

Wer sich in die Mata Atlântica, den Regenwald an der brasilianischen Atlantikküste, begeben will, braucht einen erfahrenen Guide. Ich kann mir keinen besseren vorstellen als meinen bereits erwähnten Freund Luis Scheuermann. Dessen Organisationstalent hat mir schon zu so manchem guten Bild verholfen. Noch dazu ist die Mata Atlântica praktisch sein zweites Zuhause. Luis hat fünf Jahre in Curitiba im Süden Brasiliens gelebt und als Biologe in den dortigen Wäldern Spinnen erforscht. Seine Kenntnis der Region und seine vielen Kontakte sollen uns in der Mata Atlântica so manche Tür öffnen.

Beim Regenwald Brasiliens denkt man zunächst an Amazonien, den größten Tropenwald unserer Erde. Kaum einer kennt das zweite Gebiet, den Küstenregenwald Mata Atlântica. Auch ich habe zuvor nie von diesem Lebensraum gehört. Zumindest nicht, bevor mein Freund Luis damit begonnen hat, von ihm zu schwärmen. Die Mata Atlântica ist sowohl in Hinsicht auf ihre biologische Vielfalt als auch auf die landschaftliche Schönheit eine einzigartige Vegetationsform. Vor Ankunft der Europäer erstreckte sich der atlantische Regenwald über 15 Prozent des brasilianischen Territoriums. Das entspricht einer Fläche von etwa 1,3 Millionen Quadratkilometern. Dieser Wald stellt eines der komplexesten Ökosysteme des Planeten dar und gilt leider auch als eines der am stärksten bedrohten Gebiete überhaupt. Auch mir war nicht bekannt, dass die Mata Atlântica unter allen Wäldern der Erde über

## ANKUNFT IN ELDORADO

die höchste Biodiversität verfügt, artenreicher sogar als der Amazonas. Wissenschaftler gehen von mehr als 10 000 Pflanzenarten, etwa 620 Vogelarten und 261 Säugetierarten aus. Doch dieser Wald ist bis heute zu über 90 Prozent vernichtet oder in Sekundärwald verwandelt worden. Die Entwicklung ist mit unseren Buchenwäldern in Mitteleuropa vergleichbar, deren Schicksal praktisch das gleiche ist: Sie mussten menschlichen Siedlungen weichen. Ein Großteil der brasilianischen Millionenstädte befindet sich heute dort, wo sich einst Affen in den Baumwipfeln die Felle lausten. Nur etwa ein Drittel aller Brasilianer lebt außerhalb ehemaliger Regionen des Küstenregenwaldes.

Unser erstes Ziel ist das kleine Städtchen Ilhéus im Bundesstaat Bahia. Die Region bezeichnet sich als Kakaoküste, was in mir eine gewisse Vorfreude auf die kommenden Tage entstehen ließ. Am kleinen Flughafen von Ilhéus werden wir von Bila empfangen, einem sympathischen Menschen, der mir – ähnlich wie damals Vaugie am Pico da Neblina – sofort gefällt. Er soll uns in den kommenden Tagen helfen, die gewünschten Fotomotive zu finden. Ich habe Luis von meinem Wunsch erzählt, eine vom Aussterben bedrohte Tierart zu fotografieren, um auf den massiven Lebensraumverlust in der Mata Atlântica hinweisen zu können. Nach zahlreichen Telefonaten hatte Luis es geschafft, den Kontakt zu Bila herzustellen. Dieser meinte lächelnd: »Steigt ins Auto, wir haben einiges vor.«

Wir verlassen Ilhéus in nördlicher Richtung und passieren ein mittelgroßes Industriegebiet. Es ist das erste seiner Art, das bei mir wohlige Gefühle auslöst, denn in der Luft hängt ein süßlicher Geruch. Hier wird eindeutig Kakao verarbeitet.

Cargill. Kurz zucke ich zusammen, als mir der bekannte Schriftzug von einem Fabrikgebäude aus ins Auge springt. Hier sind die also auch. Die Fahrt führt uns weitere 20 Kilometer ins Landesinnere, vorbei an kleinen Farmen, Dörfern und Wäldern.

## AUF SPURENSUCHE IN BRASILIEN

Irgendwann biegen wir von der geteerten Hauptstraße ab und folgen einem Schotterweg. Luis und ich schauen nach rechts und links aus dem Fenster. Die großen Urwaldriesen der Mata Atlântica überragen viele kleine, vielleicht vier Meter hohe Kakaobäume und spenden ihnen Schatten. In den Astgabeln der Bäume wachsen Bromelien. Überhaupt erinnern diese Kakaowälder mehr an einen Urwald als an Plantagen. Das fühlt sich gut an.

Wir passieren ein großes, blau angemaltes Tor, an dem ein Schild mit der Aufschrift »Fazenda Almada« hängt, und folgen dem Weg einen weiteren Kilometer. Dann sind wir am Ziel, der Almada-Farm. Die im traditionellen Kolonialstil gebauten Häuser sind um einen kleinen See angeordnet. Weiße Wände, blaue Türen und Fenster, dazu schöne alte Ziegel auf den Dächern. Vom ersten Moment an fühle ich mich wohl. Wir steigen aus und sehen Arbeiter, die den Kakao aus den Wäldern bringen. Klar, denn es ist Erntezeit. Mit Mulis kommen sie auf einem gepflasterten Weg auf uns zu. Als wären wir in einer anderen Zeit gelandet.

Vor dem Haupthaus begrüßen uns Juliana Torres de Cerqueira Lima, die Besitzerin der Farm, und ihre Mutter Elisabeth. Die junge Frau überrascht mich. Mit dem ärmellosen Shirt und den Tattoos auf ihren Schultern, den engen Jeans und ihren langen dunklen Haaren entspricht sie so gar nicht dem Klischee einer Plantagenbesitzerin. Ich muss mich in den kommenden Stunden regelrecht zwingen, sie nicht ständig anzustarren. Als wir das alte Herrenhaus betreten, öffnet sich endgültig ein Portal in die Vergangenheit. Bis ins kleinste Detail ist die Einrichtung aus einer längst vergangenen Epoche erhalten geblieben. Die Farm wurde 1855 gegründet, und genau so sieht das Interieur auch aus. Von der Veranda fällt der Blick auf einen schönen Garten mit exotischen Pflanzen. Direkt dahinter beginnt der Kakaowald, der hier in Brasilien Cabruca genannt wird. Und hier soll ich also eine vom Aussterben bedrohte

## ANKUNFT IN ELDORADO

Tierart fotografieren? Auf dem Gelände einer Farm? Ich hatte auf den Urwald getippt. Doch Luis beruhigt mich und lenkt meinen Blick auf die Bäume der Kakaowälder, die zu keiner gewöhnlichen Plantage gehören. »Dort«, verspricht er mir, »dort leben die Goldkopflöwenäffchen. Du wirst sehen.«

Nachdem wir mit reichlich Kuchen und Anekdoten über die Geschichte der Almada-Farm versorgt sind, fragt mich Juliana am späten Nachmittag, ob sie mir die Farm zeigen darf. Und ob! Wir beginnen mit den Barcassas. Das sind große Holzböden, auf denen die frischen Kakaobohnen in der Sonne getrocknet werden. An ihrer Seite verlaufen Gleise, auf denen rollbare Dächer stehen, welche die Ernte vor Regenschauern schützen sollen. Die Arbeiter müssen sie nur über die ausgebreitete Ernte schieben. Von den vorhandenen sieben Trocknungsflächen sind nur noch vier einsatzbereit, die anderen drei befinden sich in einem sehr schlechten Zustand. Der Zahn der Zeit ist nicht zu übersehen. Sogar das eine oder andere Dach der Farmgebäude ist eingefallen, und aus einem Haus ragen sogar Bäume heraus. Keine Frage, Juliana hat hier ein schweres Erbe angetreten. Sie erzählt mir vom Tod ihres Vaters, der 15 Jahre zuvor an einer Krankheit gestorben ist. Vielleicht litt er aber auch an dem fortschreitenden Niedergang dieser ganzen Region und damit auch seines eigenen Familienerbes. Kakao aus Brasilien war weltberühmt, die Kakaoküste war wohlhabend, viele Farmer waren richtig reich. Auch die Fazenda Almada gehörte in ihren Anfängen mit über 2 000 Hektar Land zu den großen Produzenten.

Die Wurzeln der Familie Cerqueira Lima liegen in Portugal. Ihre wirtschaftliche Macht baute, wie es damals üblich war, auf der Sklaverei auf. Julianas Großvater, mit vielen »Ur« davor, brauchte sich um hohe Personalkosten keine Sorgen zu machen, er nutzte das Unrechtssystem noch, als es im Mutterland bereits verboten war. Erst zwischen 1871 und 1888 wurde in Brasilien die Sklaverei abgeschafft. Heute fahren bezahlte Arbeiter die Ernte ein, die im Laufe der Jahre immer mehr zurückgegangen ist. Es waren wohl zwei Entwicklungen, die der Region nach und nach das Genick gebrochen haben: Zum einen war es der zunehmende Kakaoanbau in Afrika, der zu einem langsamen Preisverfall auf dem Weltmarkt geführt hat. Zum anderen breitete sich eine Pilzkrankheit aus, die man anscheinend bewusst in der Region eingeführt hat, um den Farmern zu schaden. Das ist eine schräge Geschichte, über die es sogar Dokumentarfilme gibt. Im Laufe der Zeit mussten deswegen immer mehr Farmer ihre Tätigkeiten einstellen oder haben nur auf einem minimalen Level weitergemacht. Über die Jahre hinweg ist deswegen viel Knowhow verlorengegangen, und Geld zum Investieren war auch keines mehr da. Letzteres sieht man auch den Gebäuden der Fazenda Almada leider allzu deutlich an.

Zur kleinen Siedlung um das alte Haupthaus gehören auch eine Kapelle und diverse Häuser, in denen früher viel mehr Arbeiter lebten als heute. Vor dem Haus, das der Kapelle am nächsten ist, bleiben wir stehen. Es steht leer, ist aber noch nicht wirklich unbewohnbar. Es liegt auf einer leichten Anhöhe, sodass sich von dort ein schöner Blick über den See hinüber zum Herrenhaus und dem dahinter beginnenden Kakaowald öffnet. Etwas weiter rechts kündigt die Tropensonne gerade langsam das Ende des Tages an. Die Farm wird in ein fast goldenes Licht getaucht. Für mich ist all das traumhaft, inklusive meiner Begleiterin. Plötzlich habe ich Bilder im Kopf. In meiner Phantasie sehe ich mich vor dem Haus in der Hängematte liegen und jeden Abend genau diesen Sonnenuntergang genießen. Ich gehe auf Juliana zu und sage spontan: »Ich könnte doch dieses baufällige Haus renovieren und ab und zu als Wohnsitz nutzen. Was meinst du?« Sie findet meine Idee gar nicht abwegig und lacht zustimmend. Keiner von uns beiden ahnt in diesem Moment, dass ich sieben Jahre später genau in diesem ehemaligen Arbeiterhäuschen den Großteil dieses Buches schreiben werde.

## ANKUNFT IN ELDORADO

Am nächsten Tag tauchen wir in den Cabruca ein und begleiten Bila drei volle Tage zu den Äffchen im Wald. Fotografisch ist diese Aufgabe nicht einfach zu lösen, aber machbar. Löwenäffchen sind Allesfresser, besonders während der Nahrungssuche kommen sie auch in tiefere Lagen und bieten mir eine Chance für gute Aufnahmen. Einmal sitzt ein Äffchen für wenige Augenblicke auf einem umgefallenen Baumstamm unmittelbar vor mir. Drei Sekunden lang. Nicht viel Zeit für ein gutes Foto. Es ist erstaunlich, wie schnell sich die Tiere bewegen und mit welcher Leichtigkeit sie von Baum zu Baum springen. Innerhalb der Gruppe herrscht ein ausgeprägtes Sozialverhalten. Oft beobachten wir sie bei der gegenseitigen Fellpflege und sehen, wie sie sich die Nahrung teilen. In manchen Augenblicken sind sie nur wenige Meter von uns entfernt und schauen mit ihren kleinen Gesichtern auf uns herab. Fühlen sie sich belästigt, geben sie schrille Laute von sich, die eher an einen Vogel als an einen Affen erinnern.

Eines ist mir schon bald klar: Es ist den Schokoladenfreunden zu verdanken, dass es diese Tiere hier noch gibt. Denn nur dank der Kakaoproduktion durften die alten Bäume in der Region um Ilhéus überleben. Außerhalb der Anbaugebiete ist der Wald bis auf wenige versprengte Reste durch Kuhweiden, Felder und Siedlungsgebiete ersetzt worden. Die naturnahe Anbaumethode, die ich kennenlerne, ist ein positives Beispiel dafür, dass die Bedürfnisse des Menschen durchaus mit denen der Natur in Einklang gebracht werden können. Das wird unser Thema. Lange unterhalten wir uns immer wieder über die Möglichkeiten, die sich hier eröffnen. Wenn man die ganze Kakaoküste nur wieder revitalisieren könnte und mit hochwertigem Biokakao Ökonomie, Ökologie und gesellschaftliche Bedürfnisse in Einklang brächte. Wir können uns kaum einen besseren Ort dafür vorstellen, ein derartiges Leuchtturmprojekt zu etablieren, als hier im südlichen Bahia.

## AUF SPURENSUCHE IN BRASILIEN

Ich bin überzeugt, dass dies auch an vielen Stellen auf der Erde möglich wäre, wenn wir es nur wollen. Doch immer wieder stehen fehlendes Wissen und die Gier einiger weniger einer Realisierung im Weg. Kurzfristige Gewinnmaximierung ist vielen immer noch wichtiger als langfristige Nachhaltigkeit.

Ein markantes Beispiel dafür ist 2012 die geplante Umsetzung eines neuen Waldgesetzes in Brasilien. Eigentlich besteht kein Handlungsbedarf, denn die existierenden Umweltgesetze sind gut – wenn sich die Menschen daran halten würden. Vordergründig sollen Millionen Kleinbauern aus der Illegalität geführt werden, indem nachträglich alle Rodungen im Amazonas und anderswo legalisiert werden. Doch eigentlich – und das ist sehr leicht zu durchschauen – ist dieses Gesetz ein Machwerk der Agrarlobby aus Sojabauern und Rinderzüchtern, die damit ihre ohnehin schon große Macht ausbauen wollen. Würde es in Kraft treten, dürften auch steile Hänge gerodet werden, und der Schutzabstand zu Flüssen würde massiv verringert werden. Ob Kleinbauer oder Rinderbaron, wer würde sich dann noch zurückhalten, wenn durch das neue Gesetz signalisiert würde, dass das Handeln sowieso straffrei bleiben wird?

Das kann nicht im Sinne des mit Greenpeace erreichten Moratoriums sein, für das wir damals in Santarem gekämpft haben. Die lange geplante Revanche der Agrarlobby wird in diesen Änderungen zum ersten Mal für alle sichtbar. Umweltschützer auf der ganzen Welt sind sich deshalb auch einig, dass dieses Gesetz das Ende des Amazonas-Tropenwaldes bedeuten wird. Viele Brasilianer sind gegen diese Änderung, doch der Senat hat es bereits verabschiedet. Die Macht der Barone reicht inzwischen bis in hohe Regierungskreise. So sind in vielen Fällen die größten Umweltzerstörer inzwischen diejenigen, die ihre eigenen Gesetze schreiben. Nur noch die Präsidentin Dilma kann dieses Gesetz mit einem Veto zumindest aufschieben. Demnächst wird in Brasilien die wichtige Umweltkonferenz »Rio+20« stattfinden. Es ist die Hoffnung vieler Menschen, dass die Präsidentin im Zuge dieses Welttreffens das Gesetz nicht verabschieden wird, um ihr Gesicht zu wahren. Viele haben aber auch Angst, dass sich die Umsetzung nach der Konferenz nicht mehr verhindern lässt. Ich hoffe jeden Tag darauf, dass dieses für Brasilien und die ganze Welt so ungeheure Verbrechen ausbleibt. Doch die Ereignisse von 2012 sind erst der Anfang.

## DAS PARADIES AM RANDE DES KAKAOWALDES

- 18 -

# Das Paradies am Rande des Kakaowaldes

Der arme Luis. Von dem Zeitpunkt an, als wir die Fazenda Almada verlassen, muss er einen über beide Ohren verknallten Trottel ertragen, der kaum noch an was anderes denkt als an die schöne Kakaofarmerin. Ich bin über mich selbst überrascht, denn eigentlich fällt dieses Ereignis in einen Abschnitt meines Lebens, bei dem ich wirklich seit sehr langer Zeit mal wieder bei mir selbst angekommen bin. Seit der Trennung von meiner damaligen Frau Birgit sind zehn Jahre vergangen. In dieser Zeit habe ich die eine oder andere beziehungstechnische Achterbahnfahrt hingelegt. Ich habe in den Jahren, die ich mit Greenpeace in den Wäldern verbringe, einige tolle Frauen kennengelernt. Aber mehr als eine Liaison hat sich selten entwickelt. Erst als sich Julianas und meine Wege kreuzen, wird mir nach und nach klar, warum das so war. Zum ersten Mal suche ich nicht nach einer Beziehung. Ich bin mir selbst genug. Und genau das muss ich wohl auch ausstrahlen. Dass sie mich vom ersten Moment an so aus der Bahn geworfen hat, ist ein Zeichen für mich. Das kann auch mein Verstand nicht ignorieren, das Herz pulsiert ohnehin schon heftig. Alles, was sie tut, strahlt pure Magie aus. Ganz zu schweigen von der Sache mit der Kakaofarm im Regenwald.

Juliana lebt mit ihrer Tochter Maria eigentlich in São Paulo und verdient dort auch ihren Lebensunterhalt. Sie arbeitet als Kostümdesignerin für die Oper, das Theater und verschiedene Filmprojekte. Die kurze gemeinsame Zeit auf der Farm ist auch bei ihr nicht ohne Eindruck geblieben, das habe ich gespürt. Aber eine

## ANKUNFT IN ELDORADO

Beziehung mit einem Mann, der ein Leben auf einem anderen Kontinent führt, das scheint ihr kaum vorstellbar. Ich hingegen will sie einfach nur wiedersehen. Luis und ich reisen noch weitere vier Wochen durch Brasilien. Doch ganz egal, wo wir auch fotografieren, ich denke intensiv über die Möglichkeiten nach, die Frau ein weiteres Mal zu treffen.

Manchmal passieren Dinge im Leben einfach zum richtigen Zeitpunkt. Es ist meine Liebe zur Natur und ihre Überlegungen, den Schwerpunkt ihres Lebens auch gerade darauf auszurichten. Sie ist zwar auf dem Papier seit einigen Jahren die Inhaberin der Fazenda Almada, hat aber praktisch fast ihr ganzes Erwachsenenleben entweder in Rio de Janeiro oder São Paulo verbracht. Es ist Mama Elisabeth, die versucht, das Familienerbe am Leben zu erhalten. Wie ich später erfahre, ist ihr das über die Jahre aber nur unter großen Opfern gelungen. Sie lebt praktisch von der Substanz. Die Farm schrumpfte über die Jahrzehnte von über 2 000 Hektar auf etwas mehr als dreihundert zusammen. Juliana ist auch deshalb zum Zeitpunkt des Besuches von Luis und mir auf der Fazenda, um mit ihrer Mutter zu erörtern, ob und wie sie ihr helfen kann, den fortschreitenden Niedergang aufzuhalten. Vielleicht bin ich es sogar, der den entscheidenden Anstoß dazu gibt. Nach drei Wochen spürbarer innerer Unruhe bitte ich sie um ein Wiedersehen auf der Farm. Ich zeige ihr von Anfang an, dass ich Interesse am gesamten Familienpaket habe. Punkt!

Das ist auch für mich selbst sehr interessant. Mein ganzes Leben ist geprägt vom Unterwegssein. Das funktioniert auch deswegen so gut, weil mich ein starkes Band mit meiner Heimat, dem Bodensee, verbindet. Ich bin immer gerne abgereist, habe aber auch nie Schwierigkeiten mit dem Heimkommen. In all den Jahren kommt mir nie der Gedanke, dass irgendwo ein Ort existiert, der für mich den gleichen Stellenwert bekommen könnte wie der, an dem die Familie und Freunde zu Hause sind.

## DAS PARADIES AM RANDE DES KAKAOWALDES

Bei der Fazenda Almada ist das komplett anders. Vom ersten Moment an fühle ich mich mit diesem Fleckchen Erde irgendwie verbunden. Und das, noch bevor sich eine Beziehung mit der Besitzerin abzeichnet.

Bei unserer dritten Begegnung werden wir dann tatsächlich ein Paar. Wir versuchen, uns nicht allzu viele Gedanken zu machen, wie das in der Praxis funktionieren soll. So eine Beziehung über zwei Kontinente erleichtert nicht gerade das Leben. Und dennoch verbessert sich meines um ein Vielfaches. Ein knappes Jahr später gibt Juliana ihr Leben in São Paulo auf, um endgültig ihrer Bestimmung zu folgen. Als letzte verbliebene Cerqueira Lima will sie tatsächlich die große Herausforderung übernehmen, die Fazenda Almada zu retten. Als grundlegendes Hindernis stellen sich dabei die unterschiedlichen Vorstellungen von Mutter und Tochter heraus. Elisabeth ist zwar für die Hilfe ihrer Tochter sehr dankbar, will aber doch die eine oder andere Herangehensweise nicht einfach so aufgeben. Die Konflikte sind also vorprogrammiert, ein klassischer Generationenkonflikt, der nicht neu ist, denn schon früher gab es vergleichbare Dispute zwischen Mutter und Tochter. Jetzt will Juliana ihre Ideen von Nachhaltigkeit und Biokakao durchsetzen, was die stramme Soldatentochter Elisabeth viele Nerven kostet.

Im zweiten Jahr unserer Beziehung begleitet mich Juliana für das Projekt »Naturwunder Erde« auf eine Expedition nach Nepal. Eine mehrwöchige Wanderung soll uns bis zum Basislager des Kangchendzönga führen, des dritthöchsten Bergs der Welt. Tapfer kämpft sie sich bis auf eine Höhe von 4700 Metern hoch. Und das im ersten Schnee und ersten Frost ihres Lebens. Tapfer ist sie aber nicht aufgrund der niedrigen Temperaturen und der Steigung, sondern weil sie acht Jahre zuvor in São Paulo in einen Autounfall geraten ist. 42 Knochenbrüche, ein längeres künstliches Koma und einen weitgehenden Gedächtnisverlust musste sie überstehen. Der Weg zurück ins Leben war hart, und jemand mit weniger Wil-

## ANKUNFT IN ELDORADO

lenskraft hätte es vielleicht gar nicht geschafft. Als ich sie kennenlernte, sind mir die Folgen des Unfalls auch erst aufgefallen, als ich gesehen habe, wie vergleichsweise unsicher sie über unebenen Untergrund läuft. Dementsprechend haben uns auch alle für verrückt erklärt, als wir verkündeten, sieben Wochen im Himalaya wandern gehen zu wollen.

Doch Juliana kämpft um jeden Meter und zeigt es allen Zweiflern. Wir sind zwar langsamer unterwegs als andere Trekker, aber das spielt keine Rolle. Für uns gilt die bekannte Devise: Der Weg ist das Ziel. Das erweist sich als erkenntnisreich und wunderschön. Auf dem höchsten gemeinsamen Punkt, früh am Morgen, im Moment der aufgehenden Sonne, vor der Kulisse von 8 000 Meter hohen Gipfeln, ist der passende Moment für mich gekommen. Wo sonst, wenn nicht hier, wenn nicht jetzt? Ich sehe ihr in die Augen und frage sie, vielleicht ein bisschen förmlich: »Willst du mir die Ehre erweisen und den Rest des Lebens mit mir gemeinsam verbringen? Willst du mich heiraten?«

Lange brauche ich nicht auf die Antwort zu warten: »Ja!«

Unser Reisefreund Rolf, der uns auch hier begleitete, führt meinen Heiratsantrag und das eindeutige Ja von Juliana auf die Höhenkrankheit und den damit einhergehenden Sauerstoffmangel zurück. Doch auch in der schwülen Tropenhitze Brasiliens ändern wir unsere Meinung nicht. Bis zur Hochzeit geht allerdings noch einige Zeit ins Land, nicht zuletzt, weil wir beide viel zu tun haben. Da wir beide schon einmal verheiratet waren, haben wir keine Eile. Wir wollen alles ganz entspannt angehen, andererseits aber auch nicht bis zum Rentenalter warten.

Zunächst einmal muss ich die Tournee »Naturwunder Erde« absolvieren, die ich zusammen mit Greenpeace entwickelt und geplant habe. Sie beginnt im Herbst 2013 und läuft bis zum Frühjahr 2018. Mit 482 Aufführungen ist es meine bisher längste Vortragsreise zum selben Thema. Insgesamt erreiche ich damit mehr als

## DAS PARADIES AM RANDE DES KAKAOWALDES

100 000 Menschen. Natürlich hat ein Mario Barth wesentlich mehr Zuschauer, aber für eine Live-Multivisionsshow ist unser Ergebnis fantastisch. Im Schnitt kommen respektable 218 Besucher pro Veranstaltung. Das ist vor allem meinem Greenpeace-Team aus Inga, Astrid, Alex, Nele, Karoline und Simone zu verdanken, die sich um sämtliche Abläufe kümmern.

Die Tournee bedeutet natürlich auch Stress. Doch es lohnt sich. Mit einer Mischung aus schönen Naturfotos, spannenden Reiseerlebnissen und klarer Analyse der Situationen in den jeweiligen Lebensräumen gelingt es uns, den Besuchern die Dringlichkeit des Handelns bezüglich der Klimakatastrophe klarzumachen. Juliana ist dabei des Öfteren an meiner Seite, was mir den Tourneealltag versüßt. In den kurzen Pausenzeiten befassen wir uns näher mit dem Zustand der Almada-Farm. Das Ergebnis ist ernüchternd, denn wir müssen feststellen, dass praktisch alles in noch schlechterem Zustand ist, als es auf den ersten Blick den Anschein hatte. Besonders das wunderbare Haupthaus ächzt ganz gewaltig unter der Last des Alters. Dazu arbeiten die tropische Feuchtigkeit und die Hitze täglich am weiteren Verfall. Als sich Julianas Vater Ende der achtziger Jahre darauf einließ, den eingeschleppten Pilz mit einer angeblichen chemischen Wunderwaffe zu bekämpfen, setzte er eine Entwicklung in Gang, die wir nicht stoppen können. Fast alle Farmer sind damals auf diesen Mist hereingefallen: Jeder Kakaofarmer bekam von der Banco Brazil Kredite, um das Fungizid kaufen zu können. Keiner kann diese Kredite bis heute zurückzahlen. Inzwischen sind die Zinsen ins Unermessliche gewachsen. Auch wir wären sofort am Ende gewesen, hätten wir sie tatsächlich aufbringen müssen. Diese Tatsache lässt mich auch eine Weile zögern, ob das ganze Unternehmen nicht doch ökonomischer Selbstmord ist. Doch seit Jahren kämpfen verschiedene Rechtsanwälte und Vereinigungen für die Kakaofarmer um den Erlass ihrer Schulden. Erste Erfolge gibt es mittlerweile, etwa ein Programm,

## ANKUNFT IN ELDORADO

das den Farmern bis zu 75 Prozent ihrer Schulden erlassen soll, sofern sie den Rest begleichen. Wie schlecht es um die finanzielle Lage der Bauern steht, kann man daran sehen, dass so gut wie keiner dieses Angebot annimmt, annehmen kann. Nun hoffen alle, wir eingeschlossen, dass die Schulden irgendwann komplett erlassen werden.

Genauso dramatisch ist die Tatsache, dass viel Wissen über die naturnahe Bewirtschaftung der Kakaoplantagen verlorengegangen ist. Von staatlicher Seite wurde lange Zeit die Anbaumethode gefördert, die aus Afrika und Indonesien stammt, nämlich Kakao ohne Schattenbäume zu bewirtschaften und mit Chemie das Maximum an Ertrag herauszupressen. Zum Glück haben viele Farmer darauf verzichtet, ihre alten Bäume zu fällen. Nachdem die chemische Keule den Pilz nicht hatte besiegen können, alle überschuldet waren und kaum noch Erträge kamen, gaben viele Familienunternehmen verzweifelt auf. Ihr generationenübergreifendes Wissen ging so nach und nach verloren. Viele Farmen wurden von reichen Investoren aufgekauft, deren Personal das Land verwaltet, aber eben nicht mehr richtig gemanagt hat. Kakao wurde geerntet, die Kakaobäume aber kaum noch richtig gepflegt. Der Niedergang war vorprogrammiert.

Leicht ist die Entscheidung nicht. Aber es geht mir nicht nur um die Liebe zur Besitzerin dieser Farm, sondern auch um Hunderte Hektar wunderbarer Natur. Diese gilt es zu erhalten, nein, sogar wieder herzustellen. Mit jedem Besuch in Bahia verliebe ich mich mehr in das Land. Die Luft ist erfüllt von Insekten und unzähligen Vögeln, die Vielfalt an Pflanzen ist betörend. Der Kontrast zu unseren totgedüngten Landwirtschaftswüsten in Deutschland oder den Sojaverbrechen im Amazonas ist so krass, dass ich inzwischen ganz genau weiß, wo ich mich engagieren will.

Eine der ersten gemeinsamen Aktionen ist die Renovierung jenes Gebäudes, vor dem Juliana und ich bei unserem ersten Treffen gestanden haben. Die damalige Vision wird also Realität. Es ist nun unser Zuhause, und ich liebe es, abends in der Hängematte zu liegen und auf den Sonnenuntergang über dem Kakaowald zu blicken. Das sind Momente tiefen inneren Friedens. Besonders in den Wintermonaten von Juni bis Oktober ist das oft mit einem großartigen Farbenspiel verbunden. Am besten wird es, wenn kurz vor Sonnenuntergang noch ein Schauer über der Farm niedergeht und sich ein Regenbogen bildet.

Anschließend kommt das Haupthaus an die Reihe. Wenn wir es erhalten wollen, bleibt uns nicht mehr viel Zeit. Es wird schwer werden, über den Kakao genügend Einnahmen zu generieren, um die Farm am Leben und alle Angestellten in Lohn und Brot zu halten. Darum kann das alte Herrenhaus der Schlüssel zum Erfolg werden. Es ist eines von wenigen Gebäuden in der Region, das den Geist vergangener Zeiten weitgehend unbeschadet in die Gegenwart gerettet hat. Mit seinen vier Zimmern ist es prädestiniert, als kleines Gästehaus zu fungieren. Das ist unser Plan: Wir erneuern den Cabruca nach und nach mit naturnaher Bewirtschaftung und produzieren hochwertigen Kakao. Dazu verschaffen wir der Farm eine zweite Einnahmequelle in Form einer familiengeführten Pousada. So wird ein kleingliedriger Ökotourismus entstehen, der den Besuchern die Schönheit der Natur und die Kultur des Kakaos vermitteln soll. Die Region hat allein schon mit ihren wunderbaren Sandstränden viel zu bieten. Durch meinen Beruf kenne ich viele ähnliche Projekte und bin mir sicher, dass die Fazenda Almada an Attraktivität locker wird mithalten können. Die Finanzierung bleibt weiterhin ein Problem. Neben dem Haupthaus wollen wir zudem noch die Barcassas und die Kapelle erhalten. Dazu kommt es jedoch vorerst nicht.

Mama Elisabeth lässt nicht locker: »Was ist mit einem gemeinsamen Kind?« Schon allein der Klang ihrer Stimme verrät, wie sehr sie sich ein zweites Enkelkind wünscht. Wir aber haben andere

## ANKUNFT IN ELDORADO

Pläne. Juliana und ich sind uns ganz sicher, dass in unserem fortgeschrittenen Alter und in Anbetracht unseres vielfältigen Berufslebens kein Platz für ein Kind ist. Doch wie sagte John Lennon so schön: »Das Leben ist das, was dir passiert, während du andere Pläne machst.« Ehe wir uns versehen, ist Juliana schwanger. Nach ein paar Tagen der Unsicherheit blicken wir uns irgendwann an, und ohne Worte zu wechseln, wissen wir voneinander, dass wir uns ganz gewaltig auf dieses Kind freuen.

Während ich im Herbst 2015 in Deutschland mit einer schwangeren Juliana auf Vortragstournee bin, verbreitet sich in Brasilien das Zika-Virus, das insbesondere für Schwangere sehr gefährlich ist. Nun ist das Risiko eines Ausbruchs in der ökologisch intakten Natur der Almada-Region sehr gering. Doch wer möchte sein Kind schon dem kleinsten Risiko aussetzen, wenn es leicht zu verhindern ist? Wir beschließen also, dass Juliana in Deutschland bleibt und dort das Kind zur Welt bringen wird. Wie schon oft zuvor in meinem Leben sind es wieder meine Eltern, die uns helfen. Ohne zu zögern, schaffen sie Platz in ihrer Wohnung. Wie gut, dass sich Juliana ausgezeichnet mit meinen Eltern versteht.

Damit sind die Probleme jedoch nicht vom Tisch. Juliana ist zwar schwanger, hat aber keine Aufenthaltsgenehmigung, geschweige denn eine Versicherung. Durch ihre Krankheitsgeschichte müssen wir auch damit rechnen, dass unser Kind eventuell zu früh das Licht der Welt erblickt. Uns bleibt nichts anderes übrig, als so schnell wie möglich zu heiraten, damit zumindest das Baby die doppelte Staatsbürgerschaft bekommt und bei mir mitversichert ist. Es ist unfassbar aufwendig, wenn eine Brasilianerin und ein Deutscher heiraten wollen. Juliana hat keine Chance mehr, in ihr Heimatland zu reisen, um alle Papiere, die für eine offizielle Hochzeit in Deutschland notwendig sind, zu besorgen. Wir müssen also mal wieder improvisieren. Mir fallen Hochzeiten im Ausland ein, die mit viel weniger Papierkram auskommen und in Deutschland anerkannt werden. Also beginnen wir zu recherchieren. Ein Standesamt in einem Vorort von Kopenhagen erklärt sich schließlich bereit, uns zu trauen. Es ist die einzige und letzte Möglichkeit vor der Geburt. Ich unterbreche kurzerhand meine Vortragstournee und fahre zusammen mit einer hochschwangeren Juliana mit dem Zug in die Hauptstadt Dänemarks. 20 Kilometer außerhalb Kopenhagens werden wir dann am 15. März in einer vierminütigen Zeremonie offiziell zu Mann und Frau erklärt. Danach fahren wir umgehend zurück an den Bodensee. Das Kind hält durch und kommt pünktlich einen Monat später am 16. April 2016 in Friedrichshafen am Bodensee als Anabelle Mauthe de Cerqueira Lima auf die Welt. Seitdem vergeht kein Tag, an dem wir nicht glücklich darüber sind, nochmals so reich beschenkt worden zu sein.

Als wir sechs Wochen nach der Geburt zusammen mit Anabelle zurück zur Almada-Farm kommen, trifft uns der Schlag. Statt im Regenwald landen wir in einer Wüste. Natürlich wissen wir, dass es seit acht Monaten nicht geregnet hat. Auch haben wir von den vielen Feuern gehört, die überall wüten. Aber das Resultat mit eigenen Augen zu sehen, ist eine ganz andere Sache. Die Katastrophe hat für mich nahezu traumatische Züge und hinterlässt in meiner Seele einen regelrechten Horror vor ausbleibendem Regen. Ich bin mit meinem neuen Leben und vielen Plänen im Regenwald angekommen, doch gerade jetzt bleibt der Regen aus. Auch in der Stadt Ilhéus mit ihren 200 000 Einwohnern wird das Wasser knapp, viele Menschen in den Dörfern um uns herum sind in ernsten Schwierigkeiten. Der in der Regenzeit so mächtige Fluss Almada, der unserer Farm den Namen gegeben hat, ist nur noch ein Rinnsal. Im Bereich unseres Farmgeländes befinden sich die ersten Stufen dieses Gewässers, wo das Wasser aus dem Landesinneren über Stromschnellen nach unten fließt. Ab da verläuft der Fluss flach über 20 Kilometer bis zu seiner Mündung in den Atlantik. Es kam in

## ANKUNFT IN ELDORADO

den Monaten der Dürre so wenig Wasser nach, dass sich das Salzwasser bis zu unseren Stromschnellen ausgebreitet hat. Keiner der Ortsansässigen hat jemals eine solche Dürre erlebt. Von den fünf Quellen, die es auf der Almada-Farm gibt, sind noch drei existent. Diese werden für viele hundert Menschen aus der Umgebung zur Rettung. Tagtäglich kommen die Menschen, um ihre Kanister aufzufüllen. Zum ersten Mal sehe ich in meinem unmittelbaren Lebensumfeld, was es heißt, wenn Wasser zum Luxusgut wird.

Doch dann setzt endlich der Regen wieder ein. Ganz langsam beginnt sich die Natur zu erholen. Bis die erste Kakaobohne wieder geerntet werden kann, vergeht jedoch noch eine lange Zeit. Am Ende sind es fast zwei Jahre, in denen keine Ernte und somit keine Einnahmen generiert werden können. Spätestens hier hätten Juliana und Elisabeth ihre Farm verloren, denn diese zwei Jahre hätten sie nicht mehr kompensieren können. Meine geringen finanziellen Mittel reichen gerade aus, um den Betrieb mit Ach und Krach aufrechtzuerhalten. Ich gehe dabei bis an die Grenzen meiner Möglichkeiten, weil wir einfach nicht aufgeben wollen. Eines wird uns in dieser Zeit klar: Wir brauchen den Ökotourismus, um langfristig überleben zu können. Noch während der Dürre beginnen wir mit der Renovierung des Haupthauses. Juliana hat die Aufsicht, während ich auf Tournee und beim Fotografieren eines neuen Projektes bin. Ich starte eine Finanzierungsaktion, die mich an meine Anfangszeit als Referent erinnert, die Zeit vor dem Kanada-Vortrag. Damals wie heute leihen mir viele Leute Geld.

Die Dürre, die 2016 ihren Höhepunkt findet, baute ich natürlich aus aktuellem Anlass in meinen Vortrag »Naturwunder Erde« ein. Damit konnte ich aufzeigen, wo der Regen ausbleibt und welche Auswirkungen das auf die Natur hat. Es besteht kein Zweifel, dass es sich um das Klimaphänomen El Niño handelt. El Niño baut sich im Schnitt alle sieben Jahre auf und bringt das Klima,

## DAS PARADIES AM RANDE DES KAKAOWALDES

besonders auf der Südhalbkugel der Erde, gehörig durcheinander. Verstärkt durch eine sich rasant erwärmende Atmosphäre, ist der El Niño 2016 eine der stärksten jemals gemessenen Anomalitäten seit Beginn der Wetteraufzeichnungen. Er hat verheerende Folgen nicht nur für die Kakaoküste, sondern für den ganzen Planeten. So sterben zum Beispiel durch die Erwärmung des Wassers ein Großteil aller Lebensformen in den Quallenseen von Palau, die ich kurz davor noch fotografieren konnte. Was uns alle aber wirklich den Angstschweiß auf die Stirn treibt, sind die Auswirkungen der Hitze auf das Great-Barrier-Riff in Australien. Es ist das größte tropische Korallenriff der Erde und zieht sich, den Stränden vorgelagert, über Tausende Kilometer die Ostküste Australiens von Norden nach Süden entlang. Die UNESCO hat es wegen seiner globalen Bedeutung in die Liste der Weltnaturerbestätten aufgenommen.

Der Klimawandel war auch schon vor dem Super-El-Niño ein Stressfaktor für Riffe. Die dort lebenden Korallen sind sensible Organismen, die nur in bestimmten Temperaturbereichen existieren können. Genau wie die Quallen in Palau gehen sie eine Symbiose mit bestimmten einzelligen Algen ein. Von ihnen erhalten sie auch ihre Färbung. Steigt die Wassertemperatur zu stark, stoßen die Korallen die Algen ab und verlieren dadurch ihre Farbe. Dauert diese Situation zu lange an, sterben die Korallen vollständig ab. Forscher sind sich einig, dass vor allem der Klimawandel und die damit verbundene Erwärmung der Ozeane die Ursachen dieser Probleme sind. Allein im kurzen Zeitraum nach 2016 sterben mehr als ein Viertel aller Korallen ab, über 60 Prozent werden nachhaltig geschädigt. Die entsprechenden Meldungen gehen um die Welt. Doch wo bleibt der Aufschrei? Ich frage mich in solchen Momenten immer, was wir eigentlich noch für Warnsignale brauchen, um aus dem kollektiven Tiefschlaf zu erwachen. Ist uns denn nicht bewusst, was es bedeutet, wenn die Welt ihre Korallenriffe verliert?

## ANKUNFT IN ELDORADO

Millionen Menschen stehen ohne Lebensgrundlage da und unzählige Arten ohne Lebensraum. Das sind Kreisläufe, die nicht ersetzbar sind. Bei Banken würde man von Systemrelevanz sprechen und sie mit Milliardenbeträgen retten. Die australische Regierung macht aber nach wie vor lieber Politik für die Kohleindustrie, einen der Hauptantreiber des Klimawandels.

– 19 –

# Aus einer Idee entsteht AMAP

Es hat lange gedauert. Ganze 21 Anläufe waren erforderlich, bis sich die Vertreter aller 196 Staaten darauf einigen konnten, dass wir ein Klimaproblem haben und es nottut, zu handeln. Am 12. Dezember 2015 wird in Paris ein Papier verabschiedet, in dem die Menschheit beschließt, die von ihr verursachte Erderwärmung auf maximal zwei Grad zu begrenzen. Ergänzt wird das Papier durch einen Zusatz, in dem das Ziel formuliert wird, den Prozess möglichst schon bei eineinhalb Grad zu stoppen. Darauf haben besonders kleinere Inselstaaten gedrängt, denen das Wasser schon jetzt wortwörtlich bis zum Halse steht. Ein paar Zentimeter Ozeanlevel mehr oder weniger, verbunden mit stärker werdenden Winden und Orkanen, können bei ihnen über Sein oder Nichtsein entscheiden. Seit dem Beginn der industriellen Revolution, dem Stand, der als Ausgangspunkt gilt, hat sich die Atmosphäre ungefähr um ein Grad aufgeheizt. Das klingt erst mal nicht sehr bedrohlich, wird es aber dann, wenn man sich die Klimatabellen der letzten Jahre anschaut und sieht, wie die Extreme jeglicher Art zunehmen. Vielleicht hat eben jener Super-El-Niño, der just zur Zeit der Konferenz seinen Höhepunkt erreichte, dazu beigetragen, dass die Gegner, die reichlich vor Ort waren, verstummten und sich die Wissenschaft Gehör verschaffen konnte.

Die Freude ist groß, als die Meldung von der Einigung über die Newsticker rauscht. Man sieht im Fernsehen viele lachende Gesichter und viele Politiker, die sich gegenseitig auf die Schulter

## ANKUNFT IN ELDORADO

klopfen. Ein bisschen kann man den Eindruck gewinnen, dass sie alle, wie sie dort versammelt sind, mit dieser Unterschrift die Welt gerettet haben. Doch ist das wirklich wahr? Ist die Menschheit tatsächlich zur Besinnung gekommen?

Es geht einen Schritt vor und zwei zurück. Ein Jahr später, am 19. Dezember 2016, wird ein Mann zur mächtigsten Person der Welt gewählt, der nach den Maßstäben der sozialen Kompetenz, mit denen ich aufgewachsen bin, nicht mal einen Hausmeisterjob hätte bekommen können. Verzweifelt sitze ich vor dem Fernseher und ahne Grauenhaftes. Und leider gehen alle meine bösen Vorahnungen in Erfüllung. Eines muss man Herrn Trump lassen: Er ist ziemlich konsequent. Er hat seinen Kumpels aus der fossilen Brennstoffindustrie versprochen, für sie zu kämpfen, und das tut er seitdem mit einer erstaunlichen Vehemenz.

Meinem Themenschwerpunkt Umwelt folgend, möchte ich darauf verweisen, dass dieser Präsident für die mächtigste Industrie der Erde genau zum richtigen Zeitpunkt erschienen ist. Dass das Zeitalter von Öl, Kohle und Gas zu Ende geht, ist inzwischen wohl allen klar, die auch nur ein bisschen von globalen Zusammenhängen verstehen. Die Frage ist nur, wie der Übergang ins neue Zeitalter funktionieren kann und muss. Seit dem ersten Tag an der Macht arbeitet Donald Trump daran, das Vermächtnis seines Vorgängers Obama möglichst vollständig auszulöschen und die Ziele des Pariser Abkommens ad absurdum zu führen. Die Umweltbehörde wird entmachtet, Umweltgesetze werden aufgeweicht, und sogar vor der Ausbeutung von Schutzgebieten schreckt er nicht zurück. Das alles kommt genau zu dem Zeitpunkt, in der sich die Menschheit eigentlich eingestanden hat, dass unsere Lebensgrundlagen akut in Gefahr sind. Das Fatale an Trump ist die Außenwirkung seiner Entscheidungen. Jeder kleine Ganove weltweit kann sich den US-Präsidenten als Vorbild nehmen. Das Aufkommen autokratisch regierender Staatschefs, verknüpft mit rechtem Ge-

## AUS EINER IDEE ENTSTEHT AMAP

dankengut, ist zu diesem Zeitpunkt kein Einzelfall mehr. In vielen Ländern scheinen sich die Menschen nach einer starken Hand zu sehnen, nach einem Führer mit einer klaren, leichtverständlichen Botschaft.

In einer immer komplexeren Welt Orientierung zu finden, ist ja auch eine echte Herausforderung. Viele Menschen überall auf der Erde sind verunsichert, durch die Globalisierung, die Digitalisierung und natürlich den Klimawandel, um nur einige zu nennen. Sie haben Ängste, fühlen sich abgehängt und machen sich Sorgen um die Zukunft. Das ist nachvollziehbar. Das aktuelle System der grenzenlosen Bereicherung zeigt an allen Ecken und Enden, dass es eben doch Grenzen gibt. Zu keinem Zeitpunkt der Menschheitsgeschichte waren die Vermögenswerte ungleicher verteilt als heute. Ein Vertreter des neoliberalen Systems wird die momentane Situation preisen und stolz verkünden, dass es noch nie so viele Menschen auf der Erde gab, die ein gewisses Maß an Wohlstand besitzen. Da mag er sogar recht haben, rein rechnerisch. Doch diese Sicht blendet die zahllosen Verlierer des enthemmten Kapitalismus aus, vergisst die Menschen, die mit der Modernisierungsgeschwindigkeit nicht mehr mithalten können. Vergessen werden auch die Menschen, die sich vom kulturellen Wandel ins Abseits gedrängt fühlen.

Das Schlimmste dabei ist, dass die größte Gefahr, nämlich der völlig übernutzte Planet, noch gar nicht in der Denke vieler Leute angekommen ist. Bleibt man im gängigen Links-rechts-Schema, dann ist die große Tragödie, dass sich besonders in ärmeren, auch eher bildungsfernen Schichten ein Großteil des Wählerpotenzials findet, das solche Kandidaten wie Trump nach oben spült. Es soll hier nicht arrogant erscheinen, aber es ist doch klar, dass es leichter ist, für einfache, oftmals jegliche Grautöne vermissende Botschaften begeistert zu sein als für komplexe Zusammenhänge, die verstanden werden müssen, um wirklich vorhandene Probleme zu lösen. Rechts wirkt, weil es einfache Lösungen, simple Erklärungs-

## ANKUNFT IN ELDORADO

muster und rückwärtsgewandte Utopien verspricht. Der Slogan »Make America Great Again« verweist nicht ohne Grund auf die (allerdings verklärte) Vergangenheit. Wer mir eine wirkliche Verbesserung der Welt aufzeigen kann, die jemals von Institutionen rechts der deutschen CDU durchgesetzt worden sind, der möge sich bitte bei mir melden.

Dank Donald Trump hat sich in meinem Kopf ein dystopisches Bild festgesetzt. Ist es möglich, dass ein Einzelner die Menschheit um die reale Chance bringen könnte, den Planeten auf lange Sicht für alle lebensfähig zu erhalten? Eine wirklich beunruhigende Vorstellung, aber auch eine sehr surreale. Es ist nicht von der Hand zu weisen, dass wir keine Zeit mehr für Experimente haben und dringend handeln müssen. Jedes Jahr der Untätigkeit erschwert es uns, die Probleme in der nahen Zukunft noch in den Griff zu bekommen. Trump ist tagtäglich damit beschäftigt, zahlreiche gangbare Wege für die Welt zu verbauen und auf lange Zeit unbegehbar zu machen. Kaum erstaunlich dabei ist, dass neben Trump auch viele andere Entscheider schon recht betagte Männer sind. Die werden den eisfreien Nordpol gar nicht mehr erleben, an dem sie momentan so eifrig arbeiten.

Zurück zu meinem persönlichen Weg. Bin ich tatsächlich dabei, innerhalb meiner Möglichkeiten Wege zu bereiten, oder verbaue ich sie eher? Durch mein Engagement für Greenpeace und den nötigen Systemwechsel habe ich bis heute alle meine beruflichen Aktivitäten sehr gut rechtfertigen können. Jeder Flug dient ja schließlich der größeren Sache. Doch nun bin ich in Brasilien verheiratet und will zusammen mit meiner Frau ein Gästehaus eröffnen. Das wird wiederum Menschen dazu veranlassen, ihren ökologischen Fußabdruck zu vergrößern. Ökotourismus wegen ausbleibender Ernten durch den Klimawandel. Beißt sich da die Schlange nicht in den eigenen Schwanz?

## AUS EINER IDEE ENTSTEHT AMAP

Die Welt ist, wie gesagt, sehr komplex, und im Leben gibt es selten einfache und widerspruchsfreie Lösungen. Das ist mir schon lange klar, doch diesmal tritt das Dilemma deutlich zutage. Es gibt eben nicht nur Schwarz und Weiß, Gut und Böse. Das Leben besteht aus Kompromissen. Die reine Lehre funktioniert auch gerade im Umweltschutz nicht. Diese Tatsache entzweit oft Menschen, die eigentlich auf derselben Seite stehen. Schon oft bin ich von offensichtlichen Gegnern als Fanatiker tituliert worden. Das ist okay, damit kann ich gut leben. Schmerzlicher wird es, wenn Gleichgesinnte, denen die Erhaltung der Natur auch am Herzen liegt, in mir einen Verräter sehen, der Wasser predigt und selbst Wein säuft. Dass ich das System nutze, das ich zu ändern gedenke, halte ich für legitim. Würde man das vorhandene System nur denen überlassen, die den Status quo erhalten wollen, gäbe es nicht mal ansatzweise Chancengleichheit. Mein ganzes Leben ist geprägt durch das Reisen. Niemals würde ich auf die Idee kommen, jemandem das Unterwegssein zu vermiesen. Man stelle sich nur vor, die Menschen hätten kein Interesse mehr aneinander. Nur noch Güter würden um den Erdball herumgeschickt. Keine Neugierde, keine Augenzeugen mehr. Besonders die Jugendlichen kann ich nach wie vor – oder mehr denn je – dazu ermutigen, ihre Rucksäcke zu packen und sich die Welt anzuschauen. Ich möchte nicht für eine Gesellschaft kämpfen, in der wir zu Hause bleiben, sondern für eine offene, faire und vor allen Dingen ökologische Zivilisation.

Das Ziel, komplett auf das Fliegen zu verzichten, ist völlig illusorisch und realitätsfern. Das wird genauso wenig funktionieren wie die Annahme, irgendwann seien wir alle Veganer. Die reine Lehre funktioniert nicht. Damit sich die Anzahl der Flüge, wie prognostiziert wird, nicht in den kommenden Jahren vervierfacht, müssen wir uns Regeln auferlegen. Am wichtigsten dabei ist, erst einmal die Alternativen attraktiver und günstiger zu ma-

## ANKUNFT IN ELDORADO

chen, allen voran das Bahnfahren. Deutschland hat in den letzten Jahren 6000 Kilometer Schienennetz verloren. Das hat mit einer zukunftsfähigen Verkehrspolitik nichts zu tun. Das Fliegen selbst muss endlich vernünftig besteuert werden, und zwar in Bezug auf die verursachten Umweltschäden. Billigflieger gehören genauso verboten wie Inlandsflüge, zumindest in kleinen Ländern wie Deutschland. Langfristig möchte ich aber auch, dass die Fliegerei klimaneutral wird. Keiner soll mehr behaupten, dass dies bei ernsthafter Forschung nicht möglich ist. Eine Spezies, die sich mit künstlicher Intelligenz beschäftigt, wird auch in der Lage sein, in die Luft zu gehen, ohne Treibhausgase auszustoßen. Es ist nur eine Frage des Willens und der Prioritäten.

Und wie ist das mit dem Veganismus? Ich habe großen Respekt vor jedem, der diesen Weg für sich gewählt hat. Es ist offensichtlich, dass er die beste Lösung für den Planeten ist. Würden wir komplett auf tierische Produkte verzichten, bräuchte es viel weniger Anbauflächen und Ressourcen als heute im Zeitalter der großen Verschwendung. Jeder, der sich entscheidet, Veganer zu werden, ist ein echter Held. Jeder, der behauptet, dass dies aus gesundheitlichen Gründen nicht geht, sollte sich nochmals informieren. Bei meinen Vorträgen werde ich auch hin und wieder von Veganern, mehrheitlich jungen Menschen, darauf angesprochen, warum ich denn das Thema nicht prominenter behandle. Das hat zwei Gründe. Ich bin selbst kein Veganer. Bis heute habe ich es nicht geschafft, auf Milch in meinem morgendlichen Müsli zu verzichten. Ich beruhige mich dabei mit dem Gedanken, seit Jahren nur noch Biomilch zu kaufen. Außerdem kann ich mir, so ehrlich muss ich einfach sein, ein Leben ohne Käse auf den Spaghetti kaum vorstellen.

Der andere Grund ist die Realität der anderen fast acht Milliarden Menschen auf der Erde. Ich habe im Laufe der Jahre meine persönliche Energie für den notwendigen Wandel mehr und mehr in solche Bereiche verlagert, in denen ich die großen Hebel sehe.

## AUS EINER IDEE ENTSTEHT AMAP

Jene, die im realen Leben tatsächlich etwas bewegen. Um bei tierischen Produkten zu bleiben, kann man es vereinfacht so darstellen: Mir sind am Ende 80 Prozent »Wenig-Fleisch-Esser« lieber als 15 Prozent Veganer. Ich stelle mir vor, wie prima es wird, wenn sich die Mehrheit der Gesellschaft wieder wie zu Omas Zeiten auf den Sonntagsbraten freut. Dass wir zu einer Bande ständiger Fleischfresser geworden sind, ist noch nicht allzu lange her. Nur ein fehlgeleitetes Wohlstandsbild und eine Politik, die die falschen Schwerpunkte gefördert hat, haben uns überhaupt dazu gebracht, dass es praktisch keine Mahlzeit mehr gibt, in der nicht irgendwelches Fleisch auf dem Teller liegt.

Kehren wir zur Farm zurück. Mit der Entscheidung, das alte Haus auf der Fazenda Almada zu renovieren, haben wir uns für einen Weg entschlossen, der mit der Ankunft der ersten Gäste nicht abgeschlossen ist. Im Gegenteil, damit soll er erst richtig beginnen. Das Erbe der Kakaoküste am Leben halten zu wollen, bedeutet neben dem Erhalt der Bauwerke in erster Linie für mich, die Naturnähe des Kakaoanbaus lebensfähig zu erhalten. Dies ist nur innerhalb einer intakten Natur mit ausreichend Regenfällen möglich. Für die Regenfälle können wir nur ganz begrenzt sorgen, aber dass es möglichst viel intakte Natur gibt, darin sehen Juliana und ich die direkte Konsequenz aus der Wahl, unter die Fazendeiros zu gehen. Schon damals zusammen mit Luis haben wir das ungeheure Potenzial erkannt, das hier dank der Cabrucas im Naturschutz möglich ist.

Ein starkes Argument ist natürlich das Land, das auch heute noch zu unserer eigenen Farm gehört. Mama Elisabeth hat im Laufe der Jahre leider viele Hektar wertvollen Kakaowald verkaufen müssen. Was wir auf den verbliebenen Flächen noch zur Genüge haben, ist Weideland. Auf fast 200 Hektar grasen gut fünfzig Rinder, die aber gegen die Rückkehr der Büsche nicht anfressen können. Weite Teile dieser Gebiete haben sich schon wieder zur

## ANKUNFT IN ELDORADO

sogenannten Capoeira-Vegetation entwickelt. So nennt man die Vorstufe zu neuem Wald.

Einer meiner ersten strategischen Schachzüge besteht darin, meiner Frau und ihrer Mutter klarzumachen, dass man wohl kaum eine Biofarm mit Ökotourismus im Regenwald bewerben kann, auf deren Gelände über die Hälfte der Fläche aus degradierten, ehemaligen Waldflächen besteht, auf denen hauptsächlich Bullen weiden, die keinerlei wirtschaftlichen Nutzen haben. Ein sehr kniffliger Schachzug, der auch nicht ganz ohne hitzige Diskussionen abgeht. Aber letztendlich stimmen sie dann doch zu. Wir verringern den Bestand der Rinder von fünfzig auf fünfzehn und reduzieren deren Reich von knapp 200 auf 15 Hektar. Heute grasen die Wiederkäuer friedlich im Zentrum der Farm, dort, wo sich auch unsere kleine Siedlung befindet. Alle anderen Bereiche sind für sie durch neue Zäune unerreichbar. Auf einen Schlag konnten wir so der Natur fast 200 Hektar Land zurückgeben. Darüber bin ich sehr glücklich.

Es gibt überall auf der Welt ähnliche Gebiete, die der Mensch abgeholzt hat, aber nicht mehr nutzt. In den Tropen, zumindest dort, wo der Mutterboden noch intakt ist, gibt es zwei Möglichkeiten, dem Wald zu helfen. Die Ausgrenzung der Rinder ist eine davon. Es ist erstaunlich, wie schnell die Vegetation wächst, wenn ausreichend Regen fällt. Auf ehemaligen Weiden ist das natürlich allem voran Gras. Doch es kommen auch viele andere Pflanzen hinzu. Diese sogenannten Pionierarten wachsen recht schnell, wodurch sie allen Nachfolgern dann wohltuenden Schatten spenden. Irgendwann wird das Gras mehr und mehr von Buschwerk und aufkommenden Bäumen verdrängt. Schon nach wenigen Jahren hat man auf solchen Flächen eine Vegetation, die bis zu zehn Meter hoch ist und durchaus wie ein Wald anmutet. Im Laufe der Zeit werden dann von Vögeln Samen verteilt, die für eine abwechslungsreichere Durchmischung der Arten sorgen. Doch

## AUS EINER IDEE ENTSTEHT AMAP

bis an solchen Orten, an denen man der Natur die Erneuerung komplett sich selbst überlässt, wieder ein Wald existiert, der eine halbwegs vernünftige biologische Vielfalt umfasst, dauert es viele, viele Jahre. Bis sich gar ein Lebensraum erneuert hat, der dem ursprünglichen Wald gleichkommt, müssen sogar viele hundert Jahre vergehen.

Genau diesen Prozess kann man aber mit der zweiten Möglichkeit massiv verkürzen. Das Zauberwort heißt Wiederaufforstung. Dazu gibt es natürlich sehr viele Abhandlungen, und jede Klimaregion, jeder unterschiedliche Boden macht spezielle Herangehensweisen erforderlich. Eines haben aber alle gemein: Man hilft der Natur, indem man nicht nur Pionierpflanzen setzt, sondern gezielt die biologische Vielfalt dazwischenstreut. So wachsen alle praktisch parallel. Unser Plan ist daher, auf einigen der Flächen wieder möglichst viele Baumarten der Mata Atlântica zu setzen. Auf anderen Wiesen, wo sich schon von alleine viel Buschwerk gebildet hatte, soll der Natur die Arbeit überlassen bleiben. Solche Aufforstungen im tropischen Klima sind körperlich sehr anstrengend, verlangen nach fachlichem Knowhow und einem respektablen Budget.

An dieser Stelle kommt Simon Straetker ins Spiel, den ich auf dem Freiburger Mundologia-Festival kennen- und schätzen gelernt habe. Während ich dort die Show »Naturwunder Erde« aufgeführt habe, filmte er die ganze Veranstaltung zu dokumentarischen Zwecken. Simon war damals gerade mal 22 Jahre alt, fachlich aber schon ziemlich versiert. Er wurde mit seiner Kamera zu einem sehr wichtigen Player in meinem damals bevorstehenden Greenpeace-Projekt und ist heute ein guter Freund.

Von Simon kommt schließlich der entscheidende Push. Er ist damals der Koordinator des Pangaea-Projektes, eines Vereins, in dem Jugendliche ökologische oder soziale Projekte überall auf der Welt unterstützen können. Die jungen Leute entwickeln unter seiner Regie aus unserer Aufforstung eine Kampagne und reichen sie bei der Google.org Impact Challenge ein, einem Ideenwettbewerb. Sie werden tatsächlich genommen, der Verein gewinnt für diese Aktion 10 000 Euro. Im Sommer 2016 trifft daraufhin eine Gruppe von zehn jungen Menschen an der Kakaoküste ein und setzt mit viel Freude und Einsatz überall kleine Bäumchen in die Erde, wo wenige Monate zuvor noch Kühe grasten.

Die Begeisterung der Gruppe für das Projekt wird zu einer echten Inspiration für mich. Kritiker mögen jetzt sagen, diese Leidenschaft könnten sie genauso gut im heimischen Borken oder Ellwangen ausleben. Dazu braucht man nicht um die halbe Welt zu fliegen. Das stimmt. Auch zu Hause gibt es tolle und wichtige Umweltprojekte. Aber mir sind junge Menschen, die sich erst einmal selbst finden und den Planeten erkunden wollen, indem sie etwa den Regenwald aufforsten helfen, viel lieber als Schulabgänger, die direkt ins Studium springen oder eine Berufsausbildung absolvieren. Das Jahr Auszeit nach der Schule halte ich für die vielleicht wichtigste Zeit im Leben. Von denen, die es zwar könnten, aber nicht tun, aus Angst, den Anschluss zu verlieren, werden nicht viele das etablierte System verändern. Sie sind zu früh zu sehr Teil des Ganzen geworden und haben auch nie über den Horizont hinaus geblickt, geschweige denn ihn erweitert. Das soll nicht heißen, dass man gereist sein muss, um Aktivist zu werden. Aber viele, die ich kenne, mich selbst eingeschlossen, sind es aufgrund des Reisens geworden.

Unsere Pflanzaktion wird ein voller Erfolg. Wenn es einem gelingt, die richtigen Leute zusammenzubringen, dann ist tatsächlich sehr viel möglich. So finde ich den Mut, mal wieder weit über den Horizont zu schauen. Einige Wochen zuvor hat mir unser Vorarbeiter Tico Santos erzählt, dass die Nachbarfarm »Bom Pastor« zu verkaufen sei. Noch nie habe ich die Zeit gefunden, mir diese Farm einmal anzusehen. Das hole ich jetzt nach. Der Weg führt auf einer ungeteerten Straße über einen Bergzug und öffnet sich

## AUS EINER IDEE ENTSTEHT AMAP

auf der anderen Seite in ein längliches Tal, in dessen Sohle kleine Bäche ein Feuchtgebiet bewässern. Rechts und links ziehen sich Kuhweiden den Hang hinauf. Erst oben am Grat setzt sich die Bewaldung fort. Ich folge der Straße durch eine hügelige Landschaft für weitere knapp zwei Kilometer, bis ich das Haupthaus der Farm erreiche, das auf einer Anhöhe gelegen ist und einen fantastischen Ausblick auf die Umgebung ermöglicht. Das Haus ist von einer großen Terrasse umgeben, und direkt dahinter beginnt ein wunderbarer Cabruca. Was für ein traumhaftes Fleckchen Erde! Ich werde unruhig und spüre Adrenalin in meinem Körper. In meinem Kopf explodieren förmlich Bilder und Visionen. Vor mir sehe ich erneut das Leuchtturmprojekt einer nachhaltigen Kakaoküste. Ich muss wieder an die Gespräche mit Luis denken. Ich stehe praktisch direkt auf der Terrasse des besten Hauptquartiers, das man sich für lokale Naturschutzprojekte überhaupt vorstellen kann. Nachdenklich spaziere ich auf dem Farmgelände umher, bastle an der Vision und vergesse die Zeit.

Irgendwann springe ich wieder in mein Auto und fahre viel zu schnell zurück zu meiner Frau. Wild gestikulierend und überschwänglich skizziere ich die Idee, Bom Pastor unbedingt kaufen zu wollen, um dort ein Umweltzentrum einzurichten. Dieses soll zur Aufgabe haben, Regenwald aufzuforsten, die Löwenäffchen zu schützen und die nachhaltige Kakaoproduktion am Leben zu erhalten. Juliana lacht und schüttelt den Kopf: »Du bist ein Phantast, Markus!« Natürlich verstehe ich ihre Perspektive, haben wir doch durch unsere eigene Farm ausreichend eigene Probleme. So toll diese Vision auch ist, so weit ist sie auch von der Umsetzung entfernt. Noch.

Eineinhalb Jahre später existiert an der Kakaoküste eine gemeinnützige Naturschutzorganisation mit dem Namen AMAP (Almada Mata Atlântica Project). Sie hat zum Ziel, Regenwald aufzuforsten, Löwenäffchen zu schützen und die nachhaltige Kakao-

## ANKUNFT IN ELDORADO

produktion am Leben zu halten. Als Hauptquartier dient ihr dazu seit dem Frühjahr 2018 das Farmhaus von Bom Pastor. Die großen Kuhweiden der Farm werden seither nach und nach aufgeforstet, um einen zukünftigen Waldkorridor für die Löwenäffchen zu schaffen. Denn Bom Pastor war zuvor eine große Lücke zwischen zwei Cabrucas, eine unüberbrückbare Hürde für die Tiere. Hier ist in sehr kurzer Zeit etwas passiert, was mich ungeheuer stolz macht und vielleicht das Wichtigste ist, zu dem ich in meinem Leben beigetragen habe. Aus einer fantastischen Vision, einer scheinbar unrealisierbaren Idee ist eine Bewegung geworden, die genau das zu werden verspricht, was Luis und mir bei unserem ersten Besuch in den Sinn kam, ein Leuchtturmprojekt, das aufzeigt, was passiert, wenn man Wirtschaft und Naturschutz versöhnt. Ökonomie, Ökologie und soziale Entwicklung müssen enge Freunde sein. Diese Freundschaft können wir hier an der Kakaoküste vorleben, indem wir die naturnahe Kakaowirtschaft erhalten helfen, welche die Menschen vor Ort in Lohn und Brot bringt. Gleichzeitig stärken wir die Natur und schaffen Lebensraum für viele Arten. Allen voran unsere Maskottchen, die Goldkopflöwenäffchen. Letzlich stärkt eine Kraft die andere. Die gesunde Natur schafft Arbeitsplätze. Dieser nachhaltige Kreislauf ist der einzig gangbare Weg in eine lebenswerte Zukunft.

Doch wie war das so schnell möglich? Glück ist natürlich immer ein entscheidender Faktor, aber in erster Linie sind es die vielen Jahre meiner Tätigkeit als Botschafter für Greenpeace und für ökologische Themen, die bei den richtigen Leuten für Glaubwürdigkeit sorgen. Diese Authentizität, verbunden mit der guten Sache, hat Menschen zusammengebracht, die seitdem als Team Wunderbares leisten. Allen voran Achim Gresser, der wahrscheinlich leidenschaftlichste Umweltaktivist, den ich in Deutschland kennenlernen durfte. Achim ist von der Idee, eine eigene Organisation aufzubauen, bei der wir alle unsere Werte und Ideen integrieren

## AUS EINER IDEE ENTSTEHT AMAP

können, von Anfang an begeistert. Er ist noch länger als ich im Aktivistenbereich tätig und hat mit vielen Kampagnen für den Erhalt der Natur gekämpft. Uns beiden gefällt der Gedanke, unsere langjährige Erfahrung in konkrete Projekte umzusetzen. Zusammen definieren wir die Ziele von AMAP, aber Achim formuliert dann in wochenlanger Feinarbeit mit Hilfe von Steuerberatern und Rechtsanwälten eine Satzung, die uns als Verein in Deutschland die Gemeinnützigkeit beschert.

Am 21. Oktober 2016, mit dem Ende der großen Dürre an der Kakaoküste, wird in der Studentenstadt Marburg AMAP Deutschland offiziell gegründet. Die ungleich größere Leistung ist es, das Gleiche auch in Brasilien hinzukriegen. Achim bewahrt gute Nerven und erweckt am 13. September 2017 AMAP Brasilien in Ilhéus offiziell zum Leben. Seitdem arbeiten alle AMAPler in Deutschland daran, Gelder zu generieren, mit denen wir dann in Brasilien Land und Leuten helfen können. Achim bemüht sich intensiv um noch fehlende Mitarbeiter. So wirbt er den Biologen Christian an, der alle Projekte koordiniert. Svetlana hingegen sieht meinen Vortrag und entschließt sich spontan, bei der ersten Aufforstung mitzumachen. Heute bildet sie mit Achim und Christian den ehrenamtlichen Vorstand und ist darüber hinaus für die Koordination der Freiwilligenarbeit zuständig. David, ein eloquenter Redner, fungiert als Geschäftsführer. Lars, ein talentierter Fotograf und Filmemacher, ist unser Computerfachmann und Medienredakteur. Anne kümmert sich als Organisationstalent um alle Events, bei denen AMAP in Erscheinung tritt. Rolf macht das Printdesign, Isabel die Homepage, und Luis ist natürlich auch dabei. Er tritt als Experte für den Lebensraum Mata Atlântica in Erscheinung. Dazu kommen Dutzende ehrenamtliche Helfer, die in den ersten drei Jahren helfen, den Verein bei unzähligen Veranstaltungen zu repräsentieren.

Der Kreis schließt sich. Als Luis damals vor unserer Reise an die Kakaoküste über Löwenäffchen recherchierte, hat er einen

## ANKUNFT IN ELDORADO

Fachmann von der Universität in Rio de Janeiro zu Rate gezogen, den Primaten-Spezialisten Leonardo de Carvalho Oliveira. Auf Leonardos Initiative hin wurden vor über zwanzig Jahren Programme gestartet, um die Löwenäffchen zu erforschen. Er war es, der unseren Freund Bila zum Experten dieser Tiere machte. Er schaffte es, Bilas Forschungen über all die Jahre zu finanzieren. Manchmal griff er dazu auch in die eigene Tasche, wenn es in Brasilien schwieriger wurde, Forschungsgelder zu bekommen. Das Großartige ist nun, dass eben jener Leonardo heute unser ehrenamtlicher Vorsitzender von AMAP Brasilien ist und Bila durch den Verein zum ersten Mal seit vielen Jahren eine sichere Anstellung hat. Wir haben immer ein wandelndes Lexikon an unserer Seite, wenn die Organisation im Bereich des Artenschutzes für die Tiere arbeitet. Hier kam wirklich zusammen, was auch zusammengehört. Außerdem haben wir seit Ende 2018 14 weitere Leute aus den umliegenden Dörfern angestellt, die mit großem Einsatz und Herzblut bei der Sache sind. Schon heute kann der Verein Menschen eine Perspektive geben und zeigen, dass unser Credo, mit der Natur und nicht gegen sie zu arbeiten, funktioniert.

Ich selbst bin in die Rolle des Lautsprechers geschlüpft und erzähle den Menschen von unseren Ideen und Visionen. Denn eines ist klar: AMAP kann nur etwas erreichen, wenn wir genügend Unterstützung bekommen. So habe ich heute neben meiner Rolle als Botschafter für die größte Umweltschutzorganisation der Welt eine ähnliche Aufgabe für das eigene Projekt. Wie sehr sich meine beiden Aktivitäten ergänzen, zeigt sich auch an der Tatsache, dass wir in der Greenpeace-Stiftung einen Partner gefunden haben. Die Stiftung hat sehr strenge Regeln und unterstützt nur Organisationen, die sie auch vorher genau auf Eignung durchleuchtet. Diese Zusammenarbeit kommt im Prinzip einem Qualitätssiegel für AMAP gleich.

## AUS EINER IDEE ENTSTEHT AMAP

Der Zuspruch ist groß, und ich lerne, in anderen Maßstäben zu denken. Mein Ziel ist es, dass AMAP eine relevante Organisation wird, die eine Alternative zum existierenden System aufzeigt. Ein wichtiger Baustein im Prozess des globalen Wandels. Die Nachfrage nach Schokolade wird in den kommenden Jahren weiter steigen, doch die Anbaugebiete weltweit sind in keinem guten Zustand. Wenn es uns gelingt, der Welt die Vorteile des naturnahen Cabruca-Systems zu zeigen, dann haben wir auch noch im Jahr 2060 Chancen auf gute Schokolade. Mit großem Entsetzen lese ich immer wieder, wie bis heute in Afrika und anderen Ländern Südamerikas Regenwald abgeholzt wird, um dort Plantagen für den Kakaoanbau zu schaffen. Dieser Weg führt in eine Sackgasse.

Alle Mitglieder bei AMAP arbeiten mit Hochdruck. Wir brauchen hier die Wiederbelebung des alten Knowhows und Helfer, die bereit sind, in die Sache zu investieren, ohne daraus einen monetären Gewinn zu erwarten. Der Gewinn liegt vielmehr darin, den Menschen vor Ort eine Perspektive zu geben und eine Natur wiederherzustellen und zu erhalten, die uns ein ausgeglichenes Klima schenkt. Mein Lebensziel ist es, ein Großschutzgebiet einzurichten, eine Region, in der wieder zusammenhängende Wälder existieren, in denen in manchen Bereichen die Menschen Kakao ernten. AMAP wird keine neuen Cabrucas einrichten, aber die vorhandenen erhalten und verbessern helfen. Viele Gebiete verwahrlosen seit Jahren. Diesen Trend gilt es umzukehren. Neue Jobs für die Leute, neue Wälder, wo sich momentan Weideflächen befinden. Die einzigen Verlierer innerhalb unseres Konzepts sind die Rinder. Aber von denen gibt es ohnehin ein paar hundert Millionen zu viel auf der Welt.

Es ist eine Vision, zugegeben, aber ich werde über sie reden, wo immer ich auf potenzielle Unterstützer treffe. Darin sehe ich meine Aufgabe. Sollte sich eines Tages ein Mäzen finden, der mit seinem Geld mithelfen möchte, die Kakaoküste in ihrer Vielfalt zu erhalten, sind wir bereit. Jeder kann helfen, ob mit großen oder

## ANKUNFT IN ELDORADO

kleinen Beträgen. Wir wissen inzwischen von vielen weiteren, unglaublich schönen und ökologisch wertvollen Landstrichen. Diese warten darauf, geschützt zu werden. Wir könnten ohne Probleme auf einen Schlag 30 Millionen Euro ausgeben. Egal, wie viel Land wir am Ende in unser Konzept mit aufnehmen, jeder Schmetterling, der durch AMAP auch in Zukunft in einer pestizidfreien Natur fliegen kann, ist den Einsatz wert.

- 20 -

# Die Fenster in die Vergangenheit schließen sich

Ab Frühjahr 2015 beginne ich, die Beschleunigung meines Lebens zu spüren. Wo bislang nie Grenzen waren, tauchen sie jetzt unvermittelt auf. Auch ich werde älter und ich vergesse immer wieder, meinen Geist und Körper so weit zu synchronisieren, dass die Aktivitäten den biologischen Verfall nicht überfordern. Älterwerden ist per se nichts Schlimmes. Gerade auf geistiger Ebene möchte ich keine Lebenserfahrung missen. Aber ich muss lernen, mit dem Alterungsprozess umzugehen. Nach wie vor ist alles möglich, nur eben etwas langsamer. So ab Mitte vierzig merke ich, dass mir nicht mehr alles so leicht von der Hand geht wie noch mit Anfang dreißig. Der Körper meldet sich, denn schließlich ist meine Arbeit, seien es die Vortragstourneen oder das Reisen und Fotografieren, sehr körperbetont. In der ersten Jahreshälfte 2015 bereise ich direkt nach einer langen Vortragstournee fast zwei Monate lang das südliche Afrika, breche dann zusammen mit Juliana zu einer wochenlangen, kräftezehrenden Trekkingtour durch den Norden von Myanmar auf und fotografiere anschließend auf Einladung einer befreundeten Organisation den Nebelwald von Monteverde in Costa Rica.

Eine Erholungsphase gibt es nicht. Kaum sind wir zurück, geht es direkt auf eine weitere Open-Air-Vortragsreise mit Greenpeace. Ende August herrschen starke Winde an der Ostsee. Bei nasskaltem Wetter trete ich unweit des Strandes auf. Nach der Hälfte der Show werden meine Knie weich, mir wird flau. Ende und aus, ich habe keine Power mehr und muss abbrechen. Juliana lässt nicht locker und bringt mich in ein Krankenhaus. Dort fragen mich die Ärzte: »Was haben Sie eigentlich so in letzter Zeit getrieben?«

Die Aufzählung dauert länger. Die Diagnose kommt schnell: Meine Abwehrkräfte haben sich praktisch in Luft aufgelöst, das Immunsystem ist völlig am Boden. Burnout. Das Blöde ist, dass ich gar keinen Stress empfunden habe. Alles, was ich unternommen und getan habe, war freiwillig, und das meiste davon auch noch eine Herzensangelegenheit. Und dennoch liege ich flach. Es ist gar nicht so leicht, die eigenen Grenzen zu erkennen und zu akzeptieren. Ab wann überfordert man sich? Wenn man etwas wirklich erreichen möchte, wie teilt man seine Kräfte am besten ein? Das muss ich nun lernen, zusammen mit dem Älterwerden. Auf diese ganz neue Herausforderung bin ich nicht wirklich vorbereitet. Die Ärzte schreiben mich für sechs Wochen krank, und diese Zeit brauche ich auch, um wieder zu Kräften zu kommen. Mir ist völlig klar, dass ich mich nie wieder in eine derartige Lage bringen darf. Ab jetzt will ich alles viel ruhiger angehen. Das nehme ich mir fest vor, nicht ahnend, dass mir die Schwangerschaft, die Blitzhochzeit, die Farmrenovierung, die Gründung einer Umweltschutzorganisation und die Wahl von Donald Trump zu diesem Zeitpunkt noch bevorstehen.

Der neue US-Präsident, der immer schlechter werdende Zustand der Erde und die gleichzeitige Ignoranz eines großen Teiles der menschlichen Spezies belasten mich zusehends. Auf die reine Landschaftsfotografie, aus der ja »Naturwunder Erde« noch zum großen Teil besteht, habe ich kaum noch Lust. Die Jagd nach dem tollen Licht in schöner Natur erscheint mir angesichts der sich zuspitzenden Probleme nicht mehr sinnstiftend. Ich will etwas tun, was mich fordert und an dem ich aber weiter künstlerisch und inhaltlich wachsen kann. Den globalen Ansatz meiner Projekte will ich natürlich beibehalten. Dieser hat sich bewährt und ist auch die

## DIE FENSTER IN DIE VERGANGENHEIT SCHLIESSEN SICH

beste Möglichkeit, Zusammenhänge aufzuzeigen. Die Welt wandelt sich, und ich muss es auch tun.

Dann schiebt sich ein Thema in den Fokus, das mir schon all die Jahre immer wieder begegnet ist, aber nie im Mittelpunkt stand: Ich will das Leben und die Kultur indigener Gemeinschaften erkunden und ihre Geschichten für möglichst viele Menschen sichtbar machen. Dass wir mit unseren Lebensgrundlagen nicht gut umgehen, das habe ich jahrelang vermittelt. Doch wie sieht es denn mit denen aus, die noch viel näher an der Natur leben, als wir es tun? Jene, die von ihren täglichen Abläufen her auf intakte Ökosysteme direkt in ihrem Umfeld angewiesen sind? Gibt es noch viele Nomaden? Wo sind die letzten Nachkommen der Jäger und Sammler geblieben, die vor vielleicht siebzigtausend Jahren aus Afrika aufbrachen, um die Welt zu erobern?

Der Aufhänger ist wieder der Wandel, denn er macht auch vor dem Leben der indigenen Völker nicht halt. Das weiß ich aus eigener Erfahrung, denn ich habe im Laufe der Jahre viele indigene Völker in den Wäldern besuchen dürfen. Kritische Stimmen melden sich. Dieses Projekt, vermelden sie, kommt zehn Jahre zu spät. Die Globalisierung hat intakte Gemeinschaften praktisch überall aufgelöst. Mir aber geht es gar nicht darum, möglichst viele Fleckchen heiler Erde zu finden, sondern ein realistisches Gesamtbild zu erarbeiten, das den Zustand der Erde aus der Perspektive indigener Völker beschreibt. Dazu gibt es viele Fragen, die es zu beantworten gilt. Wie kann man praktisch von der Steinzeit direkt ins Handyzeitalter springen?

Und auch ich muss wieder einmal in ein neues Zeitalter springen. Es ist mittlerweile gerade für junge Fotografen normal geworden, das bewegte Bild und das Foto zu kombinieren. Jede Kamera liefert heutzutage großartige Fotos, aber eben auch eine Filmqualität, von der man vor ein paar Jahren nur träumen konnte. Außerdem werden kleine handliche Drohnen immer populärer, die für

## ANKUNFT IN ELDORADO

wenig Geld Perspektiven in die Projekte zaubern, die das Arbeitsfeld des Reisejournalisten enorm erweitern. Eine neue Herausforderung, wieder einmal. Doch wie soll ich mit ihr umgehen? Ich komme letztendlich zu dem Schluss, dass Fotograf, Autor, Produzent und Aktivist ausreichende Tätigkeitsfelder für mich darstellen. Wenn man zu viel auf einmal tut, leidet immer die Qualität. Aber eines ist mir sehr wohl bewusst: Ich werde in den kommenden Jahren Begegnungen und Begebenheiten erleben, bei denen es sich lohnt, sie in bewegten Bildern für die Nachwelt festzuhalten. Aber ich muss ja gar nicht alles selbst machen! Also rufe ich den jungen Filmemacher Simon Straetker an, der mir beim Vortragsfestival in Freiburg so positiv aufgefallen war. Simon sagt zu. Das Ergebnis wird drei Jahre später ein Dokumentarfilm mit dem Titel »An den Rändern der Welt« sein, der erfolgreich in den Kinos läuft. Aber das weiß ich zu dem Zeitpunkt noch nicht.

## – 21 –

## Himba und San – Überleben in karger Natur

Ist alles schlecht auf dieser Welt? Nein, ist es definitiv nicht. Eines der wenigen Länder, das sich in seiner Verfassung speziell mit der Erhaltung von Lebensräumen und dem Schutz natürlicher Ressourcen befasst, ist Namibia im südlichen Afrika. In Artikel 95 steht sinngemäß geschrieben: »Der Staat fördert und erhält das Wohlergehen der Menschen, indem er Maßnahmen ergreift, die auf die Erhaltung von Ökosystemen, ökologischen Prozessen und der biologischen Vielfalt sowie deren nachhaltige Nutzung abzielen.« Das finde ich ziemlich gut. Jetzt bin ich natürlich kein Namibia-Experte, und bei genauer Analyse findet man auch in diesem Land Fehlentwicklungen bezüglich der Natur. Doch mein persönlicher Eindruck bestätigt den Artikel 95. Hier läuft so manches besser als in vielen anderen Ländern, die ich bereisen durfte.

Namibia ist kein Zufall. Ich habe ganz bewusst das südliche Afrika als erstes Reiseziel für das Projekt über indigene Volksgruppen ausgewählt. Anfang der neunziger Jahre war ich schon einmal hier. Ich war damals vom Besuch bei den San und Himba nachhaltig beeindruckt, ein perfekter Einstieg also in die Thematik. Ich beginne nicht mit etwas gänzlich Unbekanntem. Außerdem wird es interessant sein, die Veränderungen der letzten dreißig Jahre mit eigenen Augen zu sehen. Namibia ist ein karges Land, weshalb es bis heute sehr dünn besiedelt ist. Seiner Anziehungskraft tut dies keinen Abbruch, im Gegenteil. Die Wüsten- und Savannenlandschaften sind großartig. Damals wie heute dauert es

nicht lange, und ich bin dieser rauen Schönheit komplett verfallen.
Dieses Mal habe ich als Kameraden zwei junge Männer an meiner Seite, die weniger als halb so alt sind wie ich, Simon mit über zwanzig und Janis knapp darunter. Kann das gut gehen?

Aber es klappt tatsächlich. Natürlich verdrehen die zwei Jungs hin und wieder die Augen, aber im Großen und Ganzen ergänzen wir uns wirklich toll. Genau, wie es in einem Team sein soll. Mit ihrer jugendlichen Kraft und Begeisterungsfähigkeit, ihrer schon fast unheimlichen Strukturiertheit und dem Wissen über neue Techniken und digitale Anwendungen inspirieren sie mich. Im Gegenzug profitieren sie durchaus auch von meiner Erfahrung und meinen Ideen. Es macht von Anfang an richtig Spaß, mit ihnen zu reisen. Janis ist ein begnadeter Drohnenpilot und verschafft uns viele tolle Blicke auf die Landschaften des südlichen Afrikas. Beide sind unerschrocken und offen, sodass wir am Ende dieser Reise genau das Material haben, das die Produktionsfirma Filmtank davon überzeugt, aus dem ganzen Projekt einen Kinofilm zu machen.

Im Norden des Landes bildet der Fluss Kunene die Grenze zwischen Namibia und Angola. Das ganzjährig fließende Wasser bildet eine grüne Lebensader im ansonsten wüstenhaften Umland. Auf beiden Seiten des Kunene liegt das angestammte Land der Himba. Ihrem Protest ist es zu verdanken, dass die hier über eine Abbruchkante rauschenden Epupa-Wasserfälle nicht in den Fluten eines Stausees versinken mussten. Diese Gefahr war schon vor dreißig Jahren bei meinem ersten Besuch gegeben. In der Region befinden sich Begräbnisplätze der Himba, die zerstört worden wären. Das Kraftwerk wird wohl nun an anderer Stelle geplant. Verhindern lässt es sich letztlich kaum, denn auch in Namibia steigt der Energie- und Wasserbedarf, wie praktisch überall auf der Welt. Die Wasserfälle sind natürlich auch ein touristischer Hot Spot, sodass die Straße hier in den Norden hinauf inzwischen viel besser

## HIMBA UND SAN – ÜBERLEBEN IN KARGER NATUR

ausgebaut ist als noch drei Jahrzehnte zuvor. Im direkten Umfeld des Naturspektakels leben auch einige Familienclans der Himba. Sie sind das letzte Hirtenvolk in Namibia, das seine nomadische Lebensweise zumindest teilweise noch praktiziert. Sie züchten Schafe und Ziegen, beziehen ihren Wohlstand aber aus der Menge an Rindern, die sie besitzen.

Die Himbafrauen scheinen sich seit meinem letzten Besuch optisch nicht verändert zu haben. Ihr Äußeres zieht nicht nur mich in ihren Bann. Nichts an ihnen ist zufällig, alles hat eine kulturelle Bedeutung. Ob Schmuck, Haartracht oder Körperbemalung, ihr Auftreten wirkt wie ein Kunstwerk. Für mich vereinen diese Menschen Schönheit, Würde und Eigenständigkeit – wäre da nicht dieser raue Lebensalltag. So dient die aus Butterfett und Ocker gewonnene rote Farbe auf ihrer Haut nicht nur der Schönheit, sondern schützt sie vor Hitze und Insektenstichen. Bei den Männern ist die Zeit der Unverwechselbarkeit wohl vorbei. Alle tragen verschlissene Shorts und T-Shirts, und kaum einer erinnert sich daran, dass auch mal bei den Herren der Schöpfung eine Haartracht in Form eines speziell geformten Zopfes Tradition gewesen ist. Doch sie sind sich sehr wohl bewusst, dass Touristen in ihre Region kommen, weil diese ihre Eigenständigkeit und vermeintliche Ursprünglichkeit faszinierend finden. Besonders die Frauen sind begehrte Fotomotive und haben durch die Besucher Einnahmen, die es ihnen ermöglichen, näher an den Rest der Welt heranzurücken.

Auch in Namibia ist der politische Wille da, alle Bürger am modernen Leben teilhaben zu lassen. Gegen Schulbesuch und Gesundheitsversorgung gibt es auch kaum Argumente. Doch Entwicklungsmöglichkeiten müssen von den Betroffenen frei wählbar sein. Dann haben, meiner Einschätzung nach, auch die Traditionen der Himba eine Überlebenschance. Die Anpassungen an die Moderne geschehen bei ihnen, wie bei vielen anderen Volksgruppen auch, auf sehr unterschiedliche Weise. Während es mancherorts inzwischen normal ist, dass die Frauen im Supermarkt Babymilch und Essen kaufen, entscheiden sie sich anderswo bewusst dazu, um das Überleben ihrer Rinder und ihrer traditionellen Lebensgrundlage zu kämpfen. Genau für diese Gruppen haben wir uns interessiert. Ist das traditionelle Leben heute überhaupt noch möglich? Abseits der Touristenwege, in den Weiten des Kaokafeldes, hofften wir auf diese Familien zu treffen.

Die unbefestigten Pisten durch die Halbwüste sind auch heute noch eine Herausforderung und der eigentliche Grund, warum Geländewagen erfunden wurden. Während der Fahrt treffen wir immer wieder vereinzelte Gruppen der Himba. In der Weite des trockenen Landes ist es manchmal ziemlich schwer, mit anzusehen, wie wenig ihnen zum Leben zur Verfügung steht. Einmal treffen wir einen Clan mitten im Nirgendwo. Er wartet darauf, dass ihm seine staatliche Unterstützung ausgezahlt wird. Wir sehen uns um und fragen uns, wie es ihnen gelingt, hier zu überleben. Und wo um alles in der Welt wollen sie die Unterstützung ausgeben? Doch andererseits ist uns klar, dass die Moderne auch hier angekommen ist. Leere Flaschen und vereinzelt Plastikmüll im Dornengestrüpp sind die Belege. Fahrende Händler haben das vermeintlich abgelegene Gebiet längst für sich erschlossen.

Über Jahrtausende haben sich die Menschen angepasst. Sie wissen, wo lebensspendendes Wasser verborgen ist, und brauchen neben ihren Tieren keinerlei Luxus zum Leben. Doch gegen einen Feind sind sie völlig machtlos: Den Alten ist die große Dürre aus den achtziger Jahren noch im Gedächtnis. Damals verloren sie einen Großteil ihrer Rinder, und viele Himba konnten sich nicht mehr selbst versorgen. Wenn das Wasser ausbleibt und ihre Tiere verdursten, sind sie am Ende ihrer Möglichkeiten angekommen. Nicht alle sind nach der Katastrophe vor dreißig Jahren wieder ins traditionelle Leben zurückgekehrt.

## HIMBA UND SAN – ÜBERLEBEN IN KARGER NATUR

Während unseres Besuches im April 2015 ist das Land wieder ähnlich verdorrt. Seit über drei Jahren warten die Menschen im Norden Namibias auf den erlösenden Regen. Auch wir erleben, wie sich Tag für Tag große weiße Wolkenberge verheißungsvoll am Himmel aufbauen, nur um dann am Nachmittag ohne Wirkung wieder in sich zusammenzufallen. Kein Thema beschäftigte die Himba so stark wie die ausbleibenden Niederschläge. Bei allen Gesprächen, die wir mit ihnen, zumeist abends am Lagerfeuer, führen, geht es um die Dürre. Diese Menschen kennen die Welt kaum. Sie wissen nichts vom Klimawandel, dem Treibhauseffekt oder von der Ölindustrie. Aber sie spüren, dass sich die Dinge um sie herum verändern. Dass es immer schwieriger wird, für sich und ihre Tiere an ausreichend Wasser zu gelangen. Sie merken, dass die Regenmenge in den letzten Jahrzehnten kontinuierlich abgenommen hat. Kommt kein Regen, sind sie gezwungen, zumindest einen Teil ihrer Tiere zu verkaufen. Aber auch das ist eine kaum lösbare Aufgabe. Wie führt man Tiere über Hunderte von Kilometern durch ein praktisch ausgetrocknetes Land? Wer würde die ausgemergelten Tiere überhaupt kaufen?

Kaum hat mein neues Projekt begonnen, da ist der Klimawandel auch schon wieder das zentrale Thema. Es ist ein allgegenwärtiger Reisebegleiter, ein Stalker, den man nicht abschütteln kann. Als ich bei den Himba vor ihren Hütten sitze und sehe, wie die Frauen mit einfachsten Mitteln ihre Kinder versorgen und die Männer nicht verstehen können, warum es andernorts viel mehr regnet als bei ihnen, überfällt mich neben einer gewissen Beklemmung auch immer wieder Wut. So viel Leid auf der Erde könnte verhindert werden. Erst ein Jahr nach unserem Besuch fällt der ersehnte Regen. Langfristig ist dies für die Himba nur ein schwacher Trost, denn es wird mit Sicherheit weitere Dürrephasen geben. In Gegenden, wo Niederschlag sowieso eher selten ist, können schon kleine klimatische Veränderungen den großen Unterschied zwischen Leben und Tod bedeuten. Das Land der Himba gehört definitiv dazu. Ein Blick in den Spiegel macht mir bewusst: Es ist ein Privileg, als Reisender eine Region und deren Probleme einfach hinter sich lassen zu können. Und dennoch bleiben die Sorgen der Himba in meinem Kopf.

Zu den ersten menschlichen Bewohnern des südlichen Afrikas gehören die San. Deren lange Geschichte lässt sich anhand von vielen Zeichnungen und Ritzungen rekonstruieren. Diese wurden schon vor Tausenden von Jahren von den Künstlern auf Felsen hinterlassen. Die San sind begnadete Jäger und Sammler und haben die Kunst des Überlebens in einer extremen Wildnis perfektioniert. Ihre hellere Hautfarbe, die relativ geringe Körpergröße, das Pfefferkornhaar und die vorstehenden Wangenknochen gehen auf eine evolutionäre Anpassung an das Wüstenklima zurück. Eben weil ihr Lebensraum für andere Menschen zu lebensfeindlich gewesen ist, konnte dieses Volk sehr lange ohne Kontakt zur Außenwelt durch die Weiten der Kalahari ziehen und den Archetypus des Jägers und Sammlers praktisch bis in die Moderne bewahren.

Wie könnte man die San mit einem Wort charakterisieren? Mir kommt nur »sanftmütig« in den Sinn. Das erging mir schon bei meinem ersten Besuch so. Ich kann es kaum beschreiben, aber mit ihnen fühle ich mich auf irgendeine Weise emotional verbunden. Vielleicht weil sie von ihren sozialen Strukturen her sehr friedlich sind und ihre Geschichte nicht von Gewalt geprägt ist? Inzwischen habe ich gelernt, dass Soziologen diese Lebensweise als »egalitäre Gesellschaft« beschreiben. Der sinngemäße Auszug aus dem Wikipedia-Artikel fühlt sich für mich wie die so dringend benötigte Weltrettungsformel an:

> »Alle Mitglieder haben den gleichen Zugang zu Ressourcen und keiner kann dauerhaft Macht über andere ausüben. Es herrscht

## HIMBA UND SAN – ÜBERLEBEN IN KARGER NATUR

politische und soziale Gleichheit. Individueller Besitz wie auch Eigentum sind nachrangige Wertvorstellungen.«

Viele werden, sobald sie das Wort »gleich« lesen, sofort Schnappatmung bekommen. Nein, das ist kein verkappter Kommunismus, sondern, wie ich finde, eine resiliente Gesellschaftsform, die sich leider in der Geschichte der Menschheit nicht durchgesetzt hat. Ich habe am Anfang des Buches den Grund dafür bereits beschrieben: Von dem Moment an, als der überwiegende Teil der Menschheit sich irgendwann entschlossen hat, sesshaft zu werden, um Ackerbau und Viehzucht zu betreiben, war die Idee gleichen Zugangs zu Ressourcen obsolet, und das Spiel um Macht und Reichtum begann. Nur durch ihre langanhaltende Isolation konnten die San diesen alternativen Weg als Jäger und Sammler so lange beschreiben. Doch mit dem Erstkontakt zur Außenwelt begannen dann leider auch die Unterdrückung und ein Leidensweg, der bis heute andauert. Lange Zeit galten sie in den Augen vieler gar nicht als Menschen. So wurde diese friedvolle Volksgruppe zum Opfer von Gewalt und Sklaverei. Besonders heute, da sie wegen mangelnden Lebensraumes und staatlicher Repressalien kaum noch in der Lage sind, sich selbst zu versorgen, sind ihnen ihr Stolz und die eigene Identität meinem Eindruck nach praktisch abhandengekommen.

Wenn die San heute in Lendenschurz und mit Pfeil und Bogen bewaffnet durchs Grasland ziehen oder vor ihren kleinen Rundhütten am Feuer sitzen, dann sind immer Besucher wie ich anwesend. Diese Art zu leben, hat außerhalb der Schaudörfer für Touristen praktisch aufgehört, zu existieren. Aber gerade dort, am Lagerfeuer, sind es vor allem die Alten, die in ihrer wunderbaren Klicksprache die Sorge äußern, dass sich die Jugend immer weiter von ihren Traditionen abwendet. Reale Chancen, in Würde in der Moderne anzukommen, gibt man ihnen kaum. Viele treibt die Perspektivlosigkeit in den Alkoholismus. Dazu wirken besonders viele Jugendliche verunsichert, da ihnen von außen vermittelt wird, einer minderwertigen Kultur anzugehören. Das Schicksal der San ist für mich ein Paradebeispiel dafür, warum wir nie aufhören dürfen, gerade in Zeiten der Globalisierung für eine fairere und nachhaltigere Welt zu kämpfen.

Der größte Teil ihres Lebensraumes befindet sich auf dem Staatsgebiet des heutigen Botswana, wo ihnen aus fadenscheinigen Gründen ihre Grundlagen genommen wurden. Man hat ihnen die Jagd verboten und damit auch das nomadische Leben unmöglich gemacht. Als Gründe schob man unter anderem die Notwendigkeit der Einrichtung von Naturschutzgebieten vor, was ein geradezu unerträgliches Argument für einen Naturschützer wie mich ist. Über Jahrtausende haben diese Menschen die Kreisläufe in der Kalahari erhalten, und ausgerechnet sie als Selbstversorger sollen eine Gefahr für die Flora und Fauna sein? Wie absurd! Vielmehr sind es Diamantenvorkommen, die man in aller Ruhe erschließen will. Und natürlich reiche Schnösel, die gerne möglichst ungestört auf seltene Tiere schießen möchten.

Simon, Janis und ich sind nun zu Besuch bei den San auf der namibischen Seite, an den westlichen Ausläufern der Kalahari. Hier auf dieser Seite der Grenze scheint vom Grundsatz her so manches besser zu laufen, zumindest hat der aufmerksame Reisende diesen Eindruck. Das Zauberwort heißt »Conservancies«, das sind sogenannte Gemeinde-Schutzgebiete. In einem Netzwerk gibt es heute in Namibia 86 solcher Schutzgebiete. Wenn man alle anderen Formen von Schutzzonen hinzuzählt, steht momentan ungefähr die Hälfte des Landes unter Schutz. Das ist ziemlich beeindruckend. Wir leben in einer Zeit, in der die Natur wo auch immer kaum noch vom Einfluss des Menschen unberührt bleibt. Zunehmender Siedlungsdruck schafft immer mehr Konflikte zwischen den Bedürfnissen von Siedlern und Wildtieren, die vorher da waren. Trampelt eine Elefantenherde über einen Acker und zerstört die Ernte, werden die Menschen sich wehren, indem sie die Tiere töten. Reißt ein Löwe eine Ziege oder eine Gruppe Hyänen eine Herde Schafe, werden die unschuldigen Täter von den Menschen gestellt und erschossen. Die in Namibia entwickelten Gemeinde-Schutzgebiete halte ich für eine sehr positive Möglichkeit, genau diesen Entwicklungen vorzubeugen, die neben der Wilderei praktisch immer zur Auslöschung der Wildtierpopulationen führen. Die Nyae Nyae Conservancy ist eine San-Gemeinde nahe der Grenze zu Botswana, die sich diesem Konzept angeschlossen hat. Dass diese Idee nicht automatisch zur Verbesserung der Lebensqualität aller Mitglieder führt, haben wir gesehen. Nicht jeder bekommt einen Job als Ranger, Guide oder Darsteller in den Schaudörfern. Trotzdem ist die Sache vom Prinzip her genial, denn sie generiert Gelder mit Naturerhalt auf der Basis des Ökotourismus. Touristen kommen aus drei Gründen nach Namibia. Sie wollen weite Landschaften erleben, Tiere beobachten und indigene Kulturen kennenlernen. Nyae Nyae hat dies alles zu bieten. Die Salzpfanne, die dem Gebiet ihren Namen gab, zieht nach der Regenzeit viele Wildtiere an, die sich dort mit Wasser versorgen. Die Kultur der San ist in Form der Schaudörfer zwar nur noch Folklore, aber sie ermöglicht den Menschen, zumindest ihre Identität am Leben zu erhalten. Das finde ich äußerst wichtig. Wir haben einen wunderbaren Guide, der uns über eine Woche lang seine Kultur und sein Land zeigt.

Aber wir sehen auch besagte reiche Schnösel, eine Gruppe Besucher in Safarikleidung mit Gewehren auf einem offenen Pick-up. Sie sind dabei, den kleinen Ort Tsumkwe in Richtung Salzpfanne zu verlassen. Ihre Absicht ist leicht zu erraten. Diese »Besucher« sind eigens angereist, um aus purer Lust am Töten ein oder mehrere Tierleben auszulöschen. Sie tun das nicht, weil sie ihre Familie satt kriegen müssen. Solche Leute wollen eine Trophäe. Zu Hause kann man sich dann über die eigene Kühnheit freuen oder vor Neidern damit angeben. Dass ich diese Leute am liebsten von ihrem Auto gezerrt und kräftig durchgeschüttelt hätte, ist klar. Ich hasse die Trophäenjagd, und ich möchte keinen dieser Menschen zum Freund haben. Wie arm muss man sein, wie wenig das Leben verstanden haben, um sich daran zu erfreuen, aus nächster Nähe ein völlig hilfloses Wesen zu erschießen?

Die Trophäenjagd hat allerdings auch eine andere Seite. Ausgerechnet diese furchtbare Art des Jagens ist eines der stärksten Naturschutzwerkzeuge in der afrikanischen Savanne. Nein, ich habe mich nicht verschrieben. Wir leben leider in einer Zeit, in der Natur meist nur noch existiert, weil irgendwer irgendeinen Nutzen daraus zieht. Das ist bitter, aber eine Wahrheit, an der wir nicht vorbeikommen. Normale Touristen, die Schaudörfer besuchen und Tiere an Wasserlöchern knipsen, bringen nicht ausreichend Einnahmen, um das System der Conservancies funktionsfähig zu halten. Der Clou dabei ist es nämlich, die Menschen finanziell zu entschädigen, wenn sie durch die Wildtiere Einbußen erleiden mussten. Anstatt wie früher zum Gewehr zu greifen und den Missetäter zur Strecke zu bringen, begibt sich der Farmer heute zum Büro des Schutzgebietsverwalters und bekommt einen Geldbetrag ausgezahlt. Vor dreißig Jahren waren die Wildtierbestände in Namibia auf einem historischen Tiefpunkt. Dann gab die Regierung die Verantwortung an die Gemeinden weiter. Zusammen mit Umweltverbänden wie dem WWF wurden die Conservancies entwickelt, die heute Einkommen für über 180 000 Menschen generieren. Das funktioniert deshalb, weil es Zeitgenossen gibt, die bereit sind, für ihr tödliches Hobby mehrere zehntausend Dollar zu zahlen, und damit wirklich Geld in die Gemeindekassen spülen. Voraussetzung dafür ist die akribische Überwachung der Tierbestände. Das ist zwar perfide, aber aus meiner Sicht akzeptabel. Seit-

## HIMBA UND SAN – ÜBERLEBEN IN KARGER NATUR

dem hat sich die Population der in freier Wildbahn vorkommenden Tiere wieder stark erholt. Heute lebt in Namibia die weltweit größte Anzahl an Geparden und Spitzmaulnashörnern. Auch die Menge an Elefanten, Löwen und Giraffen wächst in erfreulicher Zahl, während die Bestände gerade dieser Tiere in anderen afrikanischen Ländern durch die Wilderei massiv zurückgehen. Gerade auch bei der Trophäenjagd zeigt sich, dass die reine Lehre nicht funktioniert. Mit Kompromissen ist der eigenen Sache meist mehr gedient, als wenn man etwas aus ideologischen Gründen von vornherein kategorisch ablehnt.

Die San leben in der Kalahari, und dort dauert die Trockenzeit bis zu zehn Monate im Jahr. Die mächtigen Baobab-Bäume, die ein biblisches Alter von über tausend Jahren erreichen können, sind perfekt an die Bedingungen angepasst und bilden mit zahlreichen anderen Lebewesen Symbiosen, die das Überleben in der Hitze der Halbwüste ermöglichen. Für die San sind sie ein wichtiger Wasserspeicher. Eine ähnlich faszinierende Baumart ist der Köcherbaum. Die San verwenden sie als Pfeilköcher, indem sie die weichen Zweige innen aushöhlen. Der Name wurde von den ersten Europäern im 17. Jahrhundert geprägt, als sie begannen, die Kalahari zu erkunden. Doch die Wissenschaft macht sich zunehmend Sorgen um diese Überlebenskünstler. Studien haben sowohl bei den Baobabs als auch bei den Köcherbäumen erhöhte Sterblichkeitsraten festgestellt. Es ist nicht weit hergeholt, dies in den Zusammenhang mit dem sich wandelnden Klima zu stellen. In einer sowieso schon extremen Region, in der es zunehmend trockener und heißer wird, haben diese Lebensformen vielleicht ihre maximale physiologische Toleranz erreicht. Werden sie in einer nicht allzu fernen Zukunft verschwunden sein? Selbst bei den schönsten fotografischen Momenten in der blauen Stunde im Köcherbaumwald ist es mir nicht mehr völlig gelungen, diese trüben Gedanken komplett zu verdrängen.

# ANKUNFT IN ELDORADO

## - 22 -

## Im Tal des Omo

Afrika gehört die Zukunft. Doch wie sieht sie aus? Wie eigentlich immer gibt es positive und negative Aspekte. Je nach Interessenlage oder persönlichem Weltbild wird der Einzelne seine Argumentationskette aufbauen. Zukunft muss gestaltet werden, doch wie? Für die meisten Leute gehört Fortschritt zur Gedankengrundlage, wenn sie sich mit dem beschäftigen, was kommen soll. Doch wie unterschiedlich man das Zauberwort »Fortschritt« definieren und dessen Wirkung bewerten kann, lässt sich am Beispiel des afrikanischen Landes Äthiopien sehr schön aufzeigen.

Die moderne Wirtschaft ist so sehr in ihrem Wachstumszwang gefangen, dass sie nicht nur immer mehr produziert, sondern die Entwicklungen auch immer schneller voranschreiten. Afrika gilt als eine Region, die unglaubliches Potenzial zum Wachstum hat. Betrachtet man Satellitenaufnahmen des Kontinents bei Nacht, ist er in der Tat bis heute in weiten Teilen ein schwarzer Fleck. Das Bild von Fortschritt wird wohl je nach Weltregion und Weltbild unterschiedlich definiert. Während sich manche Hirne mit Biotechnologie und künstlicher Intelligenz beschäftigen, bedeutet Fortschritt für einen Großteil der Menschheit, ein gewisses Maß an Wohlstand zu erreichen. Ein kleiner Teil unserer Spezies befindet sich immer noch im Stadium der Steinzeit, während am anderen Ende Forscher bereits die Besiedelung des Mars planen. »Die Gleichzeitigkeit des Ungleichzeitigen« hat der Philosoph Ernst Bloch dieses typische Kennzeichen der Moderne genannt.

## IM TAL DES OMO

Die große Mehrheit der Bevölkerung steht irgendwo dazwischen und sucht nach Orientierung. Eines ist klar: Den einen, absoluten Weg, der alles richtig macht und jeden mitnimmt, den wird es nicht geben. Die fortschreitende Globalisierung und der Turbokapitalismus hinterlassen viel zu viele Verlierer und Schäden an der Substanz des Planeten. Deshalb ist der Aktivismus so wichtig, der als Korrektiv den entmenschlichten Entwicklungen das Gewissen zurückgeben muss. Gegen Fortschritt kann man nicht sein. Ihn wird es immer geben. Das ist auch gut so, ich zum Beispiel habe dem Fortschritt ein wunderbares Leben zu verdanken. Ziel muss es sein, Fortschritt so zu definieren und zu gestalten, dass möglichst viele Menschen daran partizipieren können, ohne dabei die Grundlagen der menschlichen Existenz zu zerstören.

Zurück zu Äthiopien. Um den von der Regierung gewünschten Wohlstand nach westlichem Vorbild zu erreichen, bedarf es einer Infrastruktur. Dazu werden Energie, Straßen und Knowhow benötigt. Viele Wirtschaftsfachleute und Analysten sehen das Land auf einem hervorragenden Weg. Um die Hauptstadt Addis Abeba sind in den letzten Jahren viele Arbeitsplätze entstanden, und die Geburtenrate hat sich fast halbiert. Das sind eigentlich gute Nachrichten. Sobald Menschen Perspektiven in ihrer Heimat haben, bleiben die meisten auch gerne vor Ort. Denn kaum ein Mensch verlässt leichtfertig seine Heimat und sein soziales Umfeld. Doch wie wird dabei vorgegangen? Wie wichtig ist es der Regierung, dass auf ihrem Weg, einer der vielbeschworenen afrikanischen Tigerstaaten zu werden, die ethnischen Minderheiten und das kulturelle Erbe nicht zu Schaden kommen? Wird dabei an die Umwelt gedacht?

Weit im Westen des Landes steht ein Projekt kurz vor der Fertigstellung, das alle Energieprobleme Äthiopiens auf einen Schlag lösen soll. Unweit der Grenze zum Sudan wird der Grand-Ethiopian-Renaissance-Damm den Blauen Nil aufstauen. Dabei entsteht

## ANKUNFT IN ELDORADO

eine Wasserfläche, die dreimal so groß sein wird wie der Bodensee. Sein Wasserdruck soll 16 Turbinen antreiben, die bis zu 6 000 Megawatt Stromleistung erzeugen sollen. Das schafft kein Kraftwerk in Europa. Freunde des Projektes loben es als zukunftsweisend, macht es doch Äthiopien zum afrikanischen Ökostrom-Champion, mit praktisch 100 Prozent erneuerbarer Energie. Da können andere nicht mithalten. Südafrika verbrennt nach wie vor Kohle, Nigeria hustet im Dunst von Dieselgeneratoren, und Kenia träumt vom Atomkraftwunder.

Eine gute Entwicklung also? Leider gehöre ich zur Fraktion der Kritiker. Der Damm macht vor allem Probleme. Man geht davon aus, dass durch das steigende Wasser zwischen fünftausend und zwanzigtausend Menschen der ethnischen Gruppe der Gumuz ihre Heimat verlieren werden. Allein die Tatsache, dass keiner genau weiß, wie viele es tatsächlich sind, ist schon eine Katastrophe. Dazu riskiert Äthiopien einen Konflikt mit den Ägyptern. Das Nachbarland befürchtet, dass während der Jahre des Wasseranstiegs nicht mehr genug Energie mit ihrem Assuan-Staudamm gewonnen werden kann. Was mich aber am meisten die Stirn runzeln lässt, ist die generelle Entscheidung zur Wasserkraft. Wie kann man heute noch in einer der heißesten Regionen der Erde Wasser aufstauen und damit eine riesige Oberfläche schaffen, die der Sonnenhitze ausgesetzt ist? Ich möchte gar nicht wissen, wie viele Liter durch den See tagtäglich zusätzlich verdunsten werden. Mit Solarzellen ließe sich dank eben dieser von früh bis spät scheinenden Sonne bei deutlich geringerem Platzverbrauch und für den gleichen finanziellen Aufwand genauso viel Energie erzeugen. Deshalb wäre die Fotovoltaik in Zeiten ausbleibender Regenfälle und sich ausbreitender Wüsten die einzig vernünftige Energieform für das Land gewesen. Knapp daneben ist auch vorbei.

Unabhängig vom aktuellen Projekt bin ich einige Jahre zuvor mit meiner Kamera im Norden des Landes in der Danakil-Senke unterwegs gewesen. Wegen des aktiven Vulkans Erta Ale ist die Gegend auch bei Globetrottern beliebt. Diese unwirkliche, sehr heiße, teilweise unter dem Meeresspiegel liegende und sehr dünn besiedelte Region ist die Heimat des nomadischen Volkes der Afár. Neben dem Hüten von Ziegen und Kamelen leben viele Afár vom Handel mit Salz. Dieses gewinnen sie in den Seen der Danakil unter ähnlich schweren Bedingungen wie die Indios im Hochland von Bolivien. Berühmt sind ihre Kamelkarawanen, mit denen sie den Rohstoff aus der Senke hinaus in die Stadt Dessie bringen, um ihn dort zu verkaufen.

Als wir vom Hochland hinab in die Senke fahren, holpern wir zuerst, wie es zu erwarten war, über eine raue Piste aus Geröll. Die Piste wird irgendwann zur Baustelle, an der Dutzende Menschen, wahrscheinlich Afár, in der Bullenhitze Steine schleppen. Dann sehen wir plötzlich, dass auch Kinder und Jugendliche unter den Arbeitern sind. Wie ist das möglich? Wir bezweifeln, dass sie für diese Sklaverei eine angemessene Entlohnung bekommen, denn schon zur vernünftigen Versorgung mit Trinkwasser hat es nicht gereicht. Als wir langsam an ihnen vorbeifahren, betteln sie um Wasser. Die Szene ist völlig surreal und kann nicht der Definition von Fortschritt entsprechen. Weiter unten in der Ebene sind die Bauarbeiten bereits beendet. Das ist noch skurriler. Auf Dutzenden von Kilometern fahren wir über eine nagelneue Straße, auf der man an den meisten Stellen einen Jumbojet hätte landen können. Dabei kommt uns in der ganzen Zeit nicht ein einziges Auto entgegen. Die gibt es hier nämlich gar nicht.

Aber was wir sehen, sind windschiefe, aus Zweigen und Decken gefertigte Unterstände, in denen einzelne Familien der Afár in einer Umwelt überleben, die nach unserer Definition wohl als lebensfeindlich klassifiziert werden muss.

Wie viele andere Straßen im Land wurde auch diese von Chinesen geplant und finanziert. China wird als der große Freund ge-

## ANKUNFT IN ELDORADO

priesen, und deren Ingenieure werden als die Heilsbringer hofiert. Ich habe bisher aber kein einziges Projekt kennengelernt, in dem China Geld aus Menschlichkeit investiert hat. Dahinter stecken immer knallharte Geschäftsinteressen. Wenn die Äthiopier glauben, trotzdem von diesen Aktivitäten zu profitieren, halte ich das für ein riskantes Spiel. Die teuren Straßen werden nur zu einem Zweck gebaut: damit in einer nahen Zukunft dort viele Trucks problemlos große Mengen an Rohstoffen und Waren transportieren können. Alles andere ist eine Illusion. In diesem speziellen Fall sind es die Salzvorkommen, die im großen Maßstab abgebaut werden sollen. Dass damit die Urbevölkerung eine ihrer Haupteinnahmen verliert und die ikonischen Kamelkarawanen, die für die Menschen identitätsbildend sind, wahrscheinlich verschwinden werden, wird in Kauf genommen.

Das Tal des Flusses Omo im Süden Äthiopiens ist eine jener Regionen, in denen viele unterschiedliche Volksgruppen auf relativ engem Raum zusammenleben. Ich habe das bewährte Team mit Simon und Janis an meiner Seite, als wir uns aufmachen, die Geheimnisse dieser faszinierenden Weltgegend zu ergründen. Doch zuerst führt unser Weg von der Hauptstadt aus zu den Bale-Bergen. Seit dem Jahr 1969 ist dort ein Teil des größten alpinen Lebensraumes in Afrika durch einen Nationalpark geschützt. Mein Wunsch ist es, zusammen mit meinen zwei Begleitern einen Teil des Gebirges zu Fuß zu durchqueren. Ich will ein Gefühl dafür bekommen, wie es um die Natur in diesem Park bestellt ist. Der Besuch in den Semien-Bergen im Norden des Landes hat mich ein paar Jahre zuvor ziemlich traurig gemacht. Diese grandiose Bergwelt, an deren Hängen Steinböcke und Blutbrustpaviane leben, hat unter immensem Siedlungsdruck zu leiden. Selbst zahlreiche Umsiedlungsmaßnahmen in die Randzonen des Nationalparks konnten die Überweidung der alpinen Graslandschaften kaum vermindern. Der Park war deswegen schon mal

## IM TAL DES OMO

kurz davor, seinen Status als Weltnaturerbe zu verlieren. Hier zeigte sich, was für einen schweren Stand die Natur gegenüber der schnell wachsenden Menschenpopulation hat. Mich treibt die Frage an, ob es in der ähnlichen Vegetation der Bale-Berge genauso sein wird.

Immerhin lebt hier die größte verbliebene Anzahl an äthiopischen Wölfen. Die Tiere ähneln Schakalen und sind die seltenste aller Wildhundarten. Man schätzt ihren Bestand noch auf rund 450 Tiere, wovon über die Hälfte in den Bale-Bergen lebt. Im Laufe der Wanderung bekommen wir fünf Tiere zu Gesicht. Es gelingt uns auch wunderbar, sie zwischen Riesenlobelien und alpinem Gras zu fotografieren. Ihr Schicksal ist eng mit einem Problem verknüpft, das wir heute an vielen Stellen der Erde haben. Schon nach kurzer Zeit erlebe ich, dass es auch hier in den Bale-Bergen nicht anders ist. Der Mensch dringt auf der Suche nach Lebensraum immer weiter in Wildnisgebiete vor. Dabei macht er auch vor Schutzzonen nicht halt. Die existieren zwar auf dem Papier, sind aber oftmals in der Realität nur schwer zu managen. Für Naturschutz ist in den meisten Ländern der Erde einfach kein oder nicht genügend Geld vorhanden.

Für die Wanderung engagieren wir einen lokalen Guide und bekommen ein paar Mulis zur Verfügung gestellt, die uns beim Tragen der Ausrüstung helfen. Auch hier bin ich wieder emotional hin und hergerissen. Wir erleben zwischen 2000 und 4000 Metern über dem Meeresspiegel atemberaubende Landschaften. In den Tagen im Park werden uns unzählige wunderbare Lichtstimmungen geschenkt, die jedes Fotografenherz erfreuen und die Seele streicheln. Doch es gelingt mir nur teilweise, die Probleme zu verdrängen, die leider auch hier nur allzu deutlich sichtbar sind.

Mittlerweile leben rund 21000 Menschen dauerhaft in diesem Nationalpark. Ich sehe ganze Berghänge, an denen die typische Wacholdervegetation abgebrannt wurde, um zusätzliche Weide-

## ANKUNFT IN ELDORADO

fläche für Rinder zu schaffen. Selbst in weit über 3000 Metern Höhe werden Ziegen und Rinder über die sensible alpine Bodenvegetation getrieben. Es gibt eigentlich kaum noch einen wirklichen Rückzugsraum für Wildtiere und Pflanzen. An den südlichen Ausläufern des Gebirges befindet sich eines von zwei verbliebenen größeren Waldgebieten des Landes. Nachdem wir die Durchquerung des Hochplateaus erfolgreich beendet haben, machen wir einen Abstecher in dieses Gebiet. Allein in den vergangenen fünf Jahren haben sich hier Tausende Neusiedler niedergelassen. Alte Bäume wurden gefällt, und Weideland wurde geschaffen.

Da mir bewusst ist, wie wenig Wald im Land noch existiert und wie wichtig er für den Wasserkreislauf ist, kann ich mich nicht für diese Menschen freuen. Im 19. Jahrhundert waren noch 35 Prozent der Fläche Äthiopiens mit Bäumen überzogen. Anfang des 21. Jahrhunderts sind es noch 4 Prozent, mit sinkender Tendenz. Als Wassereinzugsgebiet versorgen die Bale-Berge ungefähr zwölf Millionen Menschen im südlichen äthiopischen Tiefland, Somalia und Kenia ganzjährig mit Wasser. Die intakte Natur muss uns endlich etwas wert sein. Ich bitte unseren Fahrer, das Gebiet sehr schnell zu verlassen und Kurs auf unser Hauptreiseziel zu nehmen.

Wegen der großen ethnischen Vielfalt kann man die Bergregionen Myanmars mit dem Omo-Tal vergleichen. Unterschiedliche Gruppen leben jeweils seit Jahrhunderten auf relativ engem Raum zusammen. Die Zeiten des Kolonialismus sind an den Völkern des Omo nahezu spurlos vorbeigegangen. Erst heute ist es die eigene Regierung, welche die Menschen aus ihren gewohnten Strukturen reißt, ohne ihnen eine wirklich neue Orientierung zu geben. Die Politik setzt auf westliche Entwicklungsvorstellungen nach kapitalistischen Regeln. Was in anderen Teilen der Welt als vorbildlich gilt, hat für die Gruppen vor Ort oft tragische Folgen.

## IM TAL DES OMO

Zuerst besuchen wir die Ethnie der Bodi im Omo-Tal. Dieses Volk lebt dort, wo nicht mehr allzu viele Touristen hinfahren und wo Besucher auch gar nicht so gerne gesehen sind.

Die Bodi sind für ihre Narbenkunst bekannt. Es bedarf schon starker Nerven, mit anzuschauen, wie sie sich die Haut aufritzen und mit Erde zur Entzündung bringen. Warum das nicht zu regelmäßigen Blutvergiftungen führt, ist mir ein Rätsel. Die Ergebnisse der mehrere Millimeter aufragenden Narbenformen sind auf jeden Fall sehr beeindruckend und vor allem gerade bei Frauen beliebt. Die Körper sind entstellt und zugleich wahre Kunstwerke.

Die Bodi sind stark von dem Wandel betroffen, den die Regierung in Addis Abeba als Chance sieht, die Menschen aus ihrer angeblichen Armut und Rückwärtsgewandtheit zu holen. Man möchte ihnen ein modernes Leben und schnelle Entwicklung ermöglichen. Während die Männer die Mittagshitze bei angeregtem Spiel unter schattenspendenden Akazien überstehen, wird keine 15 Kilometer von ihrem Dorf entfernt Landraub in unvorstellbarem Ausmaß praktiziert. Unter chinesischer Führung lässt die Regierung hier Zuckerrohrplantagen entstehen, die am Ende die Größe des Saarlandes haben werden. Dafür wird, ohne mit der Wimper zu zucken, ein Drittel der Fläche des Omo-Nationalparks geopfert. In Laufweite zu den Bodi ist an der Zufahrtsstraße der Industrieanlage ein Ort mit Restaurants und kleinen Verkaufsläden entstanden. Er weckt all jene Bedürfnisse nach Konsum, die den kulturell eigenständigen Bodi vor kurzem noch unbekannt waren. Für Menschen, die ohne Vorwissen mit diesen Strukturen in Kontakt kommen, ist das kaum sozialverträglich zu meistern. Während einige im Dorf vehement die Industrieprojekte verteidigen, weil sie z. B. als Lastwagenfahrer Arbeit finden, bleibt ein Großteil ohne direkte Vorteile zurück. Der soziale Frieden, der bei kleinen Gemeinschaften auf dem Solidaritätsprinzip beruht, ist akut gefährdet.

## ANKUNFT IN ELDORADO

Während unseres mehrtägigen Besuches im Dorf der Bodi wagen wir ein kleines Experiment. Wir versprechen allen Kindern eine kleine Belohnung, wenn sie sämtliches Plastik zu uns bringen, das sie im Umfeld der Hütten finden. Volksfeststimmung kommt auf, als Dutzende lachende Kinder durch das Dorf rasen und wetteifern, so viel wie möglich anzuschleppen. Nach knapp zwanzig Minuten ist das Gelände zum ersten Mal seit langem müllfrei. Zumindest für kurze Zeit. Vor uns liegt ein beachtlicher Berg aus Plastik, den wir in Säcke packen und bis zur nächsten Stadt mitnehmen. Was dort mit dem Müll dann tatsächlich geschieht, entzieht sich unserer Kenntnis. Einer der Alten äußert in einem der zahlreichen Gespräche, dass die Jungen heute lieber rüber zur Hauptstraße zum Biertrinken gehen als auf die Jagd. Ob das auch ein Teil der von der Regierung gewünschten Modernisierungsaktion ist?

Die bekanntesten Bewohner des Omo-Tales sind wahrscheinlich die Mursi. Dank ihrer eingeschnittenen Unterlippen, in die sie runde Tonscheiben legen, sind sie überaus beliebte Fotomotive, und das wissen sie auch. Die Dörfer der Mursi liegen direkt an der Straße, auf der die Trucks zu den Plantagen fahren. Für Besucher sind sie auch deshalb leicht erreichbar, weil sie sich nicht allzu weit weg vom Eingang des Tales befinden. Nähert sich ein Safari-Auto, dauert es nicht lange, und eine große Gruppe reichlich behängter und dekorierter Models steht bereit. Welcher Fotograf möchte nicht all seine Kreativität einsetzen und diese wunderbar exotischen Motive in eigene Kunst verwandeln?

Das gilt natürlich auch für mich. Mit großer Vorfreude treffen wir bei den Mursi ein, und ich beginne umgehend mit dem Fotografieren. Was für Gesichter, was für imposante Menschen! Ich höre gar nicht mehr auf, den Auslöser zu betätigen. Während andere Besucher nach zwanzig Minuten wieder weiterfahren, bleibe ich mehrere Tage und fotografiere mehrmals jeweils früh morgens und spät abends. Dann ist das Licht über der Savanne sanft, und auf der dunklen Haut der Menschen bilden sich keine harten Schatten. Natürlich bin ich auch bereit, mehr zu bezahlen als die üblichen Touristen. Die Nachricht über meine Freigiebigkeit verbreitet sich wie ein Lauffeuer. Immer mehr Mursi wollen so oft wie möglich fotografiert werden. Mit der Zeit wandern Früchte, Schalen und Schmuckstücke von Kopf zu Kopf, es wird turbulent. Selbst Leute, die ich gar nicht fotografiert habe, aber in deren Richtung die Kamera kurz zeigte, bedrängen mich und meinen Guide. Alle fordern Geld, immer mehr Geld. Viele der Menschen sind alkoholisiert. Die Situation eskaliert. Ich werde von so vielen Mursi gleichzeitig bedrängt, dass ich sie voller Frust fast niederschreie, um nicht erdrückt zu werden. Ein unwürdiges Verhalten, was ich umgehend reflektiere. Noch dazu habe ich diese Eskalation selbst heraufbeschworen. Am zweiten Morgen, im Laufe der vierten Session, gebe ich auf und breche meine Arbeit ab. Ich weiß nicht mehr, ob das, was ich hier tue, richtig ist. Verschlimmere ich die Situation der Menschen durch mein Tun? Ich bin frustriert und traurig, als wir wieder im Auto sitzen. Simon und Janis haben es geschafft, die Abläufe ganz gut zu dokumentieren. Sie werden dann auch später bewusst in den Kinofilm geschnitten, um die Realität authentisch wiederzugeben. Ich gebe mein Okay, auch wenn ich da nicht besonders gut aussehe, aber alles andere wäre unglaubwürdig gewesen. Nicht die Mursi sind hier die Bösen, aber auch nicht die Touristen und schon gar nicht der Fotograf, der die Schönheit dieser Ethnie für die eigene Arbeit bestmöglich zu dokumentieren versucht. Die Ursachen liegen letztendlich woanders.

Wie kann Kultur überleben, wie können Menschen in Würde ihre Zukunft gestalten, wenn die eigene Landesführung sie als minderwertig betrachtet und allerhöchstens noch als Devisenbringer einer Tourismusindustrie toleriert? So unrund die Besuche der

## ANKUNFT IN ELDORADO

Ausländer immer mal wieder laufen mögen (auch von anderen Reisenden habe ich von ähnlichen Erfahrungen bei den Mursi gehört), so wichtig sind sie doch in dieser aus der Spur geratenen Realität. Dass die Tellerlippen heute immer größer und schöner werden, um den Touristen zu gefallen, geschenkt. Das haben die Bayern vor vielen Jahren mit ihren Lederhosen auch getan, als sie merkten, dass diese auf Fremde anziehend wirkten. Dass die Mursi nie gelernt haben, die angemessene Bezahlung würdevoll zu verhandeln, liegt daran, dass niemand es für nötig gehalten hat, ihnen das beizubringen. Fakt ist, dass die Einnahmen durch die Touristen praktisch die einzigen sind, die sie an die moderne Welt andocken lässt, die von außen ins Tal der Omo vorgedrungen ist.

Wer unseren Film gesehen hat, wird sich vielleicht an eine Szene erinnern, in dem eine ältere Frau erzählt, dass sie heutzutage mit Touristen arbeite. Das sei gut, denn von dem Geld könne sie für sich und ihre Familie Medizin und Nahrung kaufen. So werden die Mursi weiter auf die Straße blicken und auf Besucher mit Fotoapparaten hoffen. Ihr Äußeres wird für ihren Lebensunterhalt sorgen. Ihre Identität wird jedoch verlorengehen und ihre ursprüngliche Art zu leben wird verschwinden. Wie viele andere kleine Völker haben sie keine wirkliche Perspektive. Keiner der großen Trucks, der tagtäglich an ihnen vorbeirauscht, hat eine Zukunftsvision für sie geladen. In den Planspielen der Landräuber und Profiteure kommen die Mursi gar nicht vor. Und falls doch, dann allenfalls als minimaler Kollateralschaden ohne nennenswerte Bedeutung.

Das nächste Volk, das wir im Omo-Tal besuchen, sind die Hamer. Sie scheinen diejenigen zu sein, deren Alltag noch am wenigsten von negativen Einflüssen von außen betroffen ist. Unsere kleine Gruppe erhält vom Stammesältesten die Erlaubnis, innerhalb einer ihrer eingezäunten Hüttenrunden die Zelte aufzuschlagen. Wir sind hier mehrere Tage zu Gast und werden Zeugen eines faszinierenden afrikanischen Alltags. Wegen ihrer rotbraunen

# IM TAL DES OMO

Hautfärbung erinnern mich die Hamer an die Himba im südlichen Afrika. Die jungen Mädchen tragen die Haare kurz. Sie sind so gebunden und mit Fett und Ocker eingerieben, dass es aussieht, als hätten sie viele kleine Knöpfe auf dem Kopf. Die älteren Frauen behandeln ihre Haare ähnlich, nur fallen sie in Hunderten von Zöpfen auf die Schultern und sind über dem Gesicht als Pony geschnitten. Auch die Haartracht der Männer hat den Charakter eines Kunstwerks. Mit Lehm werden die Haare in Form gebracht und mit Farbe und Vogelfedern verziert.

Vor nicht allzu langer Zeit gehörten sie in afrikanischen Dörfern noch zum Alltag, sind aber inzwischen weitgehend verschwunden: Kalebassen und Tongefäße. Bei den Hamer sind sie bis heute im Einsatz. Ihr Dorf ist das einzige von uns besuchte im Omo-Tal, in dem kaum Müll herumliegt. Dafür sind natürlich die traditionellen Abläufe verantwortlich.

Unsere Aufmerksamkeit wird bald auf eine besondere Zeremonie gelegt, nämlich eine Hochzeit. Am Tag davor sitzen die Frauen zusammen und treffen die Vorbereitungen. Gegenseitig werden die Haare gerichtet, und die Haut wird frisch gefärbt. Das dauert Stunden. Die Stimmung ist ausgelassen, es wird gesungen und getanzt. Schönheitsideale mögen global verschieden sein, doch bei besonderen Anlässen schick auszusehen ist wohl allen Menschen ein tiefes Bedürfnis. Die Zeremonie zu fotografieren, macht Spaß und ist ein Geschenk. Wir genießen das Privileg, die ganze Hochzeitszeremonie der Hamer beobachten zu dürfen. Zuvor haben wir die Chance, die Braut und ihre Mutter bei sich zu Hause zu besuchen. Die junge Dame darf das elterliche Haus vor der Hochzeit drei Monate nicht verlassen. Im Falle, dass der Bräutigam die Tochter schlecht behandelt, darf sie wieder zurückkommen, bis der Mann sein Verhalten ändert.

Nach einem längeren Fußmarsch treffen sich die Familienmitglieder der Braut und des Bräutigams in einem fast zur Gän-

## ANKUNFT IN ELDORADO

ze ausgetrockneten Flussbett. Die älteren Männer sitzen am Ufer im Schatten größerer Bäume zusammen. Die Frauen tanzen und singen in der Mitte des Flussbettes. Sie haben kleine Glocken an den Füßen, die bei jeder Bewegung einen Höllenlärm machen. Der wird noch verstärkt durch Plastiktröten, wie man sie auch aus Fußballstadien kennt. Uns wird klar, dass sie auf etwas warten. Wir halten Ausschau. Irgendwann kommen von irgendwoher junge Burschen angelaufen. Jeder von ihnen hält einen Weidenstab in der Hand. Was dann folgt, ist für uns exotisch. Die Frauen rennen unter großem Jubelgeschrei den Männern entgegen und versuchen, einen zu fangen. Diejenigen Frauen, die einen erwischen, werden von ihm mit dem Weidenstab auf den Rücken geschlagen. Die Geschlagenen stellen sich vor ihren Peiniger, blasen in ihre Tröte und springen immer wieder in die Höhe.

Wir kommen aus dem Staunen nicht heraus. Die Frauen geraten mehr und mehr in Ekstase. Sonst wären die Schmerzen wohl kaum zu ertragen. Jeder Hieb hinterlässt einen blutigen Riss auf dem Rücken der Frauen. Bei den etwas Älteren kann man anhand von zahlreichen Narben erkennen, dass sie schon an vielen solcher Zeremonien teilgenommen haben. Uns wird erklärt, dass die Frauen über den Schmerz, der ihnen dabei zugefügt wird, die Liebe und Verbundenheit zum Ausdruck bringen, die sie für das zu verheiratende Familienmitglied empfinden. Das Sprichwort »Andere Länder, andere Sitten« erweist sich hier als Volltreffer. Damit sind die Hamer nicht allein. Wenn bei den Dani im Hochland von West-Papua ein geliebter Mensch stirbt, schneiden sich dort die Frauen als Zeichen der Trauer Teile eines Fingers ab. Seit den Erlebnissen während der Hochzeit bin ich in westlichen Medien über so manchen Blödsinn gestolpert, der diese Vorgänge moralisch hinterfragt. Wie könne es sein, dass man in der heutigen Zeit noch Frauen auspeitscht? Derartige Kommentare sind mehr als fragwürdig, da sie unsere westlichen kulturellen Maßstäbe als global verbindlich ansehen, was sie definitiv nicht sind. Ich habe selten zuvor eine derartig wilde, ungebändigte Kraft und Lebensfreude gespürt wie an diesem Tag. Der Höhepunkt der Zeremonie ist dann der Bullensprung, bei dem sich der Bräutigam der Heirat würdig erweisen muss. Nachdem die Frauen wiederum lange und ausführlich im Kreis getanzt haben, entledigt sich der Bräutigam seiner Kleider, nimmt Anlauf und rennt los. Sein Ziel sind sieben Rinder, die von den anderen Männern nebeneinander gestellt wurden. Er springt auf die Rinder und rennt viermal über sie hinweg. Es ist ein eindrucksvolles Erlebnis für uns.

Nachdenklich verlasse ich die Hamer, denn wir haben ebenso intakte wie gefährdete soziale Strukturen und kulturelle Traditionen vorgefunden. Ich frage mich nicht zum ersten Mal, warum uns Menschen unsere eigene kulturelle Vielfalt so egal ist. Warum sind wir so ignorant gegenüber all den Vorgängen auf der Welt, denen zumeist Minderheiten schutzlos ausgeliefert sind? Es ist praktisch das gleiche Desinteresse, das wir der Natur entgegenbringen.

Die Dörfer der Karo stehen direkt auf dem Höhenzug über einer Flussschleife des Omo. Auf der Innenseite der Schleife wächst dichter Wald, eine grüne Oase in einer besonders in der Trockenzeit ariden, sehr heißen Savanne. Die Karo sind eine Ethnie, die sich traditionell mit Blumen schmückt und ausufernd Kettenschmuck trägt. Diese Mode verleiht ihnen einen ganz eigenen Stil. Auch diese Menschen, die sich dazu in phantasievollen Mustern mit Naturfarben bemalen, werden zu den kulturellen, ökologischen und ökonomischen Verlierern zählen. Ihr Lebensraum liegt einfach zu nahe am Omo-Fluss. Auch neben ihren Dörfern wird zum Zeitpunkt unseres Besuches Landraub im großen Stil praktiziert. Ähnlich wie mit den Zuckerrohrfeldern bei den Bodi entstehen hier riesige Flächen, auf denen in der sengenden Hitze der afrikanischen Savanne Baumwolle angebaut werden soll.

In dem Dorf, das wir besuchen, gibt es eine Bar. In einer Hütte steht eine Gefriertruhe, aus der Alkohol und Softdrinks an Besucher verkauft werden. Offiziell ist es den Stammesmitgliedern untersagt, Alkohol zu trinken, selbstredend hält sich keiner daran. Als Simon damit beginnt, das fröhliche Beisammensein diverser Leute zu filmen, wird die Stimmung frostig. Wir müssen vorsichtig sein. Touristen, die geschmückte Gesichter knipsen und alles ganz toll finden, sind hier gerne gesehen. Beginnt man jedoch, Dinge zu hinterfragen und gar zu filmen, wird die Sache brenzlig. Wir drehen alle bewegten Szenen mit spiegellosen Fotoapparaten, um nicht als Filmteam erkannt zu werden. Doch seitdem wir den nördlichen Teil des Omo-Tals verlassen haben, um weiter im Süden zu den Hamer und Karo zu fahren, fühlen wir uns beobachtet. Jeder der jungen Männer, die auf Motorrädern in Dörfern herumlungern, kann ein Spion der Behörden sein. Das ist kein Witz. Neben unserem offiziellen Fahrer und dem Guide ist jeder Besucher gezwungen, an manchen Orten im Omo-Tal zusätzlich einen lokalen Führer zu buchen. Einer von ihnen drohte nach dem Besuch bei den Mursi damit, uns bei den Behörden zu verpfeifen, wenn wir ihm nicht eine zusätzliche Entlohnung gäben. Natürlich hat er mitbekommen, dass wir gefilmt haben. Außerdem hat er auch unsere kleine Drohne gesehen, deren Einsatz wohl wegen der industriellen Aktivitäten im Tal strengstens verboten ist. Niemand soll sehen oder dokumentieren, was hier unter Fortschritt verstanden wird. Wir zahlten dem Guide zähneknirschend die von ihm verlangten umgerechnet 200 Euro. Das Risiko, alles Material zu verlieren und des Landes verwiesen zu werden, war uns dann doch zu groß.

Den Streit bei der Kühltruhe kann unser Guide allerdings schlichten. Trotzdem machen wir uns schnell aus dem Staub.

Es ist kein Geheimnis, dass es in diesem Teil der Erde bereits spürbar trockener wird. Deswegen kann man die ganzen industriellen, bewässerungsintensiven Unternehmungen, die hier mit aller Kraft vorangetrieben werden, nur als absoluten Wahnsinn bezeichnen.

## IM TAL DES OMO

Die Dasanech leben weit unten im Süden des Landes, nahe der kenianischen Grenze. Sie bewirtschaften kleine Felder, die direkt an den Ufern des Omo-Flusses liegen und von denen sie abhängig sind. Doch inzwischen warten sie vergeblich auf den fruchtbaren Schlamm, der seit Urzeiten mit dem Hochwasser aus der Regenzeit über das Land gespült wird. Nicht mehr die Jahreszeiten bestimmen den Ablauf des Alltages, sondern die Herrscher über die Staudämme, mit deren Hilfe der mächtige Omo seit kurzer Zeit gezähmt wird. Das gestaute Wasser soll Hunderttausende Hektar Zuckerrohrfelder weiter im Norden bei den Dörfern der Bodi bewässern. Ein Projekt dieser Größenordnung nimmt den Niedergang einer ganzen Kultur- und Naturregion als Kollateralschaden achselzuckend in Kauf. Das ist im Prinzip nichts anderes als eine neue Form des Kolonialismus. Die Investoren sind immer diejenigen, die am meisten profitieren, und die stammen bekanntermaßen nicht aus Äthiopien. Die Bewohner des Omo-Tales werden einem Weltbild geopfert, in dem Profit und ein möglichst rascher Angleich an westliche Vorstellungen von einer modernen Lebensweise oberste Priorität haben. Doch die Folgen sind verheerend, weit über das Tal hinaus. Der Omo fließt weiter im Süden in den großen kenianischen Turkana-See. Was die dort lebenden Ethnien durch die veränderten Bedingungen erwartet, ist bisher kaum abzusehen. Wie ignorant muss man sein, um das gutzuheißen? An vielen Stellen des Omo, meist abseits der Touristenrouten, sehen wir weiße Zelte der Welthungerhilfe im gleißenden Sonnenlicht leuchten. Mit diesen Programmen versucht die industrialisierte Welt, den Menschen in Form von in Plastik verpackten Almosen das zurückzugeben, was man ihnen an anderer Stelle entrissen hat. Eine neue Form des absurden Theaters.

Zum für mich wohl wichtigsten Moment der gesamten Reise wird das Interview, das ich mit einer Frau der Dasanech führe. Wir sitzen uns direkt am Ufer gegenüber, während das Wasser des Omo im Hintergrund träge an uns vorbeifließt. Ich muss dem lokalen Guide kaum Fragen zum Übersetzen geben. Sie spricht sehr selbstbewusst, ganz so, als hätte sie nur darauf gewartet, dass ihr endlich einmal jemand zuhört: »Wir sind sehr hungrig. Wenn der Fluss nicht über die Ufer tritt, können wir nicht überleben. Die Hilfe von außen reicht nicht aus. Vielen Kindern geht es sehr schlecht. Wir brauchen niemanden, der uns hilft. Wir brauchen nur den Fluss. Kannst du der Welt von unseren Problemen erzählen? Versprichst du es mir?«

Ein langjähriger Freund unseres Fahrers übersetzt anschließend das gesamte Interview und spricht eine Warnung aus: »Ihr alle werdet sehr schnell in den Knast wandern, wenn herauskommt, dass ihr hier die Meinungen von ethnischen Gruppen aufzeichnet.« Dann erfahren wir auch noch von einer Polizeistreife, die während unserer Abwesenheit bei uns in der Herberge war. Wir sehen uns an und fackeln nicht lange. Es ist Zeit, hier zu verschwinden. Wir buchen unsere Flüge um und erreichen gerade noch rechtzeitig den Flughafen von Addis Abeba. Einen Tag nach unserem Abflug sind sämtliche Zufahrtsstraßen zur Hauptstadt von Demonstranten blockiert, die mit der Landvergabe der Regierung an ausländische Konzerne genauso wenig einverstanden sind wie ich. Im Kontext dieser Demonstration wären wir mit Sicherheit als ausländische Agenten verhaftet worden.

Geld regiert die Welt. Allen Analytikern, die das Wohlergehen und die Entwicklung eines Landes anhand von Wirtschaftsleistung berechnen, empfehle ich, ihren Computer auszuschalten, den Rucksack zu packen und es sich erst einmal persönlich anzuschauen. Ich bin sicher, ihre Analyse würde am Ende anders ausfallen. Werte wie Menschlichkeit und Empathie spielen dort eine Rolle, wo man sie empfindet.

## – 23 –

## Stirbt die Hoffnung am Amazonas?

Es war von vornherein klar, dass Brasilien mit dem Amazonas der inhaltliche Schwerpunkt für das Projekt »Ränder der Welt« werden würde. Hier wird die Zukunft unserer Kinder entschieden. Was der Mensch hier in den kommenden Jahren anstellt, ist global relevant. Deshalb reichte am Ende auch eine Reise nicht aus. Gleich zweimal fahre ich mit meinen Freunden Marco Lima und Simon in das Biom. Zwei Reisen, die mich bis heute sehr beschäftigen, denn sie stellen in Frage, ob es mir überhaupt gelingen wird, das ganze Wissen in positive Energie umzuwandeln.

Zehn Jahre sind seit unserem ersten Besuch in Mato Grosso vergangen. Marco, der auch schon auf früheren Reisen ein zuverlässiger Guide und Fixer für mich war, wird von mir genau instruiert. Ich will das große Ganze, das Gesamtbild. Marco nickt und legt los. Er führt uns zuerst zu den Mehinaku, jener Gruppe im Xingu-Reservat, deren Land heute komplett von Sojafeldern umgeben ist. Fast eine Woche lang dokumentieren wir ihren Alltag. Vieles aus der Vergangenheit ist noch da, doch kaum etwas davon wird es in der Zukunft noch geben. Der Wandel vollzieht sich rasch und kann eigentlich nur die Auflösung der Gemeinschaft bedeuten. Gemeinsam mit der Familie des Dorfoberhauptes und der des Lehrers sitzen wir am Lagerfeuer. Die Sonne steht noch über den Bäumen, als wir das Gespräch starten, das für mich zum Herzstück unseres Besuches wird. Die Kamera läuft. Nur am Anfang müssen wir Fragen stellen, um das Gespräch anzuschieben.

## ANKUNFT IN ELDORADO

Tualaman ist die Älteste in der Runde und beginnt: »Heute ist vieles anders. Früher waren die Leute nackt, nur mit Schmuck behangen. Außerdem waren wir bemalt. Weil wir heute Kontakt zu den Weißen haben, sind wir bekleidet und gewöhnen uns daran. Das Erste, was ich morgens tat, war, mich zu bemalen. Das ist Kultur für mich. Heute sind meine Enkelkinder zu Besuch. Für sie ist Kultur nicht mehr wichtig, deshalb bemalen sie sich nicht mehr.«

Auf die Frage, warum sie ihre Kultur verlieren, antwortet Marcelo, der Lehrer, ohne groß zu überlegen: »Weil wir glauben, dass das Verhalten der weißen Leute besser als unseres ist. Wir denken, der Stil der Weißen ist hübscher, also kopieren wir ihn. Hygiene, Essen, Kleidung, Schuhe, all das erscheint wohl sauberer. Es gibt so viele Gründe für unseren Wandel.«

Der Dorfvorsteher wirft ein: »Außerdem sind die Städte Gaucho und Canarana heute sehr nah. Früher gab es keine Städte um uns herum. Alles war sehr weit weg, und wir hatten auch keine Möglichkeit, dorthin zu gelangen.«

Tualaman erzählt: »Morgens gingen die Frauen zum Arbeiten auf die Maniokfelder, die Männer gingen zum Fischen. Mittagessen gab es immer gegen elf Uhr. Die Frauen kamen mit Maniok, die Männer mit Fisch. Das hat unser Oberhaupt uns so aufgetragen. Jeder hat respektiert, was er gesagt hat.« Ihr Blick ist auf das Feuer gerichtet. »Heute haben wir kein wirkliches Oberhaupt mehr. Auch bei anderen Gruppen ist der Häuptling nicht mehr einflussreich. Keiner respektiert ihn mehr.«

Kaiti, die Frau des Lehrers, merkt an: »Unsere Kinder wirken müde. Sie stehen nicht mehr früh auf. Sie wollen morgens nicht mehr baden. Unsere Jugend praktiziert die Kultur nicht mehr.« Sie ergänzt: »Du konntest es gestern sehen. Wir haben den Kuhuhe-Tanz veranstaltet. Ich habe meinem Sohn gesagt, er solle teilnehmen. Er wollte aber nicht. Er ist an der Kultur nicht mehr interessiert. Er fühlt sich dabei nicht mehr wohl.«

## STIRBT DIE HOFFNUNG AM AMAZONAS?

Dann blickt mir Tualaman direkt in die Augen, und Marco übersetzt mir, was sie sagt: »Ich bitte dich, hilf uns. Erzähle der Welt, dass wir keine Wilden sind. Wir sind Menschen. Ich weiß, dass die Weißen auf unser Land schauen und es haben möchten. Bitte hilf uns, wir müssen unseren Kindern eine Zukunft ermöglichen.«

Inzwischen ist es dunkel geworden, im Schein des Lagerfeuers leuchten wir alle in warmen rötlichen Tönen. Kaiti fährt mit einem Statement fort, das noch lange in mir nachwirken wird: »Die Jungen denken heute nur noch an Geld. Sie wollen ein Einkommen. Das ist es, was den Verstand unserer Kinder verändert. Sie wollen ihr Leben in der Stadt verbringen. Auch viele Ältere scheinen das zu befürworten. Auch sie mögen Geld. Deswegen sage ich, dass Geld unser größtes Problem ist. Es bedeutet unser Ende.«

Warum ist es für indigene Gemeinschaften so schwer, in der Moderne anzukommen und gleichzeitig das soziale und kulturelle Gefüge zu erhalten? Kultur und Identität lassen sich nur bewahren, wenn man stolz auf sie ist. Letztlich ist es die junge Generation, welche die Weichen stellt. Ist der Kontakt nach außen vorhanden, sind eingeschleppte Krankheiten durch Impfungen kein Todesurteil mehr, sind Motorräder, Sonnenbrillen und Flachbildschirme längst im Alltag angekommen, dann vollzieht sich etwas, was wohl überall passiert: Die Jungen zieht es weg. So wie sich bei uns die Landjugend ein Leben in der pulsierenden Stadt erträumt, scheint auch für viele indigene Jugendliche das Leben außerhalb des Dorfes spannender zu sein, als mit Opa ums Lagerfeuer zu tanzen. Wir filmen noch, wie sie mit dem Einbaum und Pfeil und Bogen Fische fangen, mit Gräsern ihre Dächer abdecken und aus Wasserhyazinthen Salz gewinnen. Das Wissen, wie man in der Natur überlebt, wird aber auch ihnen abhandenkommen. Das ist das eigentliche Drama. Die Nachfahren der Mehinaku werden zu ganz normalen Brasilianern werden. Intakte Natur wird keine Rolle mehr spielen.

## ANKUNFT IN ELDORADO

Wenn man bei Google Earth die Koordinaten 12°37'28.54«S und 55°46'55.07«W im Amazonas-Regenwald eingibt, sieht man, was los ist. Das funktioniert ganz gemütlich vom heimischen Schreibtisch aus. Die Vernichter des Waldes, deren Werk man heute ganz leicht von jedem Ort auf der Erde anschauen kann, verachte ich seit meiner Jugend. In kaum einem anderen Bereich fiel es mir so leicht, ein Feindbild aufzubauen. Früher konnte ich mir nie vorstellen, wie man zu so etwas fähig sein kann. Heute ist mir klar, dass der Mensch eigentlich zu allem in der Lage ist.

Den typischen Waldvernichter gibt es natürlich nicht. Aber das Klischee vom Fazendeiro mit dem Dreigestirn Rinder, Bibel und Knarre ist leider sehr real. Wie mächtig diese Clique inzwischen geworden ist, zeigt sich daran, dass es im ehemaligen Regenwald Farmen gibt, die so groß sind wie Belgien. Man mag sich in Deutschland zu Recht darüber beklagen, dass etwa die Automobilindustrie zu viele Lobbyisten in den Vorzimmern der Politiker sitzen hat. In Brasilien sind sie da schon einen Schritt weiter. Die Großgrundbesitzer brauchen gar keine Interessenvertreter mehr zu entsenden, die haben die wichtigen Ämter gleich selbst besetzt und basteln sich ihre passenden Gesetze selbst. In der Person des Blairo Maggi ist dies am anschaulichsten darzustellen. Sein Vater zog in den achtziger Jahren in das damals intakte Mato Grosso und begann, sich Land anzueignen. Sein Sohn Blairo hat die Untaten des Papas professionalisiert und ein Imperium erschaffen. Heute ist die Grupo Maggi der größte Sojaanbauer der Welt. Die Familie Maggi hat in Mato Grosso rund 400 000 Hektar Land mehr oder weniger geklaut. Mit dem durch die Waldvernichtung verdienten Geld hat er seinen Wahlkampf zum Gouverneur des Bundesstaates finanziert und ist natürlich gewählt worden. Unter seiner Regentschaft zwischen 2003 und 2010 ist die Macht der Fazendeiros unheimlich gewachsen. Sein Einsatz als Gouverneur, auf Bundesebene die Landrechte indigener Gruppen nicht anzuerkennen, war viel zu oft erfolgreich.

## STIRBT DIE HOFFNUNG AM AMAZONAS?

Doch Mato Grosso ist erst der Anfang. Am 9. Juni 2016 wurde der größte bekannte Regenwaldvernichter für seine Verbrechen mit dem Posten des Landwirtschaftsministers von ganz Brasilien belohnt. Wer sich fragt, wie solche Leute so mächtig werden können, muss nur bei Wikipedia nachschauen. Im Januar 2004 bekam die Maggi-Gruppe einen Kredit für Betriebskapital in einer Höhe von 230 Millionen US-Dollar. In dem Bankenkonsortium aus elf Geldhäusern befanden sich auch die deutschen Banken WestLB und HSH Nordbank. Jeder, der die Riesenmenge an Dollars freigab, wusste, was damit geschah. Geldverdienen ist doch so geil. In meinem Rechtsverständnis gehört der Herr Maggi ins Gefängnis und alle Nieten in Nadelstreifen, die an der Zerstörung unserer Lebensgrundlagen lustig mitverdienen, gleich dazu. Oft ist ja der Gewinn gerade deshalb so immens, weil auf die Umwelt keinerlei Rücksicht genommen wird. Das muss sich radikal ändern, und zwar sofort.

Natürlich ist auch mir klar, dass nicht jeder Farmer im Amazonas-Gebiet ein Ganove ist. Ich möchte einen von ihnen kennenlernen, ich will meinem Feindbild gegenüberstehen und Menschen verstehen lernen, deren Tun ich so verachte. Natürlich habe ich Bilder im Kopf, wie so einer ticken muss. Vor allem denke ich tatsächlich, dass alle Rinder- und Sojabauern im Geld schwimmen. Wieder einmal nutzen wir Marcos Beziehungen, um unweit des Xingu-Reservates einen Farmer auf einer Sojafarm zu besuchen. Eine Chance, mich dem vermeintlich Bösen entgegenzustellen.

Valmier Lerner ist ein knapp sechzigjähriger Weißer, dessen Familie vor drei Generationen aus dem Hunsrück ausgewandert ist. Er empfängt uns freundlich und hat ganz offensichtlich keine Berührungsängste. Sein Land ist riesig, aber für brasilianische Verhältnisse ist er im Sojabereich eher ein Kleiner. Ich bitte ihn, mit mir während unseres Gesprächs über seine Felder zu gehen, damit mein kleines Team das Ganze für das Projekt optisch ansprechend aufzeichnen kann. Alles war bereits abgeerntet. Geregnet hat es schon länger nicht mehr. Es wirkt, als liefen wir durch eine große Ödnis. Am Horizont sieht man Rauch über dem Reservat der Mehinaku aufsteigen. So spazieren wir zwei dann dahin, und es entwickelt sich ein Gespräch, das in vielerlei Hinsicht ganz anders verläuft, als ich es erwartet habe. Sein Deutsch ist übrigens verblüffend gut, scheint aber aus der Zeit gefallen zu sein. Trotz der ernsten Thematik müssen alle schmunzeln, wenn er seine Arbeiter als Knechte bezeichnet.

»Ich bin ein kleiner Bauer und pflanze doch fast 4 000 Hektar. Es ist viel. Aber es gibt immer noch net genug Verdienst, für die Schulden zu bezahlen. Da verdient man zu wenig, weil alles hier so weit vom Asphalt weg ist. Da ist die Fracht zu teuer. Die Logistica frisst zu viel vom Verdienst. Das hilft alles mit, dass man jedes Jahr mehr pflanzen muss und weniger bleibt für in den Säckl zu tun oder für die Schulden zu bezahlen. Weil da ist alles schlimm in Brasilien. Die Zinsen, man holt 's Geld von der Bank und bezahlt ja 22 Prozent im Jahr Zinsen. Da muss man jedes Jahr mehr ernten und weniger in den Säckl tun.« Ich frage ihn, ob das schon immer so war. »Wie ich jung war, da han ich 15 Hektar gepflanzt, in den ersten Jahren. Da han ich besser gelebt wie heute mit 4 000 Hektar Pflanzen. Wenn man dann mal gut ernten tät, dann gäb's bisschen Lücke. Aber hat jetzt schon zwei, drei Jahr bisschen Regen gefehlt. Besonders vergangenes Jahr hat es in der Regenzeit, wo es normal immer regnet, von Oktober bis April, da hat das mächtig gefehlt. Hat mächtig verkehrt gegeben.«

Dass es weniger regnet, merken also auch die Landwirte. Dann fährt er fort: »Ja, es ist gut, dass der Wald irgendwo ist in der Welt. Aber die Leut, die ganze Welt muss helfen bezahlen, dass der Wald bleibt. Net bloß der Herr vom Wald, der bezahlen muss für den Wald zu han. Ich meine, die ganze Welt muss zusammenstehen und dem Eigentümer von Wald helfen.«

Mein Feindbild wird nicht bestätigt. Natürlich empfinde ich es als falsch, was er tut. Fast alles in seinem Weltbild kollidiert mit

## STIRBT DIE HOFFNUNG AM AMAZONAS?

dem meinigen, allem voran, dass für ihn die Indigenen faul sind, weil sie nichts produzieren und nur dem Staat auf der Tasche liegen. Doch ein Unsympath ist er definitiv nicht, im Gegenteil. Er ist ein freundlicher, ein ehrlicher Mensch. Aus seiner Perspektive ist es in der Tat unfair, wie die Gesetze kalibriert sind. Wenn jemand Land besitzt, muss er Steuern darauf zahlen. Wald intakt zu lassen, wird nicht belohnt, im Gegenteil. Vieles von dem, was er sagt, erinnert mich an die Schwierigkeiten unserer Kakaofarm in Bahia. Wären seine Vorfahren in Deutschland geblieben und dort heute Milchbauern, vieles ließe sich eins zu eins übertragen. Es liegt am System, und das ist kaputt. Wir Menschen haben uns zu den Sklaven unserer eigenen Ökonomie gemacht. Die Märkte verlangen nach immer mehr, kosten darf es aber immer weniger. Produziert wird auf dem Rücken der Armen und auf Kosten der Umwelt. Es regnet weniger, weil wir zu viele Bäume fällen. Darum fällen wir einfach mehr Bäume, um den wirtschaftlichen Verlust auszugleichen. Einer von sicherlich vielen Teufelskreisen, denen wir dringend entkommen müssen.

Ein paar Tage später stehe ich zusammen mit meinem Freund und Kollegen Oliver Salge an den Ufern des Tapajos-Flusses im zentralen Amazonasgebiet und blicke mit ihm über eine große Wasserfläche, die fast wie ein See anmutet. Seit unserer gemeinsamen Reise nach Polen, wo wir im tiefsten Winter den Wisenten hinterhergejagt sind, hat sich für Oliver vieles in seinem Leben verändert. Auch er ist, genau wie ich, dem Charme einer Brasilianerin erlegen und hat sie in São Paulo geheiratet. Greenpeace ist er treu geblieben. Dank seiner langjährigen Erfahrung im Waldbereich wird er mit der verantwortungsvollen Aufgabe betraut, die Amazonaskampagne zu koordinieren. In dieser Funktion steht er nun mit mir am letzten großen Zubringerfluss des Amazonas, der bisher nicht durch Staudämme gezähmt worden ist, und zeigt auf die Stelle, an der auch dieses letzte frei fließende Gewässer zerstört werden soll – zumindest, wenn es nach dem Willen eines mächtigen Konsortiums geht.

Die hier am Tapajos-Fluss lebende Gruppe der Munduruku hat Greenpeace um Hilfe gebeten, sie beim Kampf gegen den Bau der Staumauer zu unterstützen. Die Munduruku kämpfen mit all ihnen zur Verfügung stehenden Mitteln gegen die Zerstörung ihrer Heimat. Diese würde nämlich zu weiten Teilen in den Fluten des aufgestauten Wassers verschwinden. Das war allerdings für die Befürworter solcher Projekte noch nie ein Hindernis. Für die Munduruku kommt noch erschwerend hinzu, dass ihr Land von dem Staatsgebilde, das aus ihrer Sicht erst seit kurzer Zeit existiert, bis heute nicht offiziell anerkannt worden ist. Vieles, was mir Olli hier erzählt, kommt mir bekannt vor. Zu sehr gleichen sich die Fakten, die mit solchen Wahnsinnsprojekten einhergehen.

Die Planungen für den Damm am Tapojas stammen noch aus den achtziger Jahren. Dass sie trotzdem noch aktuell sind, liegt an einer einfachen Tatsache: Wir reden hier vom größten Bauprojekt Südamerikas. Die Kosten liegen im Bereich von rund zehn Milliarden Euro, eher mehr. Da kann man im hohen Maße korrupt sein. Kleinere Bauprojekte im Bereich Solar- oder Windenergie wären für Brasiliens Energieversorgung viel besser geeignet, aber da hat man längst nicht so viele Chancen, Geld abzuzweigen.

Was dann passiert, kann man am Beispiel des Belo-Monte-Staudamms am Fluss Xingu sehen. Hier sind alle Bedenken in Bezug auf die Auswirkungen für Mensch und Umwelt Realität geworden.

Der Wald wird zerstört, und das nicht in der ersten Phase des Bauprojektes. Die Welle, die vielleicht erst fünf oder zehn Jahre danach kommt, zerstört den Urwald immens. Für den Dammbau entstehen neue Straßen und mehr Infrastruktur, die später Holzfäller, Goldsucher und andere Mineralienjäger anzieht. Das Gleiche würde hier am Tapajos auch passieren. Weitere Straßen werden gebaut, die Rinderweiden und Sojafelder entstehen. Deshalb hat sich Greenpeace entschlossen, den Munduruku zu helfen.

Und das dokumentieren wir. Der Film zeigt, wie die Munduruku zusammen mit Greenpeace ihr Territorium vermessen und alle paar Kilometer große Schilder an den Außengrenzen in die Bäume hängen. Für jeden soll klar sichtbar sein, dass dieses Land den Ureinwohnern gehört.

Die Munduruku sind ziemlich beeindruckend. Sie sind nach wie vor als Gemeinschaft in ihren Traditionen verwurzelt, scheuen aber die Moderne nicht. In der Partnerschaft mit Greenpeace lernen sie mit großem Eifer, mit technischen Geräten wie Solarpanels, Satellitennavigation und Computern umzugehen und diese für ihre Belange zu nutzen. Ihr Oberhaupt spricht in Europa vor Politikern und macht die Not seines Volkes öffentlich. Über Monate wird die »Tapajos Rettungsstation« im Dorf der Munduruku aufrechterhalten. In dieser Zeit kommen und gehen immer neue Journalisten, Campaigner und Helfer. Der Alltag der Indigenen ist alles andere als normal. Während meiner Zeit im Dorf erlebe ich, wie sie bei allen Aktionen mit Herzblut agieren. Und ein festes Ritual gibt es auch. Ganz egal, wie wichtig die Sache auch ist, jeden Spätnachmittag bis zum Sonnenuntergang wird leidenschaftlich Fußball gespielt.

Ob die Olympischen Spiele, die im August 2016, kurz nach meinem Besuch am Tapajos, in Rio de Janeiro stattfinden, einen Einfluss auf die Entscheidung der Regierung haben, kann man nur mutmaßen. Fakt ist, dass der Dammbau kurz vorher durch ein Gericht untersagt wird, weil Gutachten zur Umweltverträglichkeit fehlen. Vielleicht will man schlechte PR für das Land vermeiden und stellt die Kampagne durch ein Nachgeben möglichst schnell auf lautlos. Grund zur Freude ist es allemal. Es zeigt sich einmal mehr, dass der öffentliche Druck hilft und der Einsatz belohnt wird. Für mich ist dieser Sieg ein kleiner Lichtblick in einem für die Umwelt sehr schwierigen Jahr. Doch es gibt noch lange keinen Grund zu triumphieren. Die Unterlagen liegen in irgendwelchen Schubladen und können jederzeit wieder aktiviert werden, wenn sich politische Vorgaben ändern. Es gibt nach wie vor Pläne, die Wasserkreisläufe des Amazonas-Flusssystems mit Dämmen zu zerstören. Außerdem warten die Munduruku bis heute vergeblich auf die offizielle Anerkennung ihres Landes. Der brasilianische Staat hatte inzwischen sämtliche Aktivitäten bezüglich neuer indigener Reservate eingestellt und verstößt damit gegen seine eigene Verfassung.

Meine Abneigung gegenüber weiten Teilen der politischen Kaste im Land verstärkt sich mit jeder Reise. Die Machtlosigkeit staatlicher Behörden bezüglich der Umwelt und der Indigenen ist in Brasilien von oberster Stelle nämlich gewollt. Schon unter der Arbeiterpartei mit Frau Dilma als Präsidentin war das Land kein Paradies für Naturfreunde. Doch mit ihrem fragwürdigen Amtsenthebungsverfahren und dem Einsetzen des konservativen Interimspräsidenten Temer ging Ende 2016 ein weiteres Puzzleteil im großen Racheplan der mächtigen Ruralistas auf. Den Behörden FUNAI und IBAMA wurden über 60 Prozent ihrer Mittel entzogen, was sie mehr oder weniger handlungsunfähig gemacht hat.

Im Sommer 2017 brennen in Brasilien über zweihunderttausend Feuer. Gerade auch Millionenstädte wie São Paulo und Rio de Janeiro haben seit Jahren ein ernsthaftes Wasserproblem. Das alles scheint der herrschenden Klasse aber schlicht egal zu sein. Sie werden weitere Umweltgesetze abschaffen, damit die Profite weiter gesteigert werden können.

# EINE FALSCHE WAHL, DIE MIR DIE KRAFT RAUBT

– 24 –

## Eine falsche Wahl, die mir die Kraft raubt

Wer glaubt, dass »Grab them by the pussy« von Donald Trump den kulturellen und moralischen Tiefpunkt unserer westlichen Gesellschaftsrealität darstellt, wird in der zweiten Hälfte des Jahres 2018 eines Besseren belehrt.

»Ich würde dich nie vergewaltigen, weil du es nicht wert bist«, blafft ein gewisser Jair Bolsonaro die Parlamentarierin Maria do Rosário 2003 in der brasilianischen Abgeordnetenkammer an. Damals ist der werte Herr ein Hinterbänkler, den keiner ernst nimmt. 15 Jahre später wird dieser Mann der Anführer des fünftgrößten Landes der Erde, das mit dem Amazonas-Ökosystem eines unserer wichtigsten Lebensgrundlagen innerhalb seiner Grenzen hat. Das wirft mich völlig aus der Bahn. Alles, wofür ich mich in den letzten Jahrzehnten eingesetzt habe, all die Hoffnungen, die ich in die Lernfähigkeit unserer Spezies gesetzt habe, werden konterkariert. Ich werde den Gedanken nicht mehr los, dass zukünftige Generationen kaum noch in der Lage sein werden, ein Leben in Menschenwürde zu führen. Ich falle in ein tiefes Loch.

Kurioserweise geht es mir gleichzeitig privat wirklich gut. Die Beziehung mit Juliana ist wunderbar, unsere Kinder erfüllen uns mit Freude, und die Großeltern helfen bei der Bewältigung des Alltages mit all ihrer Kraft. Als ich im Frühjahr 2018 von der letzten Reise für das Indigenen-Projekt aus dem Tiefland-Regenwald von West-Papua zurück nach Hause komme, habe ich 21 Volksgruppen in allen denkbaren Lebensräumen auf unserer Erde besucht.

## ANKUNFT IN ELDORADO

Doch während dieser Zeit entwickelt sich in mir ein spürbarer Riss, der immer weiter aufzubrechen droht.

Auf all meinen Projektreisen in den letzten Jahren habe ich unglaublich wunderbare Dinge gesehen und fotografiert. Ich durfte menschliche Kultur in all ihren Facetten erleben, all das Schöne und Bewundernswerte erkunden, was der Homo sapiens an Vielfalt hervorgebracht hat. Gleichzeitig habe ich aber intensiver denn je gespürt, in welch unfassbarem Wandel wir uns alle befinden. Dieser Wandel wird am Ende kaum noch etwas von dem übrig lassen, was für mich das Leben auf dieser Erde ausmachen sollte. Ich bin mir sehr bewusst, welche bedeutungsschweren Worte ich hier wähle.

Künstlerisch war ich wohl nie besser als beim aktuellen Projekt. Den Bildband, der über die indigenen Kulturen entsteht, möchte ich in aller Bescheidenheit als Kunstwerk bezeichnen. Der von Thomas Tielsch aus unserem Material geschnittene Kinofilm »An den Rändern der Welt« macht mich sehr stolz. Als wir mit den Kameramännern noch vor der Premiere meiner Liveshow auf Kinotour gehen, ist das wie ein Traum. Das größte Geschenk machen mir meine Kollegen vom Organisationsteam, nämlich eine Premiere am 13. November 2018 in einer mit 1 800 Besuchern voll besetzten Laeiszhalle in Hamburg. Das ist für mich sicherlich ein Höhepunkt meiner Laufbahn als Referent. Auch die Presse reagiert positiv gegenüber unseren Inhalten, die Tournee ist erfolgreich, und meine Tage sind prall gefüllt. Doch so richtig freuen kann ich mich über all das nicht mehr. Wann immer ich irgendetwas Berufliches tue, es dreht sich um Nachhaltigkeit, ein friedliches Miteinander von uns Menschen und die Bewahrung der Schöpfung.

Doch wie verarbeitet man die Erfahrung, dass sich in der Welt da draußen letztlich immer und immer wieder jene Kräfte durchsetzen, die ein genau entgegengesetztes Werte- und Weltbild dessen verkörpern, was man selbst repräsentiert? Die ein System le-

## EINE FALSCHE WAHL, DIE MIR DIE KRAFT RAUBT

ben, dessen ganzes Sein auf Macht und Mehrung des Reichtums ausgerichtet ist, und die mit zunehmender Stärke das Fundament all unseres Seins vergiften?

Zum ersten Mal höre ich von Jair Bolsonaro, als mich meine Frau Juliana darauf hinweist, dass er sich für das Amt des Präsidenten bewerben will. In helle Aufregung versetzt uns das damals nicht. Es erscheint uns unmöglich, dass ein Mensch, der seit Jahrzehnten in den Hinterbänken des brasilianischen Parlaments gehockt hat, Mitglied in insgesamt neun verschiedenen Parteien war und immer wieder mit unterirdischen Sprüchen seine rechte Gesinnung zum Besten gegeben hat, auch nur den Hauch einer Chance besitzt. Nach Trump hätten wir es eigentlich besser wissen müssen. In den Monaten des Wahlkampfes befinden wir uns mit der ganzen Familie in Brasilien und bekommen das Drama hautnah mit. Es ist beängstigend für uns, als Bolsonaro plötzlich die Umfragen anführt und er von einer Welle der Begeisterung durch das Land getragen wird.

»Es wird eine in Brasilien niemals gesehene Säuberung geben«, verspricht er seinen Anhängern im Oktober 2018 und gewinnt am 28. desselben Monats die Stichwahl gegen seinen Kontrahenten Fernando Haddad von der Arbeiterpartei PT, dem ehemaligen Bürgermeister von São Paulo.

Das Schlimme an dieser Entwicklung ist, dass dieser Mensch das ohnehin schon in vielen Bereichen zerrüttete Land weiter spaltet. Praktisch jedes Haus wird ein Ort der Auseinandersetzung, Mittagstische zu Kampfplätzen, Familienmitglieder zu unerbittlichen Gegnern. Auch in Julianas Familie steht man sich unversöhnlich gegenüber, wenn es um Politik und Zukunftsthemen geht. Das ist sehr schmerzhaft für sie. Für mich ist es fast unerträglich, dass sich so viele Leute einen Menschen als Anführer vorstellen können, der praktisch alle hasst, die anders sind als er. Der gegen Schwarze, Indigene, Schwule, Lesben, Transgender und Frauen hetzt und kein Problem damit hat, Gewaltphantasien offen auszusprechen. Das

## ANKUNFT IN ELDORADO

Allerschlimmste aber sind seine Wachstumsphantasien. Er propagiert ein Wirtschaftsmodell, das nicht nur die sowieso schon Reichen noch reicher macht, sondern dies auf Grundlage der totalen Ausbeutung und Zerstörung des Amazonas-Regenwaldes aufbaut. Das würde meiner Einschätzung nach zum Ende jeglicher Chancen auf eine Erreichung des Zwei-Grad-Klimazieles von Paris führen. In den letzten Wochen vor der Wahl hatte der Herausforderer Haddad spürbar an Boden gutgemacht, und wir hatten bis zum Schluss verzweifelt gehofft, dass uns allen der Albtraum einer Regierung mit einem Faschisten an der Spitze erspart bleiben würde.

Das Ergebnis ist bekannt. »Ich werde das Schicksal des Landes verändern«, verspricht Bolsonaro, als er gewonnen hat. Für uns klingt das wie eine Drohung, denn es ist alles andere als klar, ob sich Brasiliens Strukturen als stark genug erweisen werden, den neuen Präsidenten mit seinen sehr mächtigen Hintermännern im Korsett der Demokratie zu halten. Während sich in mir Hoffnungslosigkeit, Trauer und Wut breitmachen, jubeln weite Teile der Wirtschaft. Besonders die Aktienkurse jener Unternehmen schießen in die Höhe, die ihren Gewinn aus der Zerstörung unserer Lebensgrundlagen ziehen. Bolsonaro verspricht gute Geschäfte, denn unter ihm wird es garantiert keine lästigen Sozial- und Umweltauflagen geben. Endlich ist aus der Sicht der Fazendeiros die Zeit der Demütigungen überwunden. Jetzt wird es wohl keine Stolpersteine wie Sojamoratorien mehr geben, der Weg ist frei. Dabei hatten sie eigentlich nie wirklich die Kontrolle verloren. Auch Dilma konnte damals im Jahr 2012 die neuen Waldgesetze nicht verhindern. Bei der Rio+20-Konferenz im selben Jahr lief es aus der Sicht der Großgrundbesitzer ebenso sehr gut. Außer Absichtsbekundungen zu mehr nachhaltigem Wirtschaften haben es keine verbindlichen Vorgaben in die damalige Abschlusserklärung geschafft. So wurde auch dieses Treffen einer von vielen gescheiterten Versuchen der Menschen, sich Regeln zum Selbsterhalt zu geben.

## EINE FALSCHE WAHL, DIE MIR DIE KRAFT RAUBT

Die erste Amtshandlung Bolsonaros zu Beginn des Jahres 2019 ist es, die Verantwortung für die Demarkierung indigener Gebiete dem Landwirtschaftsministerium zu übergeben und damit die sowieso schon geschwächte Behörde für indigene Angelegenheiten (FUNAI) weiter ins Abseits zu drängen. Das von ihm beschworene veränderte Schicksal des Landes beginnt am ersten Tag seiner Präsidentschaft und ist aus meiner Sicht seitdem eine nicht endende Sammlung von Horrormeldungen, die letztendlich uns alle noch sehr teuer zu stehen kommen wird.

Mit Trump und Bolsonaro haben sich zwei Brüder im Geiste gefunden, zwei Individuen, die auf ihren jeweiligen Positionen unglaublich viel Unrecht und Zerstörung anrichten können. Dazu kommen noch all jene, die in anderen Ländern ihr Unwesen treiben und nicht so sehr in meinem Fokus stehen wie diese zwei. Hätte man mir noch vor zehn Jahren gesagt, an was für einem Punkt die Menschheit im Jahr 2020 stehen würde, ich hätte es nicht für möglich gehalten. Ich hatte damals fast ein halbes Jahrhundert auf dieser Erde gelebt. In dieser Zeit hat sich die Anzahl von uns Menschen mehr als verdoppelt, und wir haben 60 Prozent aller Säugetiere ausgerottet. Der Kampf gegen die Gier, Unvernunft, Ignoranz und Dummheit, die in uns schlummern, schien verloren.

Bolsonaro ist drei Monate im Amt, da werde ich richtig krank und muss meine Vortragstournee weit vor dem letzten Termin beenden. Ich bin am Ende meiner Kräfte, physisch und psychisch. Das Grau hat es endgültig geschafft, sich über die Seele zu verteilen.

# DIE GROSSE CHANCE

## − 25 −
## Die Jugend erhebt sich

Nach meinem Zusammenbruch bin ich zunächst einmal wie gelähmt. Der Zeiger auf meiner persönlichen Hoffnungsskala nähert sich der Null, meine Energie ist aufgebraucht.

Da sehe ich eines Tages in den Medien ein fünfzehnjähriges Mädchen, das sich Freitag für Freitag mit einem selbstgemalten Schild mit der Aufschrift »Schulstreik für das Klima« vor das schwedische Parlament setzt. In der 23. Woche ihres Protests schleudert sie der versammelten Elite beim Weltwirtschaftsforum in Davos einen Satz entgegen, der mir durch Mark und Bein fährt: »Ich will, dass ihr in Panik geratet.« Diese Worte bringen glasklar auf den Punkt, was auch ich empfinde, was ich so gerne seit zwanzig Jahren meinem Publikum zurufen würde: »Wacht endlich auf aus eurem Dornröschenschlaf und tut was! Wir sollten wegen des Zustandes unserer Erde alle längst in Panik sein.« Mir fehlt der Mut, diese Worte in meinem Kopf zu formulieren, geschweige denn sie vor meinen Gästen auszusprechen. Doch dann erscheint aus dem Nichts Greta. Sie hat den Mut.

Ich erwache aus meiner Lethargie. Greta Thunberg hat auf mich die Wirkung eines Weckers mit Therapieeffekt. Beim bewussten Erinnern an all meine Erlebnisse wird mir nämlich klar, warum mein Optimismus und meine Lebensfreude unter einem Schleier aus Sorgen zu ersticken drohten. Greta Thunberg hat diesen Schleier weggerissen. »*How dare you*, wie könnt ihr es wagen! Menschen leiden, Menschen sterben, ganze Ökosysteme kollabie-

## DIE GROSSE CHANCE

ren. Wir sind am Anfang eines Massenaussterbens und alles, worüber Sie reden können, sind Geld und das Märchen vom ewigen wirtschaftlichen Wachstum. *How dare you?!*«

Als ich ihre Rede vor den Vereinten Nationen höre, habe ich Tränen in den Augen, genau wie sie, als sie dort sitzt und den Mächtigen der Erde diese Worte entgegenschleudert. Verletzlich, verzweifelt und doch so ungeheuer kraftvoll durch die Wahl ihrer Worte. Es sind Worte für die Ewigkeit.

Meine Mission ist ganz klar. Ich werde alles in meiner Macht Stehende tun, um die Fridays-for-Future-Bewegung zu unterstützen. Es ist die große Chance in der Geschichte der Menschheit, einen neuen Weg einzuschlagen. Eine weitere Chance werden wir nicht bekommen.

# – 26 –
# Unser Auftrag in vier Stufen

## 1. Bewusstsein

Damit zukünftige Generationen nicht voller Verachtung auf uns zurückschauen, ist unverzügliches Handeln geboten. Um wirklich effizient und zielführend Wandel zu ermöglichen, müssen wir uns über die Lage umfassend klar sein. Wenn wir über ökologische Probleme reden, reden wir zuallererst von der Übernutzung des Planeten durch den Menschen. Unser Hunger nach Rohstoffen steigt jedes Jahr kontinuierlich an. Ungefähr zu der Zeit, als ich geboren wurde, hat das Leben auf Pump begonnen. Inzwischen bräuchten wir rein rechnerisch 1,7 Erden, um unsere Art zu leben langfristig zu ermöglichen. Machen wir weiter wie bisher, sind es im Jahr 2050 ganze drei Erden.

Die Klimakatastrophe ist das vielleicht evidenteste Symptom dieser fatalen Entwicklung. Ich möchte eines noch mal betonen: Die Klimakatastrophe ist global. Und es ist gut, dass das sich wandelnde Klima im Fokus der allgemeinen Debatte steht. Aber Greta Thunberg hat völlig recht, wenn sie in ihrer Rede vor den Vereinten Nationen darauf hinweist, dass wir Zeuge eines massiven und rasanten Artensterbens sind. Nach Meinung vieler Wissenschaftler ist das noch gefährlicher als sich ändernde Regenfälle und verschärfende Dürren. An extreme Klimaverhältnisse können sich zumindest die reicheren Exemplare unserer Spezies bis zu einem gewissen Maß anpassen. Verlieren wir aber die Biodiversität, ist unsere Versorgung mit dem Lebensnotwendigen in Gefahr. Hinzu kommt die bereits erwähnte Gefahr von Zoonosen.

Es gibt schon heute kaum noch intakte Natur auf der Erde. Etwa 75 Prozent der Wildnisgebiete auf den Kontinenten wurden bereits erheblich verändert. Besonders betroffen sind natürlich jene, die einen möglichst hohen Ertrag versprechen. Einer Langzeitstudie von 2017 zufolge sind bei uns in Deutschland seit 1989 über 75 Prozent aller Insekten verschwunden. Insekten sind ein wesentlicher Bestandteil des Gleichgewichts der Natur. Sie bestäuben Pflanzen und dienen anderen Tieren als Nahrung. Der wirtschaftliche Wert des globalen Ernteertrages, der durch den Rückgang der Bestäuberpopulationen in Gefahr ist, liegt bei 200 bis 500 Milliarden Euro. Das liest sich wie eine Horrormeldung.

Auch wenn es viele nicht wahrhaben wollen: Die Katastrophe ist längst da. Manche Auswirkungen sind heute schon spürbar, andere werden in Zukunft dazukommen. Viele Vorgänge lassen sich heute noch abmildern, doch wie lange noch? Im Jahr 2018 haben zwei Millionen Menschen durch klimatische Katastrophen ihre Heimat verloren. Wenn wir in unserer Wohlstandsblase weiterhin schlafen, bis sie platzt, ist die Wahrscheinlichkeit äußerst hoch, dass unsere Zivilisation in der zweiten Hälfte des 21. Jahrhunderts auseinanderbricht.

## 2. Verstand

Nachdem uns bewusst geworden ist, dass es unserer Erde tatsächlich richtig schlecht geht, kommt nun der ungleich schwerere, nächste Schritt. Wir müssen mögliche Heilungsmaßnahmen erarbeiten und verstehen, wie deren Einsatz in unserer hochkomplexen Realität bestmögliche Wirkung entfalten kann. Da ist tat-

## UNSER AUFTRAG IN VIER STUFEN

sächlich Verstand gefragt, denn strategisches Denken und Handeln sind notwendig. Es gibt zwar für jedes Problem eine offensichtliche Lösung, doch eine Unzahl individueller Interessen verhindert diese immer wieder oder verzögert sie.

Um wirklich eine Chance auf Erfolg zu haben, möchte ich, dass möglichst viele Leute einen Hauptfehler vermeiden: nämlich nichts zu tun, weil man glaubt, dass es sowieso nichts bringt, oder auf Veränderungen bei denen zu warten, die nach eigener Ansicht noch mehr zum Problem beitragen als man selbst. Ein oft gehörtes Beispiel dazu ist das Argument, dass Deutschland nur zwei Prozent zum weltweiten Kohlendioxidausstoß beiträgt. Was soll es schon bringen, wenn wir unser Verhalten ändern und damit auch noch riskieren, unsere Wirtschaft zu ruinieren? Das ist nicht nur grob fahrlässig, sondern in diesem Fall auch noch falsch. Mit Asien als Produktionsstätte vieler unserer unnötigen Konsumartikel und Südamerika als Weide- und Tierfutterfläche sind es wohl einige Prozent mehr. Das aber jemand überhaupt dieses Argument verwendet, ist ein Zeichen, dass ihm oder ihr die Schwere des Problems nicht bewusst ist. Ansonsten müsste jedem klar sein, wie wertvoll es sein kann, Vorbildfunktion für andere zu haben.

Spätestens seit den globalen Klimastreiks im Jahr 2019 kann man sich auch nicht mehr hinter seiner eigenen Ohnmacht verstecken, die auch ich jahrelang gespürt habe. Denn so wenige sind wir gar nicht. Jede Gemeinschaft gibt Kraft und motiviert, weshalb es so wichtig ist, dass wir möglichst viele Gleichgesinnte auf die Straßen bekommen. Leider ist unsere Gesellschaft gespalten, und das hat sich mit dem Erstarken des Protests nicht geändert, im Gegenteil. Schon jetzt, bevor der eigentliche Wandel begonnen hat, sind sehr viele Zeitgenossen genervt und offen für jede Art des Widerstands gegen den Widerstand. Deshalb ist es so wichtig, dass wir unsere

# DIE GROSSE CHANCE

Demokratie am Leben halten, denn nur auf dieser Grundlage haben wir eine Chance auf ein nachhaltiges Miteinander.

»Keinen einzigen Millimeter nach rechts!« Herbert Grönemeyer hat mit seinem Statement völlig recht. Nationalisten und Faschisten wollen keine Demokratie. Mit jedem Millimeter Toleranz ihnen gegenüber rutschen wir näher an den Abgrund. Ähnlich wie beim Klimawandel sind auch bei der Erosion gesellschaftlicher Werte die Auswirkungen zunächst oft nur sehr diffus zu spüren. Doch wenn der Kipppunkt erst einmal erreicht ist, ist die Katastrophe nicht mehr aufzuhalten. Der amerikanische Philosoph John Dewey hat uns dazu weise Worte hinterlassen: »Demokratie muss in jeder Generation neu geboren werden, und Bildung ist ihre Hebamme.«

Um die Bewegung und unsere Ziele nicht unnötig zu gefährden, muss der Protest an den richtigen Stellen ansetzen, dort, wo in möglichst kurzer Zeit viel bewegt werden kann und die Ursachen sowie Auswirkungen klar sichtbar sind. Nur neunzig Konzerne sind für fast zwei Drittel aller ausgestoßenen Treibhausgase verantwortlich. Übrigens stammt mindestens die Hälfte von denen aus einer Zeit, als die Klimaproblematik längst bekannt war. Hier macht der Protest meiner Meinung nach bisher alles richtig. Besonders auch, weil er weitgehend darauf verzichtet, als Lehrmeister für persönliches Verhalten des Einzelnen aufzutreten. Das verhindert aber nicht – das ist vom Gegner auch erwünscht –, dass es tagtäglich auf allen Ebenen zu unzähligen Scharmützeln kommt, in denen man sich gegenseitige Vergehen vorwirft. Der Klassiker ist der Spruch von den streikenden Schülern, die ja alle Handys besitzen und somit in den Augen vieler nur Heuchler sind. Dieses fast schon reflexhaft verwendete Argumentum ad hominem unterstreicht eigentlich nur die Richtigkeit des jugendlichen Protests. All den Gegnern wurde wohl durch die laute Jugend bewusst, dass sie die Existenzberechtigung ihrer Wohlfühlzone überdenken müssen. Dazu sind die meisten aber nicht bereit. Da aber zumeist wirkliche

## UNSER AUFTRAG IN VIER STUFEN

Argumente fehlen, werden die Angriffe eben persönlich.

Ich halte es da mit der amerikanischen Klimaaktivistin Mary Annaïse Heglar: »Stop obsessing over your environmental ›sins‹. Fight the oil and gas industry instead.« Ich übersetze das mal frei als Aufforderung, dass wir aufhören sollen, uns an unseren individuellen Umweltsünden aufzureiben, sondern lieber die Öl- und Gasindustrie bekämpfen sollen. Ich will mit diesem Satz niemanden aus der Verantwortung bezüglich seines eigenen Verhaltens nehmen, im Gegenteil. Aber wenn wir uns im Klein-Klein verzetteln, wird nach kurzer Zeit ein großer Teil der Gesellschaft des unschönen Themas überdrüssig, und der Planet wird weiter zerstört.

Zu einem wirklich nachhaltigen, gesellschaftlichen Umbau sind unzählige Maßnahmen nötig, und viele liebgewonnene Alltäglichkeiten müssen ernsthaft überdacht werden. Ganz vorne steht dabei eine umfassende, globale Energie- und Landwirtschaftswende. Mit der Abkehr von Gas, Öl und Kohle stabilisieren wir das Klima, mit biologischer Lebensmittelproduktion retten wir die Artenvielfalt und Lebensraum. Wenn diese zwei Umstrukturierungen gelingen, werden viele andere Maßnahmen einfacher, denn die Menschen werden die Vorteile spüren und ihre Vorurteile abbauen. Wenn sie jedoch misslingen, dann können noch so viele Einzelpersonen in die persönliche Askese treten oder die Politik halbherzige Schritte machen, die Organe des Patienten Erde werden versagen. Wollen wir wirklich diesen wunderschönen Planeten zugrunde richten und nachfolgenden Generationen die Zukunft rauben, nur weil wir an diesen zwei Aufgaben scheitern?

## DIE GROSSE CHANCE

### 3. Liebe

Ohne Liebe geht gar nichts. Sie ist das Fundament unseres Seins. Sie ist die unsichtbare Kraft, die zwei Menschen dazu veranlasst, die kleinstmögliche Einheit einer Gemeinschaft zu bilden. Partnerschaften, die auf Liebe basieren, haben eine ganz andere Lebensqualität als Zweckbündnisse. Liebe gilt als die tiefste Form der Zuneigung und Wertschätzung. Man kann dieses Wort über den Kreis der Partnerschaft und der Familie hinaus auch auf alle anderen Bereiche anwenden. Denn diese positive Superkraft wird in dieser modernen, technokratischen, ökonomisierten und sich weiter beschleunigenden Welt dringend benötigt. Ihr direkter Gegner ist der Hass. Im momentanen globalen Konflikt über die Deutungshoheit, welcher Weg in die Zukunft der richtige ist, wird Hass immer mehr zum wichtigsten Element derer, die grüne Ideen aus ideologischen oder wirtschaftlichen Gründen ablehnen.

Doch wir brauchen dringend mehr Liebe, und zwar eigentlich überall. Wenn wir die Utopie einer globalen solidarischen Gesellschaft, die im Einklang mit der Natur lebt, Wirklichkeit werden lassen wollen, müssen wir dringend innehalten. Wenn ich in meinen Geschichten von der Liebe zur Natur gesprochen habe, dann war das keine Floskel. Ich fühle eine tiefe Verbundenheit zu alten Bäumen, klaren Flüssen, rauschenden Wellen und blühenden Wiesen, eigentlich zu jeder Form intakter Umwelt. Ich hatte das Privileg, dieses Gefühl entwickeln zu können. Immer mehr Menschen ist dieses Geschenk nicht vergönnt. Natur spielt im Alltag der allermeisten Menschen überhaupt keine Rolle mehr. Wie sollen wir auch in der Lage sein, etwas zu lieben, zu dem wir völlig den Bezug verloren haben?

Wir kennen praktisch nur noch die in Plastik gehüllte Variante der Wirklichkeit. Das lässt uns seltsame Verhaltensweisen entwickeln, besonders auch im Umgang mit Tieren. Während Haustiere oft vor lauter Liebe geradezu vermenschlicht werden, befällt die meisten von uns eine seltsame Apathie, wenn es um das Leid eines großen Teiles der jährlich über sechzig Milliarden Nutztiere geht. Die Fleischfabriken der Massentierhaltung sind für mich eines der eindeutigen Zeichen, dass in unserer Entwicklung etwas gewaltig schiefläuft. In einer aufgeklärten Gesellschaft des 21. Jahrhunderts sollte die Empathie des modernen Menschen so weit entwickelt sein, dass er es nicht zulässt, ein lebendes Wesen wie eine Ware zu behandeln. In Deutschland befürworten 70 Prozent der Menschen eine artgerechte Haltung. Aber nur 16 Prozent wählen beim Einkauf Fleisch von Tieren, die weniger haben leiden müssen. Wir bringen ja nicht einmal genügend Liebe für unsere eigene Spezies auf. Wie soll das dann mit denen klappen, die so gut schmecken und möglichst wenig kosten sollen?

Als wichtige Grundlage für die Zukunft sollten wir über einen gesunden Verstand hinaus auch die Liebe zur Natur (wieder)entdecken, denn das, was wir lieben, sind wir auch bereit zu beschützen.

## 4. Mut

Vielleicht werden wir später einmal sagen, dass 2019 den Wendepunkt brachte. Für mich persönlich ist das Jahr auf jeden Fall eine emotionale Achterbahnfahrt. Während die Meldungen über globale Umweltverbrechen ein geradezu unerträgliches Ausmaß annehmen, beginnt endlich ein nennenswerter Widerstand. Wie sehr habe ich mir im Laufe der Jahre immer wieder herbeigesehnt, dass der Erhalt unsere Lebensgrundlagen für eine hinreichend große Zahl von Menschen ein Grund ist, auf die Straßen zu gehen. Viele von uns haben zuerst die Jugend mit ihrem Schulstreik wahrgenommen, mich eingeschlossen. Diese Jugend verfügt über den notwendigen Mut und fungiert als klares Vorbild.

## DIE GROSSE CHANCE

Laut der amerikanischen Politikwissenschaftlerin Erica Chenoweth müssen sich 3,5 Prozent der Bevölkerung dauerhaft aktiv für etwas einsetzen, um gesellschaftlichen Wandel herbeizuführen. In Deutschland wären das knapp drei Millionen Menschen. Wenn man bedenkt, dass schon beim dritten globalen Klimaprotest ungefähr die Hälfte der notwendigen Menschen bei uns auf den Straßen war, lässt dies wirklich hoffen. Letztlich ist es dann auch egal, unter welchem Banner man für den Wandel eintritt, wichtig ist die Mobilisierung einer möglichst breiten Öffentlichkeit und eine gemeinsame Vision auf der Grundlage echter Demokratie.

Neben der Kraft zu dauerhaftem Protest müssen wir auch den Mut haben, verkrustete Denkprozesse aufzubrechen. Denn was heute gerne alles als radikal beschrieben wird, ist bei genauerem Hinschauen oft nur ein Versuch hin zu mehr Menschlichkeit. So gilt jemand wie der demokratische Präsidentschaftskandidat Bernie Sanders in den USA als Radikaler, weil er Forderungen vertritt, die man bei uns in der Sozialdemokratie und bei den Grünen verortet hätte. Neoliberalen Meinungsmachern ist es mit Bravour gelungen, bei allem, was nicht mit dem freien Markt konform geht, das Schreckgespenst des Kommunismus zu bemühen.

Es sind wirklich turbulente Zeiten. Das System des immer weiter wachsenden Kapitalismus wird kollabieren. Das wird kein Von-heute-auf-morgen-Moment sein, sondern eine Entwicklung, die bereits begonnen hat und sich sehr lange hinziehen kann. Wenn wir nicht vorbereitet sind und keine Alternativen parat haben, dann können wir all unseren kreativen Klimaprotest gleich einstellen. Dann werden die Trumps und Bolsonaros nur ein Vorgeschmack auf das sein, was unsere Kinder erwartet.

Wir müssen also mutig und radikal sein. Dabei ist radikal immer relativ zum Status quo. Es gab Zeiten, da waren Gedanken zum Frauenwahlrecht oder zur Aufhebung der Rassentrennung radikal. Anläufe, die Wirtschaft zu verändern, sind durchaus vorhanden.

## UNSER AUFTRAG IN VIER STUFEN

Zwar ist die Idee des »Green New Deals« in den USA im Februar 2019 von allen Senatoren abgelehnt worden. Doch dass progressive Kongressabgeordnete, allen voran die wunderbare Alexandria Ocasio-Cortez, die Gedanken für eine ökologische Wende der Industriegesellschaft inzwischen in die hohen Kammern der amerikanischen Politik tragen, ist schon ein Schritt in die richtige Richtung. Gerade auch wegen Trump haben sich viele Amerikaner wieder politisiert und sind in Graswurzelbewegungen organisiert. Wie relevant diese sind, wird sich aber wohl erst zeigen, wenn dieser Präsident das Weiße Haus geräumt hat.

Ich habe mich in den vergangenen Jahren immer wieder damit beschäftigt, wie Post-Wachstums-Szenarien aussehen könnten, wie ein Wandel in der Wirtschaft passieren könnte, der über die Dekarbonisierung hinausgeht. Auch mir ist natürlich klar, dass es nicht ausreicht, über die gierigen Banker zu schimpfen, sondern dass es eines praktikablen Gegenentwurfes zum jetzigen Modell bedarf. Wegen der Komplexität des Themas bin ich aber immer wieder an meine intellektuellen Grenzen gestoßen. In meinem Kopf finden sich einfach keine Ideen, welche die Kraft hätten, gegen das allmächtige Wachstumsmonster bestehen zu können. Dabei sind es nicht die Ideen, die mächtig sein müssen, sondern die Anzahl an Menschen, die diese befürworten. Wenn man das mal verstanden hat, wird aus dem Monster eine Ansammlung von menschengemachten Praktiken, die angeschaut, sachlich analysiert und gegen bessere Ansätze ausgetauscht werden können.

Einer, der das richtig gut hinkriegt, ist der österreichische Autor Christian Felber. Vor einigen Jahren saß ich zum ersten Mal in einem seiner Vorträge. Er formuliert seine Konzepte in bestechender Klarheit und hält sie frei von jeglichem wirtschaftlichen Fachjargon. Seit diesem Abend ist mir klar, dass es natürlich auch in diesem Bereich längst Alternativen zu dem aktuellen Wirtschaftsmodell gibt. Nur wissen darüber bisher einfach viel zu wenige Menschen Bescheid.

## DIE GROSSE CHANCE

Herr Felber ist Initiator der Gemeinwohl-Ökonomie. Diese versteht sich als Aufbruch zu einer ethischen Marktwirtschaft, deren Ziel nicht die Vermehrung von Kapital ist, sondern ein gutes Leben für alle. Das Handeln der Wirtschaft soll sich an festgelegten Werten orientieren. Diese Werte sind Menschenwürde, Solidarität, ökologische Nachhaltigkeit, demokratische Mitbestimmung und soziale Gerechtigkeit. Wenn das die Eckpfeiler allen Wirtschaftens sind, wird der Zwang zum ewigen Wachstum gestoppt, und die vorhandenen Ressourcen werden auf nachhaltige Weise genutzt werden. In den Arbeitsverhältnissen werden sich gegenseitige Wertschätzung und Fairness sowie Kooperation und Kreativität besser entfalten. Der Alltag der Menschen wird erfüllter und weniger gehetzt. Ein wichtiger Teil der Gemeinwohl-Ökonomie ist es, die Vermögensungleichheit zu begrenzen. Damit steigen die Chancen für eine gleichberechtigte Teilhabe aller am politischen und wirtschaftlichen Leben. Gesteuert werden diese Mechanismen durch die sogenannte Gemeinwohlbilanz, in der alle Beteiligten Rechenschaft ablegen. Dadurch wird die Finanzbilanz zur Nebensache. Unternehmen mit guten Ergebnissen werden mit niedrigen Steuern, Kreditzinsen oder Zöllen gefördert und erhalten Vorrang bei öffentlichen Aufträgen. Gewinne wiederum werden für die Stärkung des Unternehmens, der Einkommen und zur Alterssicherung der Beschäftigten verwendet.

Die Gemeinwohl-Ökonomie vereint neue Ideen mit Elementen des Kapitalismus und der Planwirtschaft. Aus dieser Gemengelage entsteht eine Chance auf eine lebenswerte Zukunft. Kritiker sprechen von Weltfremdheit und von utopischen Forderungen, die sich nie durchsetzen lassen. In der Tat haben wir momentan kein Staatsgebilde, das nachhaltiges Wirtschaften fördert. Aber wir haben inzwischen viele Tausende von Menschen, die sich dieser Idee verschrieben haben, und weltweit etwa zweitausend Institutionen und Unternehmen, die sich freiwillig an die Vorgaben zum Ge-

## UNSER AUFTRAG IN VIER STUFEN

meinwohl halten. Diese sind der Sache wegen bereit, den einen oder anderen Nachteil zum jetzigen System in Kauf zu nehmen. Auch Greenpeace hat sich hinter die Gemeinwohl-Ökonomie gestellt, was mich persönlich sehr gefreut hat. Unter www.ecogood.org kann sich jeder informieren und partizipieren.

Mit Sicherheit gibt es noch andere – mir unbekannte – kluge Köpfe, die uns wie Felber Auswege aus der Krise weisen. Welche sich letztlich durchsetzen, das weiß zum jetzigen Zeitpunkt keiner. Ich bin aber sehr froh, dass diese Ideen existieren. Denn eines ist sicher: Wenn Anabelle und Leo mein jetziges Alter erreicht haben, werden sie in einer Gesellschaft leben, in der vieles anders ist als heute. Damit unsere Kinder möglichst große Chancen auf intakte Lebensgrundlagen haben, müssen wir jetzt den Mut aufbringen, einen umfassenden Wandel aktiv mitzugestalten, bevor uns kollabierende Ökosysteme diesen Handlungsspielraum nehmen.

Meine Rolle in diesem Drama ist klar: Ich mache weiter wie bisher. Mit der Kraft meiner Fotos und der Wahl der richtigen Worte werde ich alles in meiner Macht Stehende tun, um möglichst viele Menschen für den Schutz unserer Erde zu begeistern. Solange mich Greenpeace als Partner akzeptiert, können sie sich meiner Dienste gewiss sein. Gerade in Zeiten auf stürmischer See ist es tröstend, mit der jahrzehntelangen Erfahrung der Organisation einen festen Anker in meinem Leben zu haben. Ich hoffe außerdem darauf, dass mich die positive Energie der wachsenden globalen Protestbewegungen davor bewahren wird, wieder in ein schwarzes Loch zu fallen. Denn auch in Zukunft werden negative Schlagzeilen Lebensfreude und Energie absaugen.

## Epilog: Gewissheit

Es ist einer jener Tage, die das Leben in den Tropen so unwiderstehlich machen. Vom nahen Ozean her weht eine angenehme Brise, und weiße Quellwolken ziehen über den strahlend blauen Himmel. Zusammen mit meinem Freund Achim Gresser spaziere ich zwischen Hunderten kleiner Bäumchen den Hang hinauf, den wir ein Jahr zuvor mit AMAP wieder aufgeforstet hatten. Eigentlich hätte mich der Anblick des heranwachsenden Waldes hoffnungsfroh stimmen müssen. Ich stehe aber noch ganz im Bann der nicht abreißenden Hiobsbotschaften. Ziemlich niedergeschlagen sage ich zu meinem Freund: »Achim, macht unser Einsatz überhaupt noch Sinn? Wir betreiben hier einen irren Aufwand, und andernorts wird Natur in riesigem Ausmaß den Interessen einiger weniger geopfert.«

Seine Antwort motiviert mich bis heute: »Es besteht in der Tat eine große Gefahr, dass das Engagement der Menschheit nicht ausreicht, um die Erderwärmung auf 1,5 oder 2 Grad zu begrenzen. Wir machen mit AMAP aber auf jeden Fall weiter. Denn auch auf einem Planeten, der sich um 3 oder 4 Grad erhitzt, bleibt das, was wir tun, das Richtige.«

## Bleiben Sie auf dem Laufenden

Begleiten Sie Markus Mauthe auch weiterhin bei seinen Tätigkeiten. Auf den folgenden Seiten finden Sie alle Informationen zu Vortragsreisen, Veröffentlichungen und seinem Engagement:

markus-mauthe.de
fazenda-almada.com
buntdenker.de
amap-brazil.org

Umschlagfoto: Simon Straetker

Bildnachweis Bildteil:
Seite 6 (unten): Greenpeace, Seite 12 (oben und Mitte): Oliver Salge,
Seite 16 (oben): Tobias Friedrich, Seite 17 (oben): Rolf Reinstrom,
Seite 18 (oben) Luis Scheuermann, Seite 21 (unten): Antonia Santana,
Seite 22 (oben): Janis Klingenberg, Simon Straetker: 25 (Mitte), 27 (oben),
28 (unten), Lars Richter: 29 (unten), 30 (Mitte), 31 (oben)

Deutsche Originalausgabe
Copyright © 2020 von dem Knesebeck GmbH & Co. Verlag KG, München
Ein Unternehmen der Média-Participations

Projektleitung: Hans Peter Buohler, Knesebeck Verlag
Lektorat: Rotkel Textwerkstatt e. K., Berlin
Fotografien: Markus Mauthe, Friedrichshafen
Umschlaggestaltung und Layout: Favoritbüro, München
Satz und Herstellung: Arnold & Domnick, Leipzig
Druck und Einband: Livonia Print, Riga
Printed in Latvia

ISBN 978-3-95728-453-2

Alle Rechte vorbehalten, auch auszugsweise.

www.knesebeck-verlag.de

Markus Mauthe, Florens Eckert
## LOST
Menschen an den Rändern der Welt

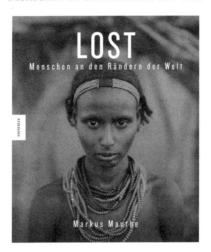

ISBN 978-3-95728-138-8

Wenn der Naturfotograf und Umweltaktivist Markus Mauthe unterwegs ist, geht es um die Lebensräume unserer Erde. Für dieses Projekt reiste der Ausnahmefotograf in die entlegensten Gebiete der Welt und besuchte indigene Volksgruppen, deren Lebensräume durch die rasante Ausbreitung des ressourcenverschwendenden westlichen Lebensstils und wirtschaftliche Interessen gefährdet sind. Das Leben dieser Menschen ist bis heute oft stark mit der Natur verbunden. Doch in der globalisierten Welt reicht der Einfluss der Moderne inzwischen bis in den letzten Winkel des Planeten, sodass sich auch das Leben der indigenen Bevölkerungsgruppen in einem starken Wandel befindet. Markus Mauthes Fotografien auf höchstem Niveau sind Zeugnisse voller Schönheit, entstanden in Begegnungen auf Augenhöhe, die den Menschen an den Rändern der Welt eine Stimme geben.

Jana Steingässer, Manolo Ty, Arne Dunker

# Nordsee – Südsee
Zwei Welten im Wandel

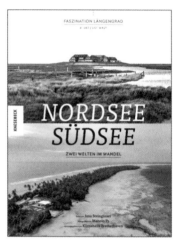

ISBN 978-3-95728-381-8

Nord- und Südsee – zwei völlig unterschiedliche Lebensräume an entgegengesetzten Enden der Welt. Inmitten des Wassers liegen kleine Flecken Land: Inseln, Halligen und Atolle. Trotz unterschiedlicher Lebensbedingungen haben die Bewohner südpazifischer Atolle und Inseln mit den Bewohnern der deutschen Halligen viel gemeinsam: Der Klimawandel stellt sie durch Meeresspiegelanstieg, Küstenerosion, Extremwetterereignisse und verschobene Niederschlagsmuster vor große Herausforderungen. Täglich müssen sie sich mit dem Meer, das ihre Heimat umgibt, arrangieren. Infrastruktur muss neu gedacht, Nahrungsmittel- und Wassersicherheit müssen durch neue Lösungen gewährleistet werden.

All das und mehr dokumentiert dieses Buch dicht am Leben der Menschen vor Ort anhand mitreißender Reportagen, persönlicher Porträts und beeindruckender Fotografien.

Mimi Sewalski
# Nachhaltig leben JETZT
Hintergründe verstehen – Fakten checken – Gewohnheiten etablieren

ISBN 978-3-95728-408-2

Nachhaltigkeit ist als Begriff in aller Munde. Doch wie setzt man ökologisches Verhalten im Alltag um? Wo findet man Informationen? Und wie merkt man, dass das eigene Handeln wirklich nachhaltig ist? *Nachhaltig leben jetzt!* gibt einen fundierten Überblick über die vielfältigen Möglichkeiten, sein Leben in allen Bereichen nachhaltig zu gestalten. Die erfahrene Expertin Mimi Sewalski stellt spannende Hintergründe, Zahlen und Fakten zusammen und beantwortet tiefgehend alle Fragen zum Thema. Komplexe Zusammenhänge werden nachvollziehbar und verständlich erklärt und regen zum Umdenken und Handeln an. Von Zero-Waste und Plastikvermeidung über vegane Ernährung und Fair Fashion bis hin zu fairem Banking und grünen Unternehmen – in diesem Ratgeber wird alles Wissenswerte über Nachhaltigkeit beleuchtet.

Sam Haynes, Jago

# Der Tag, an dem das Meer verschwand

ISBN 978-3-95728-398-6

Jack lebt am Meer. Er kann es von seinem Fenster aus sehen und liebt es, mit seinem Vater hinaus zu segeln. Als er bei einem Segelausflug aus Versehen einen Plastikstrohhalm ins Wasser wirft, hat der kleine Junge ein schlechtes Gewissen, aber was soll's, es ist ja bloß ein kleiner Strohhalm. Doch als Jack am nächsten Morgen erwacht, ist das Meer verschwunden und statt des Wassers ragen überall Müllberge auf. Fischernetze, Plastiktüten und Dosenringe fesseln die Meeresbewohner, und Jack versucht zu helfen. Als er seinen blau-weiß-gestreiften Strohhalm wiederentdeckt, schwört er sich, die Umwelt zu schützen. Da kehrt das Wasser zurück, und ein aufregender Tag endet, der Jack zum Nachdenken gebracht hat. Ein berührendes Bilderbuch, das die Auswirkungen der Meeresverschmutzung kindgerecht darstellt.